Miriam Gebhardt

WIR KINDER DER GEWALT

Miriam Gebhardt

WIR KINDER DER GEWALT

Wie Frauen und Familien bis heute unter den Folgen der Massenvergewaltigungen bei Kriegsende leiden

Deutsche Verlags-Anstalt

Der Verlag weist ausdrücklich darauf hin, dass im Text enthaltene externe Links vom Verlag nur bis zum Zeitpunkt der Buchveröffentlichung eingesehen werden konnten. Auf spätere Veränderungen hat der Verlag keinerlei Einfluss. Eine Haftung des Verlags ist daher ausgeschlossen.

MIX
Papier aus verantwortungsvollen Quellen
FSC® C014496
FSC
www.fsc.org

Verlagsgruppe Random House FSC® N001967

1. Auflage

Neumarkter Str. 28, 81673 München
Umschlag: Büro Jorge Schmidt, München
Umschlagmotiv: © akg-images/Paul Almasy
Gestaltung und Satz: DVA/Andrea Mogwitz
Gesetzt aus der Stempel Garamond
Druck und Bindung: GGP Media GmbH, Pößneck
Printed in Germany
ISBN 978-3-421-04731-1

www.dva.de

Dieses Buch ist auch als E-Book erhältlich.

INHALTSVERZEICHNIS

VORWORT

Als mein erstes Buch über die Massenvergewaltigungen in Deutschland nach 1945 erschien, wurde ich nach Köln in die Talkshow »Maischberger« eingeladen. Wir Gäste, die wir auf den Sofas im roten Fernsehstudio Platz nehmen durften, waren eine bunte Gesellschaft: Erhard Eppler, Jahrgang 1926, der noch als junger Mensch in der Wehrmacht gekämpft hat, Niklas Frank, Jahrgang 1939, dessen Vater Hans Frank als ein Haupttäter des NS-Regimes hingerichtet wurde, Nico Hofmann, Jahrgang 1959, der die von ihm verfilmte Geschichte eines dreijährigen jüdischen Jungen im KZ Buchenwald erzählte, und Elfriede Seltenheim, Jahrgang 1931, die als Teenagerin nach Kriegsende von alliierten Soldaten vergewaltigt worden war. Siebzig Minuten lang sprachen wir eher nach- als miteinander, doch in einem Punkt waren wir uns alle einig: Die Geschichte ist nicht vergangen. Unabhängig davon, wie alt sie bei Kriegsende gewesen waren, auf welcher Seite der Front sie standen, ob sie verfolgt worden waren oder zu den Verfolgern gehörten – die Jahre zwischen 1933 und 1945 haben bei vielen Deutschen tiefe Spuren hinterlassen. Bis heute.

Auch Karl T. versuchte an diesem Abend, der Sendung mit dem wuchtigen Titel »Das Erbe von 1945 – deutsche Schuld, deutsche Opfer« vor dem Fernseher zu folgen. Der Anspruch, durch die Auswahl der Themen und Gesprächspartner sowohl der deutschen Schuld als auch den deutschen Opfern gerecht zu werden, ließ ihn jedoch ratlos zurück. Am nächsten Tag setzte sich der Finanzberater an den Computer und schrieb den Verantwortlichen beim Sender einen Brief. Leider, meinte er, sei es doch wieder nur ein pflichtschuldiger Durchlauf durch die deutsche Schuld- und Opferdiskussion geworden. Erhofft habe er sich etwas ganz anderes, erhofft habe er sich Antworten auf die Frage, was diese heillose Geschichte mit den Deutschen gemacht habe. »Aus mir hat sie sehr viel gemacht, bewegt mich heute noch, und es gibt eine Menge anderer, denen es ähnlich geht. Wir haben jetzt nämlich diese Bilder im Kopf!«

Als Sohn einer Frau, die bei Kriegsende in Berlin elf Mal von Angehörigen der Roten Armee vergewaltigt worden war, fragte sich Karl T. zurecht, wie er die ganz unterschiedlichen Geschehnisse am Ende des Zweiten Weltkriegs für sich in Einklang bringen sollte, von der Shoah über die Leiden der Soldaten an der Front bis zur sexuellen Gewalt durch die Siegertruppen. Ich kann seine Überforderung verstehen, weshalb ich ihn auch gebeten habe, mir ein Interview zu seiner Lebensgeschichte zu geben. Dieses Buch soll Menschen wie ihm, den Kindern der Gewalt, Raum für ihre Bilder im Kopf schenken.

Doch auch wenn hier die Nachfahren der deutschen Kriegsgeneration im Mittelpunkt stehen, heißt das nicht, dass die Leiden der primären Opfer des Nationalsozialismus und des deutschen Vernichtungskrieges in den Hintergrund treten dürfen. Je länger die Zeit seit 1945 fortschreitet und je weiter die Forschung vorankommt, desto mehr müssen wir lernen, auch mit den Ambivalenzen der Erinnerung umzugehen. Es ist eben unmöglich, die Jahre zwischen 1933 und 1945 zu rekonstruieren, ohne die Verantwortung der Deutschen, allen voran an der Ermordung der europäischen Juden, anzuerkennen. Es ist aber auch nötig, den Folgen gewaltsamer Kriegs- und Nachkriegsverhältnisse auf Seiten der nichtverfolgten Deutschen Rechnung zu tragen. Der Umgang mit der NS-Zeit und dem Zweiten Weltkrieg fordert einen nie endenden Lernprozess, der uns befähigt, die Spannung und Unbequemlichkeit auszuhalten, dass wir die Menschen von damals nicht immer ordentlich in Täter und Opfer unterteilen können.

Dieser Prozess wurde und wird neben den individuellen Variablen – also wie schwer betroffen, wie verletzlich oder robust die betreffende Person ist – auch von der gesellschaftlichen Wahrnehmung der Probleme beeinflusst. Alle, die den Krieg überlebt haben, haben ihn auf unterschiedlichste Art und Weise »metabolisiert«, wie es die bekannte Traumapsychologin Luise Reddemann ausdrückt.[1] Zu verschiedenen Zeiten, aufgrund wechselnder politischer Bedingungen oder gesellschaftlicher Anlässe, treten bestimmte Themen und mit ihnen Verwundungen in den Vordergrund, und das wirkt sich wiederum auf die Verarbeitungsweisen der Betroffenen aus: Für die Deutschen, die nicht unter der Verfolgung im Nationalsozialismus zu leiden gehabt hatten, standen in den ersten Jahren nach dem Krieg die eigenen Verwundungen im Mittelpunkt. Dabei waren auch Verdrängung und Selbstmitleid mit im Spiel. Später, seit den siebziger Jahren, trat der Nation der Täter das Verbrechen an den Juden in seinem ganzen Ausmaß ins Bewusstsein. Seit den neunziger Jahren wurde wieder zunehmend des Schicksals der deutschen Mehrheitsgesellschaft gedacht, der Bombardierungen, des Verlusts von Heimat oder des vaterlosen Aufwachsens.

In den zehner Jahren unseres Jahrhunderts kehrte ein bis dahin fast vollständig verschüttetes Thema an die Oberfläche zurück – die Massenvergewaltigung durch die Sieger- und Besatzungstruppen in Deutschland. Direkte Gewalt erfahren haben nach meiner Schätzung mindestens 860 000 Personen. Doch betroffen waren davon viel mehr Menschen: allen voran die Familien der Opfer, besonders ihre Nachkommen, aber auch die Nachbarn und sonstigen Mitwisser, die oft mit Abwehr auf das Problem reagierten, die Ärzte und Pfarrer, die eingeweiht, aber nicht immer hilfreich waren, die Behörden, die mit den rechtlichen Folgen rangen. Die sexualisierte Kriegsgewalt zeitigte letztlich Auswirkungen auf die ganze Nachkriegsgesellschaft.

Momentan ist viel von der Generation der Kriegskinder die Rede. Doch »Kriegskindheit« ist eine mäandernde Kategorie. Mal sind die Geburtenkohorten gemeint, die während des Krieges Kinder waren, unabhängig davon, ob und wie direkt sie vom Krieg beeinträchtigt wurden. Mal sind die Nachkommen der Menschen gemeint, die Akteure des Krieges waren. Während die Kinder der Flüchtlinge und Vertriebenen sehr direkt vom Kriegsverlauf betroffen waren, müssen für die meisten Menschen der Generation »Kriegskindheit« die indirekten Folgen des Krieges als prägend betrachtet werden: Der Verlust von Angehörigen, die Verschlossenheit der Eltern bezüglich ihrer eigenen Erfahrungen im Krieg, die Verleugnung der Verstrickung in den Nationalsozialismus, der weitverbreitete harte Erziehungsstil zu jener Zeit und nicht zuletzt die Sexualdelikte der Siegerarmeen, all das hat sich für sie ineinander verschachtelt.

In diesem unübersichtlichen Feld von Generationenerfahrungen ist der Begriff, den ich für mein Buch wählen möchte – »Kinder der Gewalt« –, ein Versuch, die speziellen Erfahrungen der Kinder der Vergewaltigungsopfer zu fassen und in das Gesamtbild der Kriegskindheit zu integrieren. Im internationalen Forschungskontext beginnt sich für sie der Begriff »children of war« zu etablieren, der jedoch nicht gut in die deutsche Sprache übertragbar ist, da »Kriegskinder«, wie gesagt, auf ein sehr viel weiteres Bedeutungsfeld verweist.[2] Kinder, die aus Vergewaltigungen entstanden sind oder auch

»nur« von Vergewaltigungsopfern der Siegerarmeen in Deutschland aufgezogen wurden, sind eine Untergruppe der sogenannten Besatzungskinder, von denen im westlichen Teil des Landes zwischen 1945 und 1955 knapp 80000 amtlich registriert wurden. Manche Forscher glauben indes, es könnten bis zu 400000 gewesen sein.[3]

Die Kinder der Gewalt können vor Kriegsende, unmittelbar bei Kriegsende, in den späteren Besatzungsjahren und sogar noch in den sechziger Jahren gezeugt worden sein, wenn ihre bei Kriegsende vergewaltigte Mutter spät noch einmal ein Kind zur Welt gebracht hat. Sie gehören mithin der Generation der Kriegskinder im generativen Sinne an, aber auch der Nachkriegsgeneration, die wir heute als Achtundsechziger bezeichnen, und sogar den Babyboomern. Ihre Biografien wurden durch eine spezifische Kriegsfolge, die Massenvergewaltigung durch Siegertruppen, in besonderem Maße geprägt.

Wie einschneidend, zeigt eine erste statistische Erfassung der psychischen Leiden dieser Personengruppe: Demnach tragen sie generell ein deutlich höheres Risiko, psychisch zu erkranken. Zu den Stressoren gehörte das im Vergleich zur Normalbevölkerung vielfach erhöhte Risiko, eigene traumatische Erfahrungen wie Kindsmissbrauch, sogar Vergewaltigungen zu durchleben. Spätere psychische und psychosomatische Erkrankungen lassen sich aber auch auf die häufigen Wechsel der Bezugspersonen beziehungsweise Phasen der Heimunterbringung, auf die ambivalente Beziehung zu den Müttern, die fehlenden leiblichen und die ablehnenden Ziehväter, die Abhängigkeit von potentiell feindlichen und missbräuchlichen Familienangehörigen und die Erfahrungen der Diskriminierung und Stigmatisierung im sozialen Umfeld zurückführen.[4]

In den Lebensgeschichten dieser Personengruppe überlagern sich Themen, mit denen viele deutsche Nichtverfolgte als Folge des Krieges zu kämpfen hatten. Deshalb kann ihr Schicksal, wiewohl es ein besonders drastisches war, als paradigmatisch für eine ganze Generation gelten. Die Kinder der Gewalt mussten im besonderen Maße erfahren, was es heißt, nicht »in Liebe empfangen«, sondern oft schon im Mutterbauch als belastend, bedrohlich, fremd wahrgenommen worden zu sein. Sie mussten erleben, was es heißt, sich ein Leben lang zu fragen, wer der eigene Erzeuger war, was es heißt, immer wieder verpflanzt zu werden, bei Fremden aufzuwachsen, soziale Ausgrenzung oder Stigmatisierung zu erleben, was es heißt, die Mutter oder beide Eltern unter einem namenlosen Geheimnis leiden zu sehen und erst spät und bruchstückhaft Erschreckendes aus der eigenen Familiengeschichte zu erfahren.

Überrascht hat mich bei den Interviews, die ich für dieses Buch geführt habe, dass trotz der schweren Lebenswege keiner der Zeitzeugen, die exemplarisch für die Generation der Kinder der Gewalt stehen können, den Begriff »Trauma« für sich in Anspruch genommen hat. Das fand ich umso erstaunlicher, als es inzwischen fast schon Mode geworden ist, von sich als Traumatisierte zu sprechen oder sich gar als »Überlebende« eines Traumas zu bezeichnen, wie die neueste Sprachregelung für viele Gewaltopfer ist. Das hat mich in meiner Auffassung bestärkt, dass der populärwissenschaftliche Trend, eine ganze Geburtenkohorte zu Traumaopfern zu erklären, in die Irre führt. Teil einer Generation zu sein ist noch kein Ausweis von Traumatisierung. Nicht nur unterschieden sich die Gefahren und Erfahrungen, denen die Kinder der Gewalt ausgesetzt waren, beträchtlich, sie hatten auch unterschiedlich ausgeprägte persönliche Ressourcen, um mit den Auswirkungen des Krieges umzugehen. Umgekehrt können gebrochene

Lebensläufe, Ängste und Depressionen auch von anderen individuellen und kollektiven Faktoren ausgelöst worden sein als Gewalterfahrungen zu Kriegszeiten. Die Tendenz, allen und jedem großzügig das Etikett »Kriegstrauma« umzuhängen, unabhängig davon, zu welcher Nation Menschen gehörten, ob sie Nazis waren oder Verfolgte, Männer oder Frauen, Kinder oder Erwachsene, kann außerdem zu Beliebigkeit und gar zu Relativierung und Aufrechnung führen. Das wird dem Einzelnen und seiner individuellen Lebensgeschichte nicht gerecht und nützt höchstens jenen, die in Wahrheit hinter die Anerkennung der deutschen Schuld zurückwollen.

Meine Studie geht daher mit dem medizinisch-psychologischen sowie dem populären Traumabegriff sparsam um und stellt eher die transgenerationalen Prozesse in den Vordergrund, die auch ohne den Krankheitswert eines Traumas schon belastend genug sind: die Ablehnung des Kindes oder die Überfürsorglichkeit, das Schweigen der Familie oder die Stigmatisierung durch das Umfeld, die offenen Identitätsfragen und der Verlust der Kindheit durch die Notwendigkeit, viel zu früh Verantwortung für das eigene Leben und für Familienmitglieder zu übernehmen.

Die Männer und Frauen, die ich für dieses Buch interviewt habe, haben sich bei mir von sich aus gemeldet, um vom Leben ihrer Mütter, ihrer realen und imaginierten Väter und ihren eigenen Werdegängen zu erzählen. Mir war es wichtig, ihre individuellen Geschichten in den Vordergrund zu stellen und als Ganzes stehen zu lassen, anstatt nur einzelne Aussagen zur Illustration bestimmter Gesichtspunkte zu verwenden. So wechseln sich in diesem Buch ausführliche Falldarstellungen mit allgemeineren Quellen ab, die bei der historischen Einordnung des Einzelfalls in das Große und Ganze helfen sollen. Auf diese Weise werden die individuellen Spuren der

Gewalt in die Geschichte Nachkriegsdeutschlands eingebettet, was uns davor bewahrt, alles über einen Kamm zu scheren und anachronistisch auf Phänomene zu reagieren, die wir uns heute so nicht mehr vorstellen können, die aber damals fast schon normal waren.

EINLEITUNG

Das Aufeinandertreffen der deutschen Zivilbevölkerung mit den einmarschierenden Siegergruppen am Ende des Zweiten Weltkriegs war begleitet von massenhafter sexueller Gewalt. Dabei spielte es keine Rolle, ob sich die Menschen auf der Flucht befanden, ob sie evakuiert waren, in zerstörten Städten oder auf Bauernhöfen lebten, ja, nicht einmal, ob sie aus einem Konzentrationslager befreit worden waren. Niemand war vor den vergewaltigenden Soldaten der Siegermächte sicher. Es kam nicht darauf an, ob Frau oder Mann, Kind oder Greisin, reich oder arm, krank oder gesund, nationalsozialistisch überzeugt oder im Widerstand aktiv, schuldig am Völkermord oder unbelastet, treffen konnte es theoretisch jede und jeden. Wir haben Zeugnisse von sexueller Gewalt in allen Gegenden Deutschlands, gegen Knaben, Männer, Mädchen und Frauen. Die Zahl der weiblichen Opfer lag erheblich höher, aber sie ist auch etwas leichter zu ermitteln, da das ohnehin schon tabuisierte Thema sexualisierter Gewalt bei männlichen Opfern noch mehr verschleiert wurde.

Wie ich in meinem Buch »Als die Soldaten kamen« dargelegt habe, drohte die Gefahr eines gewaltsamen Übergriffs von allen Seiten. Die Idee, die sich bis heute hält, dass die Massenvergewaltigung vorrangig ein Problem der Flüchtlinge und Vertriebenen im Osten und der Berliner gewesen sei, ist falsch. Sicherlich waren die Gebiete im Osten und in Berlin aufgrund des Kriegsverlaufs besonders gefährdet, aber sie standen auch unter besonderer Beobachtung, denn es handelte sich um die

Einflusssphäre der Roten Armee, vor der die Deutschen am meisten Angst hatten, nicht zuletzt dank der Durchhaltepropaganda von Joseph Goebbels. Lange bevor die Wehrmacht kapituliert hatte, hatte es der Propagandaminister nämlich heraufbeschworen: Die Rache der Sowjets werde fürchterlich sein, und sie werde vor allem über die deutsche Frau hereinbrechen. Die damaligen rassistischen Vorurteile gegen die bolschewistischen »Untermenschen« trugen ihr Übriges dazu bei, dass viele noch heute davon überzeugt sind, nur die »Russen« (gemeint sind natürlich die Soldaten der Roten Armee) hätten vergewaltigt, wohingegen die Amerikaner nichts als Wohltaten verteilt hätten.

Nach meiner Hochrechnung kam es zwischen Kriegsende 1945 und 1955, als die Besatzungszeit vorbei war, zu knapp 900 000 Vergewaltigungen durch Soldaten der siegreichen Armeen. Etwa ein Drittel davon dürfte auf das Konto der Westmächte gehen, auf Amerikaner, Briten, Franzosen und deren Verbündete wie die Kanadier. Der Versuch, heute die genauen Anteile der Verbrechen zu quantifizieren, ist allerdings unmöglich und im Übrigen auch müßig. Kriegsverlauf, Truppenstärken, besetzte Gebiete und Größe der Zivilbevölkerung waren nicht vergleichbar, sodass am Ende nur eines festzuhalten bleibt: Die Uniformen unterschieden sich, die Taten nicht.

Es geschah am helllichten Tag, nachts bei Hausdurchsuchungen, auf offenem Feld, in Kellern und Unterständen, in Almhütten und Gutshäusern, in Krankenhäusern und Offizierskasinos, in Mannschaftswagen und in spontan eingerichteten Vergewaltigungsräumen. Die Taten wurden sehr oft in der Gruppe verübt, die Soldaten standen gegenseitig Schmiere, vermittelten einander Erfolg versprechende Adressen, sie scherten sich nicht um Zuschauer, aber sie schlugen auch allein und in aller Heimlichkeit zu. Sexuelle Gewalt ging nicht nur vom »schwarzen Mann« aus, sie wurde von Weißen und Schwarzen gleichermaßen verübt. Und, ein weiteres Vorurteil, das überwunden werden muss: Sie ereignete sich nicht nur zwischen Unbekannten.

Die kriegsbedingte sexuelle Gewalt spielte sich im ganzen Spektrum sozialer Kontakte ab: beim Missbrauch von Abhängigen (zum Beispiel der zahlreichen deutschen Sekretärinnen, Dolmetscherinnen oder Bedienungen der Besatzungsverwaltungen), bei Übergriffen gegen Mitbewohner (etwa bei der Einquartierung von Soldaten in Privathäusern), bei der Zusammenarbeit mit dem Personal von Hilfsorganisationen oder medizinischen Einrichtungen (zum Beispiel Krankenschwestern), bei der Notprostitution sowie natürlich bei überfallartigen Angriffen auf völlig fremde Frauen und Männer im öffentlichen Raum. Es kam zu Vergewaltigungen bei Tanzveranstaltungen, privaten oder geschäftlichen Verabredungen, in Büros.

Allerdings bewertete die damalige Gesellschaft diese verschiedenen Formen der sexuellen Gewalt nicht alle gleich. Opfer, die ihre Vergewaltiger kannten und in irgendeinem persönlichen Verhältnis zu ihnen gestanden hatten, wurden nicht als Opfer anerkannt. Sie galten als Verführerinnen und wurden als Personen mit angeblich fragwürdiger Moral selbst für ihr Schicksal verantwortlich gemacht und gebrandmarkt.

Die wechselnden Szenarien, in denen sich die Übergriffe ereigneten, bestätigen zwei Thesen zu den Ursachen der massenhaften militärischen Sexualgewalt – dass es dabei sowohl um die Demoralisierung und Zerrüttung des gegnerischen Kollektivs, in dem Fall der Deutschen, ging als auch um Homogenisierung und männliche Verbandelung in der eigenen Gruppe. Deshalb traf die sexuelle Gewalt sogar eigene

Verbündete, zum Beispiel Britinnen und Franzosen auf Seiten der US-Armee oder Polinnen auf Seiten der Roten Armee, und dauerte weit über den eigentlichen militärischen Konflikt hinaus.[5] Auch wenn das nicht Thema dieses Buches ist, muss an dieser Stelle betont werden, dass nicht nur die Soldaten der Alliierten sexuelle Gewalt gegen die Zivilbevölkerung ausübten, sondern dass selbstverständlich auch Angehörige der deutschen Wehrmacht eine Spur der sexuellen Gewalt durch die eroberten und besetzten Gebiete gezogen haben.[6]

Inwieweit der zweite Zweck der Gewaltakte bei Kriegsende, die Verbrüderung der Soldaten durch gemeinsam verübte Verbrechen, erfüllt wurde, kann hier nicht beurteilt werden. Das erste Ziel, Zwietracht und Entsolidarisierung in der besiegten Bevölkerung zu säen, wurde jedenfalls erreicht. Denn die Deutschen reagierten auf die sexuelle Gewalt ähnlich, wie wir es heute noch in Konflikten anderswo erleben – mit der Ächtung der eigenen Opfer. Auf der Basis einer altväterlichen Sexualmoral, die Frauen grundsätzlich für sexuell unberechenbar und leichtfertig hielt und die davon ausging, dass Frauen den Übergriff im Zweifelsfall selbst gewollt oder zumindest selbst verschuldet hätten, fanden weibliche Opfer von Sexualstraftaten damals nur schwer Gehör (die Hürden der männlichen Opfer wurden schon erwähnt).

Zusätzlich belastet wurde der Umgang mit den Folgen der sexualisierten Gewalt durch den konservativen Sittlichkeitsdiskurs der Nachkriegszeit, mit dessen Hilfe sich Deutschland von den materiellen und immateriellen Beschädigungen in Kriegs- und NS-Zeit moralisch regenerieren wollte. In der deutschen Nachkriegsgesellschaft herrschte ein Klima, das alles sozial Randständige und sexuell Auffällige ausgrenzte und als Bedrohung für die Wiedergesundung der Gesellschaft mit Hilfe der bürgerlichen Familie bekämpfte. Und nicht zuletzt hatten vergewaltigte Frauen immer wieder mit dem Vorwurf zu kämpfen, sie hätten sich mit dem »Feind« verbrüdert und seien dem eigenen Volk in den Rücken gefallen. So gerieten Vergewaltigungsopfer gleich in mehrfacher Hinsicht in Verdacht – sich sexuell ungehörig benommen zu haben, der sittlichen Gesundung Deutschlands zu schaden und den eigenen Männern gegenüber illoyal gewesen zu sein.

Für Vergewaltigungsopfer stand also einiges auf dem Spiel, wenn sie von der Gewalt, die sie erfahren hatten, berichten wollten: ihre Glaubwürdigkeit, ihr Ruf und, falls sie verheiratet waren, ihre Ehen. Es überrascht daher nicht, dass es vielen, wahrscheinlich den meisten, ratsam erschien, über das Erlittene zu schweigen. Denn die betroffenen Frauen und Männer mussten nicht nur den Mut aufbringen, die Beschämung und Verletzung gegenüber oftmals wenig mitfühlenden Dritten einzugestehen, sie mussten in Kauf nehmen, dass ihr gesamtes Leben durchleuchtet wurde. Bei Frauen, die etwa schon einmal im Gespräch mit einem Besatzungssoldaten gesehen worden waren, galt es als ausgeschlossen, dass sie sich nicht freiwillig sexuell angeboten hatten, bei Männern wurde die sexuelle Orientierung überprüft. Ein Beispiel aus Bad Kissingen: Einem 48-jährigen Zahnarzt, der von vier amerikanischen GIs missbraucht worden war, wurde erst geglaubt, nachdem die Polizei festgestellt hatte, dass er nicht homosexuell war.[7] Wäre er schwul gewesen, hätte er offenbar definitionsgemäß kein Gewaltopfer sein können. Angesichts solcher Fallgeschichten wird ersichtlich, warum die oben erwähnte Zahl von knapp 900 000 Opfern zwangsläufig deutlich zu niedrig gegriffen ist. Da viele Opfer schwiegen oder ihnen nicht geglaubt wurde und da die Quellenlage äußerst schwierig ist, sind die Zahlen, die sich heute noch ermitteln lassen, wohl nur die Spitze des Eisbergs.

Die Opfer wurden, wie wir auch in unseren Fallgeschichten weiter unten sehen werden, oft körperlich schwer verletzt, sie erlitten manchmal bleibende gesundheitliche Schäden, sie konnten sich mit Geschlechtskrankheiten infizieren, und sie hatten oft lebenslange seelische Probleme infolge des brutalen Ereignisses. Dazu kam die Erfahrung sozialer Stigmatisierung als »Ami-Liebchen«, »Russenhure« und wie die anderen herabwürdigenden Namen für Frauen lauteten, die sich – angeblich freiwillig – mit Besatzungssoldaten einließen. Besonders schwer hatten es jene Frauen, die infolge einer Vergewaltigung schwanger wurden. Wenn ihnen nicht gestattet wurde – oder sie keinen illegalen Weg fanden – abzutreiben, konnten sie kaum verstecken, was passiert war, selbst wenn sie das Kind nach der Geburt weggaben. Auch eine spätere Ehe konnte das gesellschaftliche Ansehen dieser Frauen meist nicht wiederherstellen.

Und ihre Kinder? Sie wurden mit einer Erbschuld geboren. Wenn sie selbst ein Resultat der Gewalt waren, mussten sie mit einem schrecklichen Zeugungsakt und dem schamerfüllten Schweigen über den leiblichen Vater leben. Doch auch für Kinder, die lange nach der Vergewaltigung der Mutter gezeugt worden waren, war das Aufwachsen mit einem Opfer sexualisierter Gewalt häufig eine Bürde, an der sie bis heute tragen.

Diese lang andauernde Belastung der Kinder der Gewalt ist der Anlass für dieses Buch. Nach dem Erscheinen von »Als die Soldaten kamen«, meines ersten Buches, in dem ich mich auf die Spuren der sexuellen Gewalt nach dem Zweiten Weltkrieg begeben hatte, meldeten sich bei mir Dutzende von Menschen, die oftmals erst durch meine Publikation von dem Schicksal ihrer Mütter und Großmütter erfahren hatten beziehungsweise deren diesbezügliche Ahnung sich erst durch die Lektüre zu bestätigen schien. Manche baten um Hilfe bei ihren Recherchen, andere wollten sich bedanken dafür, dass sie sich mit ihrer Familiengeschichte nun nicht mehr so allein fühlten. In einigen Fällen waren die Schreiber nachträglich zutiefst verstört über ihre eigene Ignoranz, denn sie hatten den Geschichten ihrer Mütter oder Großmütter von sexuellen Übergriffen, besonders wenn es sich um westliche Soldaten gehandelt hatte, lange Zeit schlicht keinen Glauben schenken wollen. Jetzt kam ihnen auf einmal zu Bewusstsein, wie unrecht sie ihren Angehörigen damit getan hatten. Gerade deshalb, und weil es so offensichtlich wurde, wie sehr die alten Geschichten meinen Briefpartnern noch heute auf der Seele lagen, schien es mir angeraten, einige von ihnen zu treffen. Es wurden ausführliche Begegnungen.

Die Interviews im privaten Umfeld der Gesprächspartnerinnen und -partner gaben mir wichtige Einblicke. Schon erste flüchtige Eindrücke offenbarten die Übereinstimmungen im Leben dieser Kinder der Gewalt. Eine Auffälligkeit bei meinen Hausbesuchen war zum Beispiel eine gewisse Ähnlichkeit der Wohnstile. Die Wohnungen waren oft dicht möbliert, jeder Quadratzentimeter Wand mit Bildern gefüllt, Memorabilien aus der Familienvergangenheit, plüschige Sofas, Kissen und Stofftiere, die wirkten, als sollten sie die Bewohner beschützen. Es schien mir, als wollten die Befragten keine Leerstellen zulassen, und ich fragte mich, ob dies Ausdruck eines Bedürfnisses nach Schutz und Geborgenheit sein könnte. Eine der Befragten bestätigte mir, dass sie sehr zurückgezogen lebe, kaum die Wohnung verlasse und die heiteren Farben ihrer Einrichtung als Stimmungsaufheller brauche.

Eine andere Gesprächspartnerin sagte mir offen, dass sie große Schwierigkeiten habe, allein zu bleiben. Sie wisse bis heute nicht, wie sich Geborgenheit anfühle: »Wie wollen Sie sich geborgen fühlen, wenn Sie als Kind gar nicht gelernt haben, wie schön das ist?« Die Stofftiere, die sie in ihrer

Wohnung umgaben, sollten ihr dabei helfen. Sie erklärte mir auch, dass es ihr wichtig sei, ihren Mann bei unserer Begrüßung dabeizuhaben, allein wollte sie mir nicht gegenübertreten. Zwei weitere Befragte ließen sich während des Interviews von ihren Töchtern unterstützen, die bei der Gelegenheit neue Details über ihre Familiengeschichte erfuhren. Das weist auf den Stress hin, den die Befragten noch heute verspüren, wenn sie über die Geschehnisse nach dem Krieg sprechen.

Ein Interviewter wohnte in einem Familienmuseum: Die Wohnung war fast durchgängig mit Möbeln und Bildern aus der Zeit vor dem Zweiten Weltkrieg eingerichtet. Da sich der Betreffende auch intensiv mit Genealogie beschäftigt, da er alleine lebt und keine Nachkommen hat, wirkte es, als lebte er buchstäblich in seiner Familiengeschichte.

Auffallend war, wie gründlich sich alle Mitwirkenden auf die Teilnahme an meiner Studie vorbereitet hatten. Sie gaben mir vorab schon viele Informationen über sich, waren bei der Anreise behilflich, bewirteten mich und trugen dafür Sorge, dass alles gut klappte. Gewiss, die Motivation der Beteiligten war groß, schließlich hatten sie sich mit dem Wunsch bei mir gemeldet, über ihre Familiengeschichte zu erzählen. Sie waren einverstanden, in drei- bis vierstündigen Gesprächen – und oftmals auch noch danach im schriftlichen Austausch – sehr Persönliches und Verstörendes über ihre Eltern und Großeltern und vor allem über sich selbst preiszugeben, damit wir gemeinsam herausarbeiten könnten, welchen Einfluss ihre besondere Situation als Kinder von Vergewaltigungsopfern auf ihre Biografien hatte. Sie hatten selbst ein Interesse daran, durch das gebündelte Erzählen nach einem roten Faden in ihrem Leben zu suchen. Ihre Geschichten waren von viel Emotion begleitet. Bisweilen so sehr, dass es sinnvoll war, das Interview zu unterbrechen und einen Spaziergang einzulegen.

Anschließend erhielten die Befragten die Möglichkeit, das wörtliche Protokoll unseres Gesprächs zu lesen und zu überarbeiten. Durch diesen Prozess der Partizipation an der Forschung wurde sichergestellt, dass sie die »Redaktion« ihres Lebens in der Hand behielten. Dinge, die sie bislang niemandem oder höchstens einer Therapeutin oder ihrem Partner erzählt hatten, konnten in diesem offenen Verfahren bearbeitet werden, was fast immer dazu führte, dass nach dem Gespräch ein neues Erinnern einsetzte.

Doch abgesehen von pragmatischen Gründen waren das Entgegenkommen meiner Interviewpartner und ihre Hilfsbereitschaft für mich auch ein Zeichen dafür, dass aus den Kindern der Gewalt Erwachsene geworden sind, die gelernt haben, auf andere zu achten und für Harmonie zu sorgen. Der Grund dafür liegt auf der Hand: Sie waren meist bei der Geburt unerwünscht, sie mussten zeitlebens um die Zuneigung ihrer Mütter und um Akzeptanz kämpfen, sowohl in ihrer Familie als auch in der Gesellschaft, oder sie hatten gelernt, eine schwer gezeichnete Familienangehörige zu unterstützen. Fast alle, mit denen ich gesprochen habe, trugen noch im fortgeschrittenen Alter eine große Trauer in sich über die belastete Beziehung zu ihren Müttern. Auch deshalb war es für sie wichtig, die Erinnerungen, von denen sie mir berichteten, noch einmal bearbeiten zu können, ohne das Gefühl, es der Forscherin recht machen zu müssen.

Natürlich bleibt eine ungewollte Beeinflussung des Erzählten durch das Forschungsinteresse der Autorin grundsätzlich unvermeidbar.[8] Ein besonders drastisches Beispiel, wie stark sich Erinnerungen im Laufe des Interviewprozesses verändern können, war die Geschichte von Eleonore S. Während des Gesprächs erzählte sie mir zunächst, die Suche nach ihrem Vater, einem französischen Soldaten, sei ins Leere gelaufen. Wochen später ließ sie mich jedoch wissen, ihr Vater sei vermutlich in Indochina gefallen. Solche Ungereimtheiten zeigen, wie unabgeschlossen das Thema für die Befragten ist, wie sehr im Fluss sich die Erinnerungen befinden. Da meine Interviews nicht allein dem Erheben von Fakten dienen sollten – was streng genommen auf der Grundlage autobiografischen Erinnerns methodisch auch nicht sinnvoll wäre –, sondern dazu beitragen sollten, subjektive Wahrnehmung zu rekonstruieren und Lebensgeschichten zu deuten, waren diese Verschiebungen der Erzählinhalte für mich besonders interessant.[9]

Bei der Auswahl der Fallbeispiele hält sich das Verhältnis der Kinder, die aus Vergewaltigungen entstanden, und der Kinder, die mit vergewaltigten Müttern aufgewachsen sind, jedoch selbst nicht in einem Gewaltakt durch einen Besatzungssoldaten gezeugt worden waren, die Waage. Es war für mich lehrreich zu erfahren, dass sich ihre Probleme in den Grundzügen ähnelten. Die Vergewaltiger gehörten der Sowjet-, der US- und der französischen Armee an. Bei zwei Interviews konnten Erfahrungen und Sichtweisen eines Enkelkindes miteinbezogen werden, wodurch zumindest ein kurzer Blick auf die momentan stark diskutierte transgenerationale Perspektive fällt.

Das Buch gliedert sich in die Schilderung fünf ausführlicher Lebensgeschichten und daran anschließende allgemeine Kapitel. Mein Ziel war es, dem Einzelfall genügend Raum zu geben, dann aber immer wieder den Fokus auf die allgemeine Situation zu richten, um Analyse und Einordnung zu ermöglichen. Denn viele der erschreckenden Details der Lebensgeschichten lassen sich nur vor dem allgemeinen Zeithintergrund verstehen. In die übergeordneten Kapitel flossen zahlreiche andere Quellen aus Archiven sowie aus eigener Erhebung, nicht zuletzt aus Dutzenden von Zuschriften und kürzeren Gesprächen mit Betroffenen, ein.

ELEONORE S. – EIN »FRANZOSENKIND« SUCHT DIE LIEBE

Am 14. Januar 2004 setzt sich Eleonore S. an ihren Schreibtisch und beginnt, einen Brief an ihre Tochter Jacqueline zu schreiben. Obwohl es ein sonniger Tag ist, dringt kaum Licht durch die Fenster in dem mehrstöckigen Neubau am Rande eines Vororts von Karlsruhe. Sie schaltet den teuren Computer an, den sie nach dem Ausscheiden aus der Firma, in der sie als Fremdsprachensekretärin gearbeitet hatte, mitnehmen durfte und der ihr den Übergang in den Ruhestand erleichtern soll. Das Verhältnis zu ihrer Tochter ist nicht unbelastet, und nachdem Jacqueline nach Australien gezogen ist, droht der Kontakt abzureißen. Deshalb der Brief.

Freizeit, so beginnt Eleonore S. zu schreiben, sei für sie immer schon ein schwieriger Begriff gewesen, jetzt werde sie mit dem lang gehegten Wunsch ernst machen, ihr Leben zu rekapitulieren. Sie nennt das, was sie aufschreiben möchte, nicht Biografie oder Autobiografie, sie nennt es »Rückblick und Ausblick miteinander verknüpfen« – als klaffe da in ihrem Leben eine Lücke zwischen Vergangenheit und Zukunft.

Die Vergangenheit, die sie in den Griff bekommen möchte, ist nicht die eigene, sondern die ihrer Mutter Monika. Es ist aber auch ihre eigene Geschichte und die ihrer Tochter Jacqueline. Um ihrer Tochter das zu verdeutlichen, muss Eleonore S. eine große zeitliche Distanz überwinden. Sie beschreibt, wie anders die Welt war, in die sie hineingeboren wurde:

»In dem kleinen Dorf in Deutschland, in dem sich zur Nachkriegszeit Hund und Hase Gute Nacht sagten, wüteten jene Nachkriegswirren, die die Menschen verunsicherten, wo die Wunden auf allen Seiten der betroffenen Länder noch weit auseinanderklafften, als Deutschland und Frankreich sich als bitterböse Feinde gegenüberstanden und keine Heilung in Sicht zu sein schien und Frauen, die sich mit dem Feind einließen, hüben und drüben aus der heimatlichen Gesellschaft nicht nur ausgeschlossen, sondern gesteinigt wurden bzw. den Kopf von ihren Landsleuten geschoren bekamen. Zu jener Zeit begegnete meine damals noch junge Mutter einem ebenfalls im Dorf stationierten jungen französischen Soldaten.«

An dieser Stelle wechselt sie abrupt zu ihrer eigenen Lebensperspektive: »Von Anbeginn wurde ich von einem Teil meiner Seele beraubt [sic], bevor ich überhaupt an das Licht dieser Welt trat.«

Als ich Eleonore S. für das Interview besuche, sind dreizehn Jahre vergangen, seit sie versucht hat, ihre Lebensgeschichte aufzuschreiben. Doch den Brief an ihre Tochter hat sie nie abgeschickt. Sie hat es letztlich nicht über sich gebracht, Jacqueline damit zu belasten. Dennoch ist das Verhältnis zu ihrer Tochter inzwischen besser, und auch sonst hat sich für sie einiges verändert. Die Pfälzerin ist in eine helle Wohnung umgezogen, hat sich in einem therapeutischen Akt einen Platz gesucht, der zu ihrem größten Bedürfnis im Leben passt, dem nach Harmonie und Liebe. Bunte Tüllvorhänge tauchen das Wohnzimmer in rosiges Licht, auf dem Sofa stapeln sich bonbonfarbene Kissen, darunter eines in Herzform. Jedes Stück in der Wohnung, vom Kerzenhalter bis zum Fußabstreifer, steht im Zeichen der Suche nach einem verlorenen Kindheitsglück.

Die Geschichte von Eleonore S. kommt nach und nach zu mir. Erst schickt sie mir die Schilderung für die Tochter, dann gibt sie mir ein ausführliches Interview, dann schreibt sie E-Mails, in denen sie neue Details, auch solche mit deutlichen Abweichungen zum bisher Erzählten, berichtet. Diese Veränderungen im Gedächtnis sind typisch. Erinnerungen sind keine in Bernstein erstarrten Insekten, vielmehr verändern sie mit jedem erneuten Aufrufen Form und Gehalt. Das ist Eleonore S. selbst wohl bewusst, als wir darüber sprechen. »Ja«, sagt sie, »Erinnerungen sind subjektiv, aber es gibt gewisse Dinge, die implantieren sich im Kopf.«

Szenen der Eroberung in der Pfalz

Geboren wurde Eleonore S. im Februar 1946, neun Monate nach dem Einmarsch der Franzosen, in einem kleinen Pfälzer Ort.[10] Ihr Heimatdorf lag unweit einer Stadt, die schon nach dem Ersten Weltkrieg Garnisonsort der Franzosen gewesen war. Jetzt standen wieder französische Truppen im Land, und viele Deutsche fühlten sich schon deshalb an die Zeit der verhassten ersten Besatzung erinnert. Bereits damals war es zu sexuellen Übergriffen gekommen, die im Nachhinein als »schwarze Schmach« bezeichnet wurden. Denn vor allem die Begegnung mit schwarzen Kolonialsoldaten der französischen Armee hinterließ bei der deutschen Bevölkerung, die Menschen anderer Hautfarben damals eher nur vom Hörensagen kannte, tiefe Spuren im kollektiven Gedächtnis.

Die Vorstellung, dass Schwarze besonders triebhaft und undiszipliniert seien, hatte während der damaligen Besatzungszeit zu einem verzerrten Bild geführt, das jetzt im Jahr 1945 reaktiviert wurde. Wieder hieß es: »Die Franzosen kommen!« Und schlimmer noch: »Die schwarzen Franzosen holen sich unsere Frauen!« Die Deutschen konnten kaum unterscheiden zwischen den früheren Geschichten, den echten und falschen Erinnerungen, den düsteren Drohungen, die Reichspropagandaminister Goebbels ausgestoßen hatte für den Fall, dass Deutschland den Krieg verlöre, und den tatsächlichen Umständen, unter denen sich die Einnahme und Besetzung des Landes diesmal vollzogen.

Wie die Okkupation dieser Region durch die Besatzungsarmeen im Einzelfall erlebt wurde, führt uns ein Tagebuch aus der Zeit der Einnahme ganz konkret vor Augen. Die Verfasserin der Aufzeichnungen ist Liesel G., die als Ärztin in einem Krankenhaus in Germersheim arbeitete, als die wechselnden Siegertruppen einmarschierten. Ihre Schilderung wirft auch ein Licht auf die Umstände, unter denen Eleonore S. gezeugt wurde:[11]

»Anfang März 1945: Im Keller Schwerverbrecher und Todeskandidaten. Abgerissenes Bein eines Zivilisten, stirbt auf dem OP-Tisch, Granatsplitter, Bauchschuss, Hodenschuss, Hände zerfetzt und zerbrochen. Stirbt, wie er noch nicht fertig verbunden ist.
22. März: Grässliche Verwundungen und furchtbares Elend hab ich wieder gesehen … In der Nacht gehe ich nicht zu Bett. Ich spüre keine Müdigkeit.
23. März: Jagdbomberbeschuss permanent. Beim Mokka anschließend platzt eine Bombe in den Hof. … Viel Arbeit – viel Blut. Amputationen, Frakturen, Steckschüsse … Ich schlafe wie tot und höre keine Ari mehr schießen.
24. März: Die Amerikaner stehen am Bellheimer Wald. … Ich esse nichts den ganzen Tag – höchstens aus den Nahkampfpäckchen, die allenthalben verteilt werden, etwas Schokolade. … Meine Patienten sind rührend glücklich, dass ich immer in der Nähe bin.

18.40 Uhr Die Amerikaner sind da. ›Come along!‹, ›Go on‹, ›Follow me!‹, ›Hands up!‹.
25. März: Die Amerikaner sind sehr anständig. Ich dolmetsche. Ausgehverbot für 48 Stunden wegen Beschuss. …
29. März: Die Plünderei geht weiter. Soldaten und Zivilisten räumen gemeinsam leere Wohnungen und Gaststätten aus.
30. März Karfreitag: Mittags ziehen Franzosen ein. Auch in unser Kasino. Ich sitze gerade in unserm Refugium, als von draußen die Türen eingeschlagen werden, die abgeschlossen waren. Sie lassen mich in Frieden, aber ich ziehe natürlich aus in den Keller unter die Treppe in ein kleines Kabäuschen … In der Nacht versucht man zweimal einzubrechen bei Gitta und mir. Unser Herzklopfen ist nicht schlecht, aber die Tür hält gottlob. ›Merde!‹, sagt der draußen.
31. März Karsamstag: Schon am Morgen geht das Elend los: Es kommen Frauen und Mädchen – immer mehr, die von den Marokkanern vergewaltigt wurden, welche jetzt mit den Franzosen unser Städtchen besetzt haben. Furchtbares hat sich abgespielt und ist draußen noch im Gang. Die Frauen werden verfolgt in den Häusern, den Männern mit Erschießen gedroht. Berichte, wie sie aus dem Osten gegeben wurden. Viele suchen Schutz bei uns drüben im Krankenhaus. Der Pater und der Doktor versuchen, zu den Kommandanten durchzudringen. Umsonst. Der eine hält gerade Mittagsschlaf, der andere lacht und sagt: ›C'est la guerre!‹ Und – was man immer wieder hört: ›Eure SS hat es bei uns genauso gemacht!‹ Schließlich am Abend wird versprochen, Streifen auszuschicken. Die Marokkaner haben alle Wein- und Schnapsvorräte geplündert und sich sämtlich total besoffen. Daher hausen sie so. Mittags kommt Edith G. ganz aufgelöst. Mit Mühe konnte sie entrinnen. Ein französischer Offizier brachte sie zu uns. Sie bleibt nun da. Wir umarmen uns weinend. Das sind die ersten Tränen. Gitte und ich sind wieder umgezogen nach den Erfahrungen der letzten Nacht. Hinauf

traut man sich gar nicht mehr, noch nicht einmal auf die Treppe.
1. April Ostersonntag: Ich schlief schlecht in der Nacht. Eine Wanze habe ich getötet. Nun ja – warum nicht auch noch Wanzen? Das menschliche Ungeziefer haust weiter. […] Auf dem Kirchplatz begegnet uns ein trauriger Zug: Frauen, Kinder und einige Männer aus der Siedlung, zerzaust, verdreckt, Stroh in den Haaren, Entsetzen in den Gesichtern, auf der Flucht vor den Schwarzen. Die ganze Nacht haben sie weitergetobt. Mütter mussten ihre Kinder verstecken, Mädchen sprangen aus dem Fenster etc. Das Krankenhaus ist voller Schutzsuchender. Gegen Mittag dringen die Schwarzen dort ein und hausen wild. Dr. K. geht zum Kommandanten und erhält eine Wache fürs Krankenhaus. Keilerei zwischen Franzosen und Marokkanern auf dem Vorplatz. 6 Mann Bewachung bleiben im Haus. Einige Übeltäter werden erschossen. Aber die Schandtaten gehen in kleinerem Maß weiter. Immer wieder heißt es: ›Die Deutschen haben es auch so gemacht. Die Marokkaner sind eben unsre SS.‹
2. April: Über uns ist ein französisches Feldlazarett eingezogen. Der Hof gleicht einem Heerlager. Französische Mädchen in Uniform, geschminkt, Zigarette im Mundwinkel, stehen herum, schenken unsern Kindern Puppen. Im Keller hausen jetzt 300 Leute, drüben im Krankenhaus 400. Kein Wasser, kein Licht, Clo-Verhältnisse schauderhaft – alles hat Durchfall. Auch ich habe ein Rührchen. Aber ich will nicht krank werden, schlucke Opium und Tanalbin, und es geht. […] Wir sind alle älter geworden in diesen Tagen. Von oben hört man den Lärm der Franzosen, Mädchenstimmen, Grammophonmusik – die Welt ist weit weg von mir. Alles, was Heimat heißt, ist weit – weit. In mir ist Totenstille. Ich habe keine Sehnsucht, kein Heimweh, keine Tränen – gar nichts. Ich will nur eins glühend und unbedingt – am Leben bleiben.

3. April: Viele Frauen erzählen nun schon von ihren Erlebnissen mit einer gewissen breiten Behaglichkeit und Anschaulichkeit. Allmählich verliert sich das Entsetzen. Einige Mädchen bandeln schon wieder mit den Franzosen an […].
16. April: Nach 19 h dürfen wir nicht mehr auf die Straße. Die gehört dann dem franz. Militär. Das ist ein Gejohle und eine Knallerei! Die Schwarzen singen ihre eintönigen Lieder. – Neben H. wurde ein Freudenhaus eingerichtet. Der Pater fragte mich, was das für Tabletten waren, die ich an die vergewaltigten Frauen und Mädchen ausgegeben habe. Elendron war es – gegen Tripper. Ich erkläre ihm das. Er will es kaum glauben und hatte gedacht, es seien Abtreibungsmittel gewesen. ›In diesem Fall wäre es nämlich ein moralisches Problem‹, sagt er. Ja, das wäre es, und das gibt es auch noch in den nächsten vier Wochen.
2. Mai: Obgleich das Ende vorauszusehen war und ich seit August 44 nicht daran gezweifelt habe, dass es so kommen müsse, greift mich alles jetzt unsäglich an.
16. Mai: Flirte mit den französischen Ärzten, darunter auch ein Jude. Ich finde es recht lustig, sich ein bisschen verehren zu lassen. Aber ich wünsche von ganzem Herzen, dass mich Walter bald holen möge.
21. Mai: Walter kehrt zurück.«[12]

Diese Quelle zeichnet in vielerlei Hinsicht ein plastisches Bild. Liesel G., die schreibende Ärztin, erlebte erst den Einmarsch der Amerikaner und dann die Übergabe an die Franzosen hautnah, denn Mediziner und medizinisches Personal sahen die Auswirkungen der letzten Kämpfe um ein Gebiet und der Gewaltakte nach dessen Einnahme meist als Erste. Neben diesen konkreten und, wie wir annehmen dürfen, realen Erfahrungen zeigt das Tagebuch aber auch, wie die meisten Deutschen damals fühlten, mit welchen starken Meinungen sie die Siegermächte erwarteten. Die Amerikaner waren für Liesel G. »große Kinder«, die Engländer ein »vornehmes Volk, aber zu konservativ«, die Franzosen bewunderte sie für ihre Kultur, über die Sowjets sagte sie nichts. Die Schwarzen waren für sie »Ungeziefer«. Sie teilte zudem eine damals durchaus typische Ignoranz für die eigenen Verbrechen der Deutschen. Von der Ermordung der Juden wollte sie nichts gewusst haben, nichts von Konzentrationslagern (sie habe nur von Dachau und Oranienburg gehört), nichts von den »Vorgängen dort«.[13]

Das Tagebuch zeigt, wie vorbelastet die Konfrontation der deutschen Zivilbevölkerung mit den Besatzungssoldaten war, die sich unter großen Verlusten auf deutsches Gebiet hatten vorkämpfen müssen und erfahren hatten, wozu die Deutschen fähig gewesen waren, auch wenn sie selbst vielleicht nicht dabei gewesen waren, als die Konzentrationslager befreit wurden. Diese Soldaten stießen nun auf Deutsche, die größtenteils gar nicht befreit werden wollten vom Nazi-Regime und jetzt, nachdem das »Tausendjährige Reich« untergegangen war, vorgaben, von nichts gewusst zu haben, und die aufgrund von nationalsozialistischer Indoktrination, rassistischen Vorurteilen und regionaler Vorgeschichte feste Vorstellungen von den neuen Herren im Land hatten – kurz, die den Alliierten kaum Anlass gaben anzunehmen, sie hätten es mit einem geknechteten oder gar reuigen Volk zu tun.

Aber auch auf die eigenen Landsleute hatte Liesel G. eine stark eingeschränkte Sicht, vor allem was Kontakte zwischen deutschen Frauen und Besatzungssoldaten betraf. Hier gab es für die Tagebuchschreiberin keine Grauzonen. Für die Ärztin waren nur zwei Formen von sexuellen Kontakten zwischen den einheimischen Frauen und den fremden Soldaten denkbar: die rohe Gewalt auf der einen Seite und das leichtfertige

Techtelmechtel auf der anderen. Dazwischen gab es nichts. Heute wissen wir, wie verkürzt diese Sichtweise war.

Die eigene Entstehung liegt im Dunkeln

Eleonore S.' Großmutter mütterlicherseits stammte aus Thüringen und hatte sieben Geschwister. Sie lernte einen Schneider kennen, der sie mit in die Pfalz nahm. »Nach ihren Erzählungen ist er nicht gerade zimperlich mit ihr umgegangen und hat sie wohl vor der Ehe zum Sex gezwungen. Sie wurde schwanger«, erinnert sich Eleonore S. Für ihren Mann trat die Großmutter auch zum Katholizismus über. In der neuen Heimat verdingte sie sich bei einem Bauern als Magd und pflegte noch zusätzlich einen älteren Herrn. Irgendwann begann ihr Mann ein Verhältnis und trennte sich, sie sah ihn zum letzten Mal im Oktober 1945.

Eines der Kinder aus dieser unglücklichen Verbindung war die Mutter von Eleonore S., die 1925 geboren wurde. Sie absolvierte vor dem Krieg eine Handelsschule und arbeitete bei der Sparkasse. Im Zweiten Weltkrieg verschlug es die Familienmitglieder in verschiedene Teile Deutschlands. Viel Zusammenhalt herrschte unter den Verwandten aber ohnehin nicht, erzählt wurde wenig. Am tiefsten aber wurde das Schweigen, wenn es um den Erzeuger von Eleonore S. ging. Nur so viel schien gewiss: Es war ein französischer Soldat, einquartiert in einer Gastwirtschaft. Dort trafen ihre Mutter und er aufeinander. Unter welchen Umständen Eleonore S. gezeugt wurde, bleibt ebenso unklar wie die Gründe, die ihre Mutter in den letzten Kriegswirren in das Lokal, zu den Soldaten des Gegners, getrieben hatte. War es der Hunger gewesen?

Fest steht: Nachdem er die deutsche Frau geschwängert hatte, wurde der Soldat abgezogen. Womöglich erhielt er einen Anpfiff von seinen Vorgesetzten, womöglich wurde er an einen anderen Stützpunkt versetzt – das reichte der französischen Armeeführung als Problemlösung. Da die Siegerarmeen durch die Besatzungsstatuten geschützt waren, hätten die deutsche Polizei oder ein deutsches Gericht einen Soldaten ohnehin nicht strafrechtlich verfolgen können. Allerdings schickte man die Soldaten meist vorsorglich außer Reichweite, weil Frauen, die Kinder von Besatzungssoldaten auf die Welt gebracht hatten, mitunter versuchten, die Väter ausfindig zu machen und sie wenigstens zur Zahlung von Alimenten zu bewegen. Als Eleonore S. Jahrzehnte später begann, nach dem Mann, der ihr Erzeuger war, zu suchen, war dieses Prinzip der Verschleierung immer noch in Kraft. Eine Sachbearbeiterin im Militärarchiv in Colmar erklärte ihr bei ihrem ersten Versuch, sie dürfe ihr nichts Näheres sagen.

Schon als Kind blieb Eleonore S. die eigene Herkunft größtenteils ein Rätsel. »Natürlich hat mich keiner offiziell informiert«, erinnert sie sich, »früher nicht, später auch nicht, und da ich mit zehn Jahren vom Dorf weg bin, sind viele Dinge, die sich die Dorfbewohner weiterhin täglich erzählten, nie bis zu mir vorgedrungen.« Nur bei ihren Besuchen in den Sommerferien hätten Freundinnen im Laufe der Jahre gerne die alten Geschichten über ihre Mutter und ihre Schwestern aufs Tapet gebracht. Dazu gehörten die üblichen Denunziationen: Eleonore S.' Mutter sei mit jedem ins Bett gegangen. Auch nach vielen Jahren brodelte im Dorf die Gerüchteküche weiter. Alle möglichen Namen, wer der Vater von Eleonore S. sein könne, kursierten, auch solche von Einheimischen. »Es waren diese Momente, in denen ich versuchte, meine Mutter anzusprechen, und sie meinte, sie müsse doch wohl wissen, mit wem sie geschlafen habe .... Und ich verstand den Grund, warum meine Mutter aus dem Dorf geflüchtet war!«

Auf der Grundlage der dürren Fakten hat sich Eleonore S. zwei Szenarien ihrer Zeugung zurechtgelegt, ein freundliches und ein weniger freundliches. Dass sie bis heute zögert, die Gewalt beim Namen zu nennen, hat nicht zuletzt mit einem diffusen Bild von sexueller Gewalt zu tun: »Ob da eine Vergewaltigung stattgefunden hat oder ob das war wie bei den Amerikanern, die Geschenke mitgebracht haben, das kann ich nicht sagen. Meine Mutter hat nie darüber geredet. Ich nehme an, das war so eine Art freiwillige unfreiwillige Vergewaltigung.« Diese Formulierung, »freiwillige unfreiwillige Vergewaltigung«, verdeutlicht den Interpretationsrahmen, in dem sexuelle Kontakte zwischen deutscher Zivilbevölkerung und Besatzungsarmeen bis heute erklärt werden. Für die einen war (und ist) es ein Akt der Gewalt, für die anderen war (und ist) es ein Akt der Not, der Gefälligkeit oder der moralischen Haltlosigkeit.

Wenn wir aber den Zeitpunkt der Zeugung von Eleonore S. berücksichtigen, nämlich unmittelbar nach dem Einmarsch der Franzosen, als sich noch keine Beziehungen zwischen Besatzungssoldaten und Zivilbevölkerung hatten etablieren können, dann ist die Frage im Grunde beantwortet. Eine Liebesgeschichte wird der Kontakt ihrer Eltern wohl nicht gewesen sein. Selbst Notprostitution scheint als Motiv eher unwahrscheinlich.

Nach der Schwangerschaft und der Geburt ihres unehelichen Kindes habe ihre Mutter nie mehr die Möglichkeit gehabt, einen normalen Mann zu heiraten, erzählt Eleonore S. Mit »normal« meint sie einen deutschen Mann. Denn dass sie sich mit dem Feind eingelassen hatte, aus freien Stücken oder nicht, reichte schon, um das Urteil über sie zu fällen. Das wog auch schwerer als eine uneheliche Schwangerschaft, die damals weit verbreitet war. Aus jeder Begegnung mit einem vormaligen Kriegsgegner wurde im Nachkriegsklima blitzschnell ein moralisches Versagen der Frau gemacht, ein Verrat an der Nation. Die Ehrverletzung des deutschen Mannes, der »seine« Frau nicht hatte beschützen können, lenkte ab von der eigenen Schuld der Deutschen, wurde abgespalten und aggressiv gegen die Frauen gerichtet, in diesem Fall gegen die »Franzosenhure«.[14]

Als ihre Mutter achtzig wurde, nahm Eleonore S. einen letzten Anlauf, um mit ihr über ihren Vater zu sprechen. »Da deutete sie an, wie sie den Soldaten, meinen Vater, kennengelernt hat. Dazu hat sie gesagt: ›Wir hatten doch Hunger.‹ Wie sie den kennengelernt hat und wann, keine Ahnung, nur: ›Wir hatten doch Hunger.‹«

Da Eleonore S. von ihrer Mutter keine konkreten Antworten erhielt, die ihr bei der Suche nach ihrem Vater weitergeholfen hätten, versuchte sie ein zweites Mal, im Archiv von Colmar Näheres über ihren Erzeuger herauszufinden. Bei ihrem zweiten Anlauf stieß sie auf einen Archivar, der hilfreicher war, und siehe da, auf einmal fanden sich sogar Unterlagen. »Da stand der Name meiner Mutter und der Name von dem Typen. Ich dachte, ich sehe nicht recht, der französische Staat hat sämtliche Kinder, die von französischen Soldaten gezeugt worden waren, archiviert.«

Die »Franzosenkinder« zwischen den Fronten

Die bürokratische Erfassung der Kinder französischer Besatzungssoldaten, selbst wenn sie in Vergewaltigungen gezeugt worden waren, war eine Besonderheit der französischen Besatzungsmacht. Denn nicht nur waren gemäß dem Code civil Kinder französischer Väter automatisch Franzosen, der Staat war nach den verheerenden Menschenverlusten im Krieg auch höchst interessiert daran, neue Staatsbürger zu gewinnen. Selbst wenn ein Kind von einem vorbeiziehenden Soldaten quasi *en passant* gezeugt worden war, sollte es daher Anspruch auf einen Pass der Grande Nation erhalten. Und nicht nur das: Der französische Staat versuchte sogar aktiv, sich das Kind einzuverleiben. Laut Aktenlage wurden zwischen 1945 und 1955 17000 Menschen in Deutschland von stationierten französischen Besatzungssoldaten gezeugt (die Dunkelziffer ist vermutlich höher). 1000 bis 1500 von ihnen wurden nach Schätzungen eines Historikers »repatriiert«.[15]

Das Werben des französischen Staates um die Kinder von Besatzungssoldaten war so stark, dass bald Gerüchte kursierten, die Franzosen würden deutschen Müttern ihre Kinder wegnehmen. So weit ging Frankreich zwar nicht, aber die Kinder der Soldaten wurden registriert und nach Möglichkeit und Eignung »heimgeholt«. Dabei ging man durch Befragungen in Geburtskliniken und von Hebammen durchaus systematisch zu Werke. Müttern, die dem Vernehmen nach mit französischen Soldaten verkehrt hatten, versprach man, dass es ihren Kindern in Frankreich viel besser gehen würde, wenn sie sie freiwillig hergäben. Wenn sie die Kinder in einer französischen Familie aufwachsen ließen, werde der Staat für sie sorgen. Der Rechtsweg war kurz: Die Frauen mussten lediglich eine Verzichtserklärung unterschreiben, mit der sie sämtliche Ansprüche auf ihre Kinder aufgaben. Ein Formular von einer Seite genügte.

Manchmal gaukelte man den Frauen auch vor, dass nach dem leiblichen Vater des Kindes gesucht werde, der dann die Betreuung übernähme. Das entsprach jedoch nicht der Wahrheit: Tatsächlich kamen die Kinder in ein Heim oder zu Adoptiveltern. Es wäre auch kaum möglich gewesen, die Väter dazu zu zwingen, sich um ihre unehelichen, in der Fremde gezeugten Kinder zu kümmern. Eine Rechtsgrundlage dafür gab es nicht.

Wenn sich eine deutsche Mutter, aus welchen Gründen und mit welchen Hoffnungen auch immer, dazu entschieden hatte, ihr Kind in die Obhut des französischen Staates zu geben, und das nötige Formular dafür unterschrieben hatte, kam das Kind zuerst in ein deutsches Heim, wo es körperlich untersucht wurde. Von dort wurde es in ein französisches Heim in Deutschland, eine Pouponnière, überstellt. Es gab mehrere solcher Anstalten, unter anderem in Appenthal und Bad Dürkheim in der Pfalz, in Unterhausen bei Lichtenstein, in Tübingen und im badischen Nordrach. Insgesamt dauerte es fünf bis sechs Monate, bis die Kinder in einem neuen Leben, einer neuen Familie in Frankreich ankamen.

Allerdings interessierte sich der französische Staat nur für vorgeblich wertvolle Franzosen. Wenn die Untersuchung des Kindes körperliche oder geistige Defizite zutage brachte, wurde es in Deutschland belassen und eventuell später an die leibliche Mutter zurückgegeben, die dann womöglich nicht mehr interessiert war, ein uneheliches Kind aufzuziehen. Eine Einzelfallstudie über Nordrach hat gezeigt, dass die deutsche Leiterin der Anstalt die Kinder, die nach Frankreich geschickt werden sollten, nach eugenischen Kriterien auswählte – nach denselben Kriterien also, wie vormals der NS-Staat polnische Kinder ausgewählt hatte, die eingedeutscht werden sollten.[16]

Die Kinder, die als wertvoll genug galten, wurden in ein Übergangsheim nach Paris gebracht oder, wenn der Erzeuger ein Nordafrikaner gewesen war, gleich nach Nordafrika weiterverschickt. Den Kontakt zu potentiellen Adoptiveltern stellten derweil das französische Rote Kreuz, eine Frauenvereinigung und eine Adoptionsbehörde her. Im Übergangsheim wurden die Kinder in einem offiziellen Akt zu französischen Staatsbürgern gemacht, was bedeutete, dass sämtliche Papiere, einschließlich Geburtsort und Geburtsnamen, geändert wurden. Alle Spuren der Geburtsumstände sollten getilgt werden. Später wollte Frankreich sogar erreichen, dass auch die deutschen Behörden alle Hinweise auf die Kinder in ihren Akten löschten. Erst ab 1948 wurde diese Praxis aufgegeben, als man sah, dass sich Deutschland demokratisch entwickelte und sich die Besatzungsmacht nicht mehr ganz so selbstherrlich den deutschen Müttern und Behörden gegenüber verhalten konnte. Im Jahr 1950 ging Frankreich einen Schritt weiter und erkannte den Kindern die doppelte Staatsbürgerschaft zu.[17]

Auch die Mutter von Eleonore S. stand vor der Wahl, ihr Kind wegzugeben. Sie entschied sich dagegen, das Formular der französischen Besatzungsmacht hat sie nicht ausgefüllt. Doch weil die französischen Behörden sie als Kind eines Besatzungssoldaten registrierten, gelang es Eleonore S. spät im Leben, den Namen ihres Vaters zu erfahren. Sie weiß noch genau, wann sie die Information erhielt. Es war am 26. Juni 2007 um 14 Uhr.

Mehr als den bloßen Namen ihres Erzeugers ließ sich jedoch nicht ermitteln, obwohl die Organisation »Cœurs sans Frontières/Herzen ohne Grenzen« ihr bei der Suche behilflich war und ihre Daten an das französische Verteidigungsministerium weiterleitete. Von dort erhielt sie die Antwort, der Name des Mannes sei unbekannt. »Diese Herren halten alle zusammen, die wollen nicht, dass das herauskommt. Ich habe dann später noch mal eine Adresse bekommen, aber das Runterfallen nach einer Recherche ist so schwer, dass ich nicht mehr die Kraft hatte, noch mal zu recherchieren. Es war mir alles zu viel«, sagt Eleonore S. heute.

Ein Kind der Scham

Welche Folgen die Umstände ihrer Zeugung für ihr weiteres Leben hatten, darauf kommt Eleonore S. nur zögerlich zu sprechen. Die erste Konsequenz war: Sie wurde als sogenanntes lediges Kind nicht, wie damals üblich, im Heimatort, sondern im Krankenhaus der nächstgrößeren Stadt geboren und von dort direkt zur Großmutter gebracht. Dass sie bei ihrer Mutter aufwuchs, wäre zumindest in der armen arbeitenden Bevölkerung so gut wie undenkbar gewesen, aus Gründen der öffentlichen Moral, aber auch aus pragmatischen Gründen. Ihre Mutter musste schließlich Geld verdienen, und das war als Alleinerziehende ohne Betreuungseinrichtungen, wie wir sie heute kennen, unmöglich.

Die zweite Konsequenz für das Leben der Eleonore S. war durchaus paradox. Ihre Mutter begann, bei der französischen Besatzungsverwaltung zu arbeiten – wo sonst konnte sie in ihrer Lage Arbeit finden als bei den Franzosen? Nach drei Jahren heiratete sie – und wen sollte ein »Franzosen-Liebchen« schon heiraten, wenn nicht einen Franzosen? So bekam Eleonore S., das Kind eines französischen Besatzungssoldaten, auch noch einen französischen Stiefvater. Von dem Moment an verklemmte sich ihr Leben zwischen zwei Nationen und Kulturen.

Die Mutter ist nicht zu fassen

Doch auch nachdem Eleonore S.' Mutter geheiratet hatte, durfte die uneheliche Tochter zunächst nicht bei ihrer Mutter und ihrem Stiefvater wohnen. Bis zu ihrem zehnten Lebensjahr blieb Eleonore S. bei der Großmutter. Ihre Mutter war eine Fremde, die sie gelegentlich besuchte. »Ich glaube, das war für meine Mutter die Möglichkeit, in Ruhe gelassen zu werden und ihr Leben neu aufzubauen, und ich glaube, ich war ihr egal, denn sie hat nie nach mir gefragt. War sie schwach? Hat sie es freiwillig gemacht? Ich weiß es nicht.«

Der Mann ihrer Mutter wurde nach Neustadt ins Telegrafenamt versetzt, und ihre Mutter nahm sich in seiner Nähe ein Zimmer. »Ich kann mich erinnern, dass ich ab und zu dort geschlafen habe. Es war vielleicht zehn Kilometer von meinem Heimatdorf entfernt.«

Doch Besuche blieben die Ausnahme, und da ihre Großmutter auch arbeiten musste, war Eleonore S. die meiste Zeit sich selbst überlassen. Sie lief mit anderen Kindern zur Schule, danach bekam sie beim Bauern ein Mittagessen, dann war sie daheim mit ihrem Onkel, der nur vier Jahre älter war als sie. Den Nachzüglersohn hatte ihre Großmutter im Alter von 46 Jahren bekommen. »Es war schon keine normale Familie«, sagt Eleonore S. heute. Zu ihrer Großmutter habe sie »Mutter« gesagt, zu ihrer leiblichen Mutter »Mama«.

»Die Großmutter war total überfordert und kaputt. Ihre erste Tochter war gestorben, ihr Mann war weg und hat mit einer anderen Frau zusammengelebt, sie wollte nicht in die Scheidung einwilligen, und ich kann mich erinnern, dass sie mir schon als Kind von alledem erzählt hat. Von meiner Mutter habe ich fast keine Bilder im Kopf, die sehe ich gar nicht, bis auf zwei oder drei Mal.«

Sie weiß noch, dass sie manchmal von einem Nachbarn mit Roller und Beiwagen zu ihrer Mutter gebracht wurde. Dort kam sie sich vor wie das fünfte Rad am Wagen, denn ihre Mutter hatte inzwischen wieder ein Kind bekommen, dem sie ihre ganze Aufmerksamkeit schenkte.

»Ich kann mich gar nicht erinnern, dass die mich mal was gefragt hat. Ich weiß nur, sie hat das Kind des neuen Mannes mit richtigem Essen gefüttert, mit Spinat und Orangen, da habe ich gedacht: Spinat, Orangen, wo gibt es denn so etwas? Meine Großmutter hat nicht gewusst, wie sie das Leben bestreiten sollte, und meine Mutter hatte das alles? Da stimmt doch was nicht. Und wenn ich mit meiner Mutter versucht habe zu reden, dann war mein Stiefvater daneben und hat gesagt: ›Hier wird nur französisch geredet.‹ Das waren keine schönen Erinnerungen, für mich war das Stress.«

Eleonore S. glaubt bis heute, dass ihr Stiefvater eifersüchtig war. Über einen längeren Zeitraum hatte er die Mutter von Eleonore S. nicht heiraten dürfen, obwohl sie bereits schwanger gewesen war. Die französischen Behörden ließen sich viel Zeit mit der Bewilligung der Heirat. Als die Eheschließung im Jahr 1952 endlich erlaubt wurde, war die Bedingung, dass seine deutsche Frau die französische Staatsbürgerschaft übernähme und die deutsche aufgäbe. So geriet die Mutter von Eleonore S. in seine Abhängigkeit. Und das Kind dazu. Beide waren sehr streng zu Eleonore S. Doch die Mutter hatte darüber hinaus noch Probleme mit ihren mütterlichen Gefühlen, sei es, weil sie das Kind eines Vergewaltigers ablehnte, sei es, weil sie sich dem neuen Mann gegenüber dankbar zeigen musste. Jedenfalls schien es ihr wichtiger zu sein, eine loyale Ehefrau zu sein als eine gute Mutter.

Sogenannte Versorgerehen waren in dieser Zeit nicht ungewöhnlich. Einen Ehemann zu haben bedeutete für Frauen viel. Junge, heiratsfähige Männer waren nach dem Krieg buchstäblich Mangelware, eine alleinstehende Frau durfte nicht allzu wählerisch sein, zumal wenn sie ein uneheliches Kind eines Besatzungssoldaten hatte. Immerhin verlor sie durch die Heirat ihren prekären sozialen beziehungsweise schon fast

»asozialen« Status als ledige Mutter und gewann einen Gefährten, der sich mit um den Lebensunterhalt (und vielleicht sogar um das uneheliche Kind) kümmern konnte.

Gerade im Westen klaffte ein Graben zwischen den gut beleumundeten und vom Staat materiell privilegierten Ehefrauen und den Alleinstehenden, selbst wenn sie Kinder hatten. In der Bundesrepublik wurden unverheiratete Frauen noch bis in die siebziger Jahre hinein diskriminiert. Bei der Verschreibung der Antibabypille etwa mussten Frauen höchst private Fragen über sich ergehen lassen (und in den frühen sechziger Jahren wurde dieses Verhütungsmittel sowieso nur verheirateten Frauen zugebilligt). Unverheiratete Mütter wurden noch bis 1972 mit einem Amtsvormund für das Kind bedacht, der vielen Entscheidungen zustimmen musste. Etwas anders sah es in der DDR aus, wo Frauen weniger nach ihrem Familienstand als nach ihrem Status als Werktätige behandelt wurden.[18]

Unter diesen Bedingungen war Liebe für die Partnerwahl oft Nebensache. Stattdessen gingen viele Frauen für die bürgerliche Legitimierung durch eine Heirat schmerzhafte Kompromisse ein und verzichteten notfalls sogar auf das voreheliche Kind. Nur, leicht wird das den Müttern nicht gefallen sein. Auch nicht der Mutter von Eleonore S., wie sich ihre Tochter erinnert: »Meine Mutter war ein Leben lang krank, Migräne, sehr verschlossen, ist nie aus sich raus, nie ein Wort zu mir, ein paarmal habe ich versucht, an sie heranzukommen, dann fing sie an zu heulen, dann hat sie gesagt: ›Papa soll das nicht mitkriegen.‹«

Zuhause beim »Erbfeind«

Ihre Mutter, ihr Stiefvater und das Stiefgeschwisterchen von Eleonore S. lebten nach der Hochzeit 1952 zunächst einige Jahre in Baden-Baden, weil der Mann dort bei der französischen Armee arbeitete. Dann zog die Familie weiter nach Villefranche in Frankreich, wo Eleonore S. auf ein französisches Gymnasium gehen sollte. Mit zehn Jahren wurde Eleonore S. deshalb über Nacht und ohne Erklärung aus ihrer gewohnten Umgebung herausgerissen. Sie weiß bis heute nicht, warum. »Wahrscheinlich hat da mein Stiefvater die Vormundschaft für mich übernommen«, spekuliert sie. 1956 erhielt sie die französische Staatsangehörigkeit, doch in ihrer neuen Heimat anzukommen, fällt ihr schwer, sowohl in ihrer Familie wie auch in der Schule, wo sie vieles gar nicht versteht. In Mathematik gibt sie das leere Blatt ab, ein Lehrer konfrontiert sie vor versammelter Klasse mit den Verbrechen der Deutschen im Nationalsozialismus. »Ich habe mich nie irgendwo richtig eingelebt«, sagt sie rückblickend.

In ihren Erinnerungen ist es diese Zeit in Frankreich, in der Eleonore S. ein junger Teenager war, die am meisten Wut und Schmerz hinterlassen hat. Nicht nur, weil ihr die alte Welt, ihre Großmutter, ihre Freunde aus der Schule weggenommen worden waren, sondern auch, weil diese Lücke in ihrem Leben mit nichts gefüllt wurde. Gebraucht hätte sie eine Familie, aber zumindest eine Mutter, die das Verlorene wieder wettmacht. Aber diese Mutter war selbst unglücklich und nicht in der Lage, der Tochter Liebe oder Geborgenheit zu geben. War die Mutter von Eleonore S. zu Beginn der Ehe in Baden-Baden noch einigermaßen glücklich gewesen, so lebte sie in Frankreich fernab der Heimat nur noch auf den jährlichen Besuch in Deutschland hin.

»Aber ich habe sie nie weinen gehört oder sich beschweren, sie hat gelernt, einen Haushalt zu führen, französisch zu kochen. Ihr Mann war unter der Woche Vertreter und unterwegs. Meiner Meinung nach war meine Mutter in einer permanenten Depression, sie war krank, hatte alle vier Wochen ihre Migräne.«

Die Zeit, in der Eleonore S. gezeugt wurde, habe sie einfach aus ihrem Gedächtnis radiert, ohne Rücksicht darauf, dass ihre Tochter ein Recht darauf haben könnte, zu wissen, wo ihre Wurzeln liegen. Die Tochter ist bis heute hin- und hergerissen zwischen Verständnis und Empörung. Einerseits weiß sie, dass ihre Mutter in der damaligen Zeit wenig Spielraum hatte, anders zu handeln. Andererseits begehrt sie auf bei dem Gedanken, die Gefühlskälte ihrer Mutter den Zeitumständen zuzuschreiben.

»Alles wird mit der Kriegsmaschinerie entschuldigt, aber hier geht es um mein Leben, um Liebe, Verständnis und Geborgenheit. Ein Kind zu lieben hat nichts mehr mit Kriegswirren zu tun, sondern mit der Fähigkeit, Gefühle zeigen zu können und zuzulassen. Aber dafür war sie zu streng erzogen, wie vielleicht alle Menschen ihrer Generation.«

Hilfe beim Einleben in dem fremden Land und in der neuen Familie konnte Eleonore S. von dieser Mutter nicht erwarten. Stattdessen vermittelte diese ihr das Gefühl, zu viel zu sein.

»Wir waren nie eine richtige Familie. Ich war außen vor. Ich bin gefüttert und angezogen worden, aber es wurde nur an mir herumgemäkelt. Ich habe viel gezeichnet und viel gelesen, und meine Mutter war so beschäftigt, ihrem Göttergatten zu gefallen, ich lief so mit, aber es kam nie ein nettes Wort, geschweige denn eine Streicheleinheit.«

Flucht in die Ehe

Die Rettung kam für Eleonore S. in Gestalt eines neun Jahre älteren Mannes. Der sprichwörtliche Prinz auf dem weißen Pferd. So dachte sie jedenfalls. Sie lernte ihn im Jahr 1965 bei einem Besuch in Deutschland kennen. Er war nicht nur älter, er hatte einen Beruf, Schreiner, und er war dabei, ein Haus zu bauen. Das bedeutete: Stabilität, Sicherheit, Zuverlässigkeit. Sie war erst neunzehneinhalb. Er schrieb ihr, sie solle kommen und ihn heiraten. Und das tat sie. Die Ehe würde sie heilen, dachte sie. So wie viele Deutsche damals.

Für die große Mehrheit der Frauen und Männer ihrer Generation war die Ehe die selbstverständlichste Lebensform. Eine niedrige Arbeitslosigkeit, der stete ökonomische Aufschwung, schwierige Verhältnisse im Elternhaus bereiteten den Boden für frühe Eheschließungen. Die Mehrzahl der Brautleute war erst Anfang zwanzig. Staat und Gesellschaft, besonders die Kirchen, sahen in der Alleinversorgerehe – der Mann arbeitet, die Frau kümmert sich um Haushalt und Kinder – das privilegierte Modell und unterstützten eine Hochzeit in jungen Jahren. Dem Nationalsozialismus wurde eine antibürgerliche und letztlich auch die Ehe infrage stellende Haltung zugeschrieben, der Krieg hatte, so glaubte man, durch die Trennung der Partner, aber auch durch die moralischen Unwägbarkeiten, sein Übriges zur Erosion dieser Einrichtung beigetragen, weswegen der Staat nun umso mehr in die Wiederauferstehung der bürgerlichen Familienordnung investierte. Selbst in privatesten Fragen des Lebens mischte sich der Staat ein, sei es bei der Geburtenregelung und Abtreibung, bei Homosexualität, Ehebruch und sogenannter Kuppelei.

Das 1953 gegründete und bis 1962 mit dem sehr konservativen Katholiken Franz-Josef Wuermeling (CDU) besetzte

Familienministerium trieb, in der festen Überzeugung, dass die bürgerliche Kernfamilie – Vater, Mutter, Kinder – die einzige legitime, moralische und staatserhaltende Lebensform sei, geeignete Fördermaßen voran. Nicht zuletzt beflügelte die Systemkonkurrenz mit dem kommunistischen Osten familienpolitische Maßnahmen wie Steuervorteile für Ehepaare, Kinderfreibeträge und Ermäßigungen für kinderreiche Familien, etwa bei der Bahn, während Alleinerziehende benachteiligt wurden und Kindergartenplätze selten und schlecht betreut waren. Verheiratete Frauen durften nur mit Zustimmung des Ehemanns arbeiten gehen, allerdings war es aufgrund der schlechteren Bezahlung und steuerlichen Benachteiligung für Frauen auch nicht sonderlich attraktiv, einen Job anzunehmen. Sobald Kinder auf der Welt waren, wurde arbeitenden Frauen der Wind aus den Segeln genommen und mit Reizworten wie »Schlüsselkinder« und »Rabenmütter« ein schlechtes Gewissen gemacht.

Neben dem – historisch gesehen noch immer recht jungen – Ideal der romantischen Liebe als Grundlage der Ehe gab es im Wirtschaftswunderland genug Gründe, auch die pragmatischen Kriterien der Eheschließung weiterhin wichtig zu nehmen; es ging schließlich um mehr als nur um Händchenhalten. Immer noch hatten die Elternhäuser bei der Partnerwahl der Kinder ein Wörtchen mitzusprechen. War der Auserwählte der Tochter »nur« ein mittelloser Student und nicht, wie erhofft, ein tüchtiger Erbe eines Handwerksbetriebs, kam es nicht selten zu Beziehungsabbrüchen. Die Prioritäten, um die es in der Ehe gehen sollte, waren die Mithilfe im Familienbetrieb, beim Hausbau, bei der Anschaffung der erschwinglicher werdenden Autos und Haushaltsgeräte.

Viele der jungen Leute waren zudem ohne Vater aufgewachsen und wollten jetzt diese Lücke rückwirkend schließen, indem sie selbst früh eine Familie gründeten. Oft mussten Ehen, die in den sechziger Jahren geschlossen wurden, allerdings ohne realistisches Vorbild auskommen, da die Ehen der Eltern häufig unter den Kriegsfolgen unterbrochen, zerbrochen oder schwer belastet gewesen waren. Frauen wünschten sich, nicht wie ihre Mütter allein gelassen zu werden, Männer hatten keine Vorbilder für ihre Rollen als Ehemänner und Väter.

Dass ihre Ehe Eleonore S. in eine neue Misere führen würde, war deshalb gar nicht so unwahrscheinlich. Nur sie selbst konnte sich das nicht vorstellen, obwohl sie wusste, dass auch ihr zukünftiger Ehemann eine tragische Biografie mit in die Verbindung brachte: Seine Mutter war im Kindsbett gestorben, woraufhin die Familie auseinanderbrach und die Kinder im ganzen Dorf verteilt wurden. Dass er keine Wärme und kein Verständnis für die emotional vernachlässigte Tochter einer missbrauchten Frau aufbringen können würde und dass er von vornherein wohl vor allem eine Mitarbeiterin suchte, keine Partnerin, darüber machte sich Eleonore S. keine großen Gedanken. Damals glaubte sie, schlimmer als das, was sie bei ihrer Mutter und ihrem Stiefvater erlebt hatte, könne es nicht werden.

Obwohl Eleonore S. ihren zukünftigen Ehemann kaum kannte, erhob ihre Mutter keine Einwände gegen die Eheschließung ihrer noch minderjährigen Tochter. Vielmehr erklärte sie ihr lapidar, wenn dieser Mann Eleonore ohne Mitgift, so wie sie sei, nehme, dann solle sie zu ihm gehen. Was sie in dieser Ehe zu erwarten hätte, das konnte sie ihr nicht sagen.

Zunächst warf sich das frischverheiratete Paar mit aller Kraft in den Hausbau, wie Eleonore S. es rückblickend schildert: »Wir haben rund um die Uhr geschuftet wie die Geistesgestörten. Wir haben alles selber gebaut, Fliesen gelegt, alles verputzt. Wir waren rund um die Uhr beschäftigt. Er war auch ein hibbeliger Typ.« Diese Sätze könnten für viele Ehen stehen, die in den frühen und mittleren sechziger Jahren geschlossen wurden. Viele Kriegskinder taten sich aus einer Art Überlebensinstinkt zusammen, suchten Halt, brauchten eine Aufgabe, Arbeit. Sie waren noch nicht in der Lage, über die Vergangenheit zu reflektieren, waren verstrickt in schwierige Mutterbeziehungen, waren einzig bestrebt, die Ärmel hochzukrempeln und in die Zukunft zu schauen.[19]

Die eheliche Gemeinschaft wurde nach wie vor nach dem patriarchalen Muster gestaltet. Nach dem verlorenen Krieg schien die Männlichkeit beschädigt und sollte wieder gefestigt werden. Die patriarchale Hierarchie galt als Garant der Gesundung der Nation, der darin wiedererstarkte Familienvater war ein Ersatz für das zuvor geltende militärische Männlichkeitsideal.[20] Auch in der Ehe von Eleonore S. war das Machtverhältnis klar. So wusste sie beispielsweise nicht, was ihr Mann verdiente, er habe mit ihr nie über Geld geredet. Er versteckte sogar vor ihr, was er hatte. Es gab fünf Mark pro Woche für das Nötigste und ab und an als milde Gabe der Schwiegereltern ein bisschen Obst und Gemüse. Die patriarchalen Machtstrukturen zogen sich durch alle Lebensbereiche, auch durch ihr Intimleben. Die Frau sexuell unerfahren, der Mann fordernd, ohne Einfühlungsvermögen, emotional abweisend.

Da das Geld knapp war, musste auch Eleonore S. arbeiten gehen, trotz Kind, das 1967 zur Welt kam. Sie hatte allerdings zu diesem Zeitpunkt noch keine ordentliche Ausbildung und war so auf den prekären und unterbezahlten weiblichen Arbeitsmarkt angewiesen: Sie jobbte als Nachhilfelehrerin. Eleonore S. empfindet die Beziehung im Nachhinein als ihr persönliches Unglück und Scheitern:

»An der Ehe war eigentlich alles schlimm: rund um die Uhr arbeiten, keine Hilfe mit dem Kind, Familienstreitigkeiten mit seinen Geschwistern, die einen Groll gegen meinen Mann hatten. Was ich mir erträumt hatte, Familie, war nicht. Ich war auf einer einsamen Insel. Gegen Einladungen hat er sich immer gewehrt. Ich denke, ich hatte eine Kindbettdepression. Was sehr schmerzhaft war, dass er mich immer abgewiesen hat, wenn ich mich ihm nähern wollte. Wie meine Mutter. Aber wenn er wollte, musste ich ihm zur Verfügung stehen. Ich hatte nicht nur eine körperliche Aversion gegen ihn, mein ganzer Körper hat sich gesperrt. Wenn er ins Schlafzimmer kam, hat sich bei mir alles zusammengezogen. Für mich waren Liebe und Sexualität ein körperliches Problem.«

Einmal musste das Paar nach dem Sex den Arzt rufen, doch der suchte das Problem nur bei Eleonore S. Sie hatte ein Problem, das sprachlos machte.

Auch wenn das für Eleonore S. kein Trost sein kann: Man muss wohl annehmen, dass es vielen deutschen Kriegskindern, die ihre Familien mit einer psychischen Hypothek gründeten, ähnlich erging.

Eine Zeit sexueller Sprachlosigkeit

Das Thema Sexualität wird uns noch oft beschäftigen in diesem Buch. Es zieht sich wie ein roter Faden durch das Leben der Kinder, die in Familien mit sexuell missbrauchten Müttern aufgewachsen sind.

Die sexuelle Aufgeklärtheit war in den Geburts- und Kindheitsjahren dieser Generation nicht mit der heutiger Zeiten vergleichbar. Womöglich gab es unmittelbar nach dem Krieg noch eine kurze Phase der Kontrolllücke über die kindliche Sexualität, in der Kinder und Jugendliche im öffentlichen

Raum Dinge sahen und miterlebten, die eine Aufklärung erübrigten. Aber spätestens ab den fünfziger Jahren schlug selbst in Aufklärungsschriften die Sexualangst der Erwachsenen durch. Die Forschung spricht von einer Zeit der sexuellen Kälte und Sprachlosigkeit.

Die Eltern der Nachkriegskinder waren in ihrer Kindheit selbst nicht aufgeklärt worden, und was sie über Sexualität wussten, hatten sie auf der »Gasse«, wie es damals hieß, oder durch eigenes Erleben gelernt. Kindliche Sexualität war noch immer ein Tabuthema, Kinder hatten rein und unschuldig zu sein. Kenntnisse wurden ihnen allenfalls vage und unter der Überschrift »Sauberkeit« nähergebracht, ein Begriff, der sowohl körperlich als auch moralisch gemeint war.

Einschlägige Bücher und Broschüren waren an der männlichen Anatomie und Sexualität ausgerichtet, Wissen über die weibliche Geschlechtlichkeit (geschweige denn über andere Sexualitäten) war kaum vorhanden. Ein Satz wie »Ein Mädchen hat an derselben Stelle kein Glied und keinen Hodensack. Man sieht nur einen kleinen Schlitz, der nach innen führt« aus einem zeitgenössischen Aufklärungsbuch hat heute eine gewisse Komik, damals war damit eine umfassende patriarchale Ideologie verknüpft, die die Anatomie von Frauen als abweichend vom männlichen Standard darstellte und ihnen normativ eine passive, untergeordnete Rolle in der Sexualität zuordnete.[21] »Frauen wurden repassiviert und entsexualisiert und damit zugleich in den Status des Kindes versetzt, aus dem sie sich einzig über die Erweckung durch den Mann befreien konnten«, wie es die Erziehungswissenschaftlerin Christin Sager ausdrückt.[22]

Angesichts eines solchen im Vergleich zu den Vorkriegsjahren rückschrittlichen Klimas kann es nicht verwundern, dass sich Eleonore S. mit ihren sexuellen Problemen in der Ehe allein gelassen fühlte. Erst viel später habe sie durch Frauenzeitschriften erfahren, »dass das auch etwas Psychisches ist. Mein Mann hat sich nie dafür interessiert. Der hat bis heute nicht gefragt, was eigentlich los war mit mir.« Konfliktlösungsstrategien hatte das Ehepaar keine. Sex war Teil einer umfassenden Abhängigkeit vom Mann und gehörte zu den ehelichen Pflichten. Dabei reichte es jedoch nicht aus, den Akt passiv und lustlos über sich ergehen zu lassen. Laut Verfassungsgericht hatten Männer Anspruch darauf, dass ihre Frauen gerne mit ihnen schliefen.

Eleonore S. ertrug ihre unglückliche Ehe vor allem wegen der finanziellen Abhängigkeit von ihrem Mann. Sie hatte einen Ehevertrag unterschrieben. Wenn es Streit gab, sagte ihr Mann, ihr gehöre sowieso nichts. Als sie einen Autounfall hatte, musste sie die Reparatur alleine bezahlen. Ihre Ausgaben für Bücher nannte er »rausgeschmissenes Geld«.

»Das Geld hat immer eine große Rolle gespielt. Ich habe mich peu à peu von meinem Mann entfremdet. Aber ich hätte mir nie im Traum vorstellen können, mich von ihm zu trennen. Erst durch die Arbeit hat sich mein Horizont etwas erweitert.«

Als ihre Tochter Jacqueline sechs Jahre alt war, kam die Trennung. Wegen des Ehevertrags erhielt Eleonore S. von ihrem Mann keinen Unterhalt, nur Alimente.

»Das heißt, es gab keinen finanziellen Ausgleich für mich, ich bin mit Sack und Pack ausgezogen. Ich sagte zu ihm, er könne sich sein Haus an den Hut stecken, aber das Kind behalte ich! Ich hatte während unserer Ehe 24 Stunden am Tag mit ihm am Haus gebaut, innen und außen! Und außer 3000 Mark verbliebenen Schulden hatten wir innerhalb von knapp acht Jahren seinen Kredit von der Landeshauptsparkasse für

das Haus abbezahlt. Ich weiß, was es heißt, mit nichts auszukommen.«

Die Loslösung von ihrem Mann war für Eleonore S. ein harter Weg. Ihre Tochter wurde in die Scheidungsquerelen mit hineingezogen, bedauert Eleonore S. heute. »Ich hatte solche Schuldgefühle, ich wollte das meiner Tochter nicht zumuten. Die hat mitgelitten.«

Gewalt und Misstrauen

Auch unter den späteren Beziehungen von Eleonore S. litten Mutter und Tochter, eine stabile, glückliche Familie war ihnen nicht vergönnt. Die beiden erlebten Männer mit Alkoholproblemen, Gewalt, Stalking, einmal musste Eleonore S. nachts mit ihrem Kind aus der Wohnung fliehen.

»Männer kamen und gingen. Die Typen riefen an, ich habe jetzt Zeit, und dann gingen sie wieder. Ich bin wie gestanzt im Hirn. Ich denke, ich bin programmiert, ich habe sicher Defizite, was das angeht.«

Immerhin suchte Eleonore S. nach der Scheidung psychologische Hilfe. Die Gesprächstherapeutin half ihr zu erkennen, dass sie in ihren Beziehungen immer einem bestimmten Muster folgte. Besonders im Umgang mit Männern. Die Therapeutin sagte ihr, sie renne immer wieder in dasselbe Unglück, weil sie sich damit auskenne. Sie habe nie Grenzen gesetzt in ihren Beziehungen. Und sie riet ihr, Verständnis für sich selbst aufzubringen: Es habe eben nach dem Krieg keine Hilfe gegeben, weder für ihre Mutter noch für sie selbst. Irgendwann beschloss Eleonore S., mit dem Thema Liebe und Sexualität abzuschließen.

»Auch meine Tochter hat lange gebraucht, um mit ihrer Sexualität klarzukommen. Sie hat mir eines Tages erklärt, dass sie sich in eine Frau verliebt hat. Das war ein Schock für mich. Sie hat alles Mögliche ausprobiert, Männlein und Weiblein, was sagst du denn da als Mutter?«

Sicher gab es in der Lebensgeschichte von Eleonore S. keine einfachen Kausalitäten, doch sie selbst bringt eine ganze Liste von psychischen und körperlichen Symptomen, mit denen sie im Laufe der Jahre zu kämpfen hatte, mit ihrer Herkunft und ihrer Kindheit zusammen. Schon als Kind war sie oft gestresst und hatte häufig Kopfschmerzen. Ab ihrem vierzigsten Lebensjahr litt sie unter Migräne, eine Parallele zur Mutter. In ihrer Ehe fehlte ihr ein Mittel, um ihre eigenen Bedürfnisse zu wahren, nicht zuletzt sexuell. Spätere Beziehungen waren immer wieder von Gewalt und Missbrauch geprägt.

»Ich habe nicht gewusst, was Berührungen sind. Es hat sehr, sehr lange gedauert, bis ich meine eigenen Bedürfnisse begriffen habe. Ich kann es gar nicht leiden, wenn mir jemand zu nahe kommt und mich gleich anfasst. Ich versuche zu überleben ohne Berührungen. Meine Beziehungen waren immer ein emotionaler Kampf, ich habe um etwas gefleht, was ich nicht bekam. Sie waren ein genaues Abbild der Beziehung zu meiner Mutter.«

Noch heute braucht Eleonore S. viel Schutz und Ruhe im Leben. Die Beschäftigung mit ihrer Vergangenheit strengt sie an. Wenn ich ihr nach unserem Interview noch Fragen per Mail schickte, kamen die Antworten postwendend, oft mitten in der Nacht. Sie leidet unter Schlafstörungen, sitzt oft nachts am Computer. Eine Frage, die sie nach wie vor umtreibt, ist die nach dem unbekannten Vater. Was hat sie von ihm? »Das

Interessante ist ja, wenn Sie zum Arzt gehen, das Erste, das der fragt, ist: ›Was für Krankheiten waren in Ihrer Familie?‹« Das kann sie für die eine Hälfte nicht beantworten.

Zu den besonderen Umständen ihrer Zeugung hat sie nach wie vor keine abschließende Haltung gefunden:

> *»Die Geschichte ist wie ein eiternder Abszess, der Schmerz ist immer noch da. Manche sagen: Du bist jetzt so alt, aber ich kann nicht, es geht nicht weg. Vielleicht wenn ich mehr wüsste, wäre das weg. So ist das auch bei meiner Tochter, die ist auch so ein Sensibelchen. Sehr offen, künstlerisch begabt.«*

Ihr eigenes Verhältnis zur Mutter war bis zum Ende irreparabel:

> *»Ich habe immer gewartet, dass meine Mutter sagt: ›Kind, ich liebe dich.‹ Ich war wie ein Kaugummi, bin immer an ihr drangehangen. Aber sie hat mich bis zum Schluss verleugnet, vor ihren Freunden und Nachbarn, die durften nicht wissen, dass sie noch ein Kind in Deutschland hatte. Die letzten Worte, die ich am Totenbett von ihr hörte, waren: ›Ich enterbe dich.‹ Es ging um 20 000 Euro.«*

Nicht sehr viel, aber für Eleonore S. eine Frage der Gerechtigkeit. Immerhin habe ihre Mutter für sie Rente bekommen.

Heute fühlt sie sich weder deutsch noch französisch, sondern beides. Sie hat viel gedolmetscht in ihrem Leben und kann in beiden Sprachen gleichzeitig denken. Soziale Kontakte hat sie wenig. Sie hat immer viel Zeit und Energie in ihre Arbeit gesteckt, die gab ihr Struktur. Aber sie war auch permanent überlastet, sie selbst kam oft zu kurz.

Ihre Lebensbilanz hat durchaus auch resignative Momente, etwa wenn sie als 71-Jährige meint, jetzt noch die Sexualität kennenzulernen, sei »auch ein bisschen spät«, und »den Mann zu finden, der mit mir Geduld hat, da kann ich auch die Stecknadel im Heuhaufen suchen«. Aber sie macht am Ende unserer Begegnung doch den Eindruck, dass sie Ordnung geschaffen hat in ihrem Leben.

»Mein Leben war nicht geplant. Mein Leben waren Überlebensstrategien. Durch die Therapie habe ich gelernt, fünf oder sechs Stunden zu schlafen. Das Lesen ist wichtig für mich. Ich male gerne. Die Welt außerhalb der Wohnung existiert im Grunde gar nicht. Mein Ziel ist es, gesund zu bleiben und das zu akzeptieren, was ich nicht ändern kann. Es ist so, wie es ist. Ich versuche, mich mit den bunten Farben in der Wohnung aufzurichten. Das brauche ich. Ich bin stolz darauf, dass ich auf eigenen Beinen stehen konnte, dass ich Jacqueline großgezogen habe.«

KINDHEITEN IM NACHKRIEG

Eleonore S. und die anderen Kinder der Gewalt teilen viele Erfahrungen nicht nur mit den sogenannten Besatzungskindern, deren Mütter einvernehmlich mit einem Soldaten ein Kind bekamen. Auch wenn ihre persönlichen und familiären Verhältnisse, ihre soziale Position in der Welt, ihr Selbstwertgefühl, ihre Identität besonders gefährdet waren, hatten sie natürlich doch auch die allgemeinen Lebensumstände mit ihrer Generation gemeinsam. Mit einem Blick auf diese allgemeineren Faktoren, die das Leben der Kriegskindergeneration prägten, können wir den Horizont besser erkennen, vor dem sich die Biografien unserer Kinder der Gewalt abzeichnen.

Zerstörte Hoffnungen, zerstörte Landschaften

Die Welt, in die sie hineingeboren wurden, war geprägt von materieller Not und moralischer Zerrüttung. Zwar war das Ende des Zweiten Weltkriegs von den meisten Menschen herbeigesehnt worden, damit die Gefahren für Leib und Leben endlich vorbei wären, als Befreiung wurden die militärische Niederlage und die Besetzung des Landes durch die Siegermächte jedoch letztendlich nicht empfunden. Befragungen der Amerikaner brachten immer wieder zutage, dass in den ersten Jahren nach Kriegsende die Mehrheit der Deutschen immer noch von der nationalsozialistischen Sache überzeugt war und dementsprechend traurig und enttäuscht über die blamable Niederlage der eigenen Nation und den Untergang der NS-Ideologie.

Der verlorene Krieg bestrafte Millionen mit dem Verlust ihrer Heimat. Er erzwang ein Ausmaß an Mobilität, dass heutige Flüchtlingszahlen dagegen verblassen. Menschen wurden aus Städten evakuiert, Kinder aufs Land verschickt, große Bevölkerungsgruppen vertrieben, oder sie verließen aus eigenen Stücken fluchtartig ihre Heimat. Zu dieser hektischen Migration kamen die entlassenen Zwangsarbeiter, die befreiten jüdischen und nichtjüdischen Häftlinge aus Konzentrations- und Vernichtungslagern sowie die Kriegsheimkehrer: 10,7 Millionen deutsche Männer waren zur Wehrmacht eingezogen worden, etwa sieben Millionen in Gefangenschaft geraten – etwa fünf Millionen kehrten allein im Jahr 1945 zurück.

Auch viele Frauen waren in den Krieg gezogen und kamen jetzt nach Hause zurück. Mehr als eine halbe Million Frauen waren freiwillige oder verpflichtete Wehrmachtshelferinnen gewesen. Sie hatten im Deutschen Reich und in besetzten Gebieten – in Polen, Frankreich, Weißrussland, später auch in

Jugoslawien, im Baltikum, in Griechenland, Italien und im verbündeten Rumänien – gedient: als Stabshelferinnen, als Kolonistinnen, als Ärztinnen und Psychologinnen, die ausländische Kinder begutachteten, um sie womöglich in ein »Eindeutschungsprogramm« aufzunehmen, als KZ-Aufseherinnen, oder sie hatten militärische Aufgaben erfüllt etwa an der Flak oder als sogenannte Blitzmädel, als Telefonistinnen, Fernschreiberinnen, Funkerinnen und natürlich in der Krankenpflege. Auch das sollte nicht aus den Augen verloren werden, wenn wir heute leichtfertig nur von einer Verrohung der Männer durch das Kriegsgeschehen sprechen – auch deutsche Frauen waren im Zweiten Weltkrieg mittelbar und unmittelbar an Gewalthandlungen beteiligt gewesen, hatten an der Versklavung unterworfener Völker, an der Kolonisation fremder Gebiete, an der Konzentration und Vernichtung sogenannter Untermenschen mitgewirkt und waren bei Kriegsende potentiell verroht.

Zum Verlust der Heimat und dem Gefühl der Niederlage kamen die Kriegsschäden, die sich sofort verschlechternde Versorgungslage, das mühevolle Leben in zerstörten Städten, die Wohnungsnot und nicht zuletzt die Sorge um die Zukunft. Schließlich mussten sich die Alliierten erst noch darauf einigen, was mit dem Volk geschehen solle, das Nachbarn und weit entfernte Länder mit einem erbarmungslosen Krieg überzogen, ganze Bevölkerungsgruppen verfolgt und die Juden Europas systematisch vernichtet hatte.

Die meisten Deutschen erlebten das Kriegsende auf dem Land. Dörfer, nicht Städte, waren der Hauptschauplatz der Bevölkerungswanderungen und der enormen Anforderungen an die Integration einander fremder Menschen unmittelbar nach dem Krieg. Die Städte waren dezimiert. Die Einwohnerzahl von Köln zum Beispiel schrumpfte von etwa 770 000 zu

Kriegsbeginn bis zum Einmarsch der Amerikaner auf 40 000 Menschen. Bis Ende Mai 1945 wuchs die Stadt wieder auf 125 000 an, Anfang 1946 hatte Köln knapp 490 000 Einwohner. Auch die Industriestädte des Ruhrgebiets waren 1945 nur noch halb so groß. Analog zum Aderlass der Städte schwoll die Bevölkerung in den ländlichen Kommunen an. Wie groß diese regionalen Wanderungsbewegungen waren, zeigt zum Beispiel die Tatsache, dass sich in Nordrhein-Westfalen zwischen 1939 und 1945 das Verhältnis von Stadt- und Landbevölkerung auf den Kopf stellte.[23]

Gleichzeitig riss der gewaltige Flüchtlingsstrom nicht ab. In Nordrhein-Westfalen landete der Hauptteil an Menschen aus den Gebieten östlich der Oder-Neiße-Linie, aus dem Ausland und aus der Sowjetischen Besatzungszone (SBZ) in den Regierungsbezirken Detmold und Münster mit 16,6 und 11,2 Prozent, durchschnittlich waren es in Nordrhein-Westfalen neun Prozent.[24] Der weibliche Bevölkerungsanteil stieg auf 54,6 Prozent und sank erst durch die Rückkehr der Kriegsgefangenen langsam wieder, wobei vor allem die jungen und potentiell heiratswilligen Männer sowie die jungen Ehemänner und Väter fehlten, denn diese wurden besonders lange in Gefangenschaft gehalten.[25]

Überall in Deutschland drängten sich selbst in kleinsten Dörfern Menschen verschiedenster Herkunft und kultureller Zugehörigkeit zusammen; die ursprüngliche Bevölkerung, evakuierte oder geflohene Städter, Vertriebene aus den Ostgebieten, Kriegsheimkehrer, entlassene Zwangsarbeiter und KZ-Häftlinge. Wohnraum war Mangelware, pro Kopf standen oft nur fünf Quadratmeter zur Verfügung. Die Menschen wurden in Notunterkünften wie Fabriken, Sälen, Scheunen, Kellern, Baracken untergebracht mit den entsprechenden Problemen wie undichten Fenstern, feuchten Wänden, fehlenden sanitären Einrichtungen, schlechter Wasserversorgung und der unerträglichen menschlichen Nähe.

Die zweite große Misere war der Hunger. Hatte die deutsche nichtverfolgte Bevölkerung während des Krieges in der Regel noch ausreichend zu essen gehabt (nicht zuletzt wegen des Einsatzes von Zwangsarbeitern in Fabriken und Landwirtschaft), wobei die Kalorienzufuhr im Durchschnitt teilweise auf 2000 Kalorien am Tag absank, verschlechterte sich die Versorgung seit dem Kriegsende auf weniger als 1000 Kalorien. Dazu trugen die globale Krise der Landwirtschaft, die lokale Krise aufgrund der durch Minen unbestellbaren Flächen, Gerätemangel, schlechtes Saatgut, fehlender Dünger, zerstörte Verkehrswege und abgebrochene Wirtschaftsbeziehungen zwischen den verschiedenen Besatzungszonen bei.

Die Siegermächte versuchten zwar, mit knapp bemessenen Rationierungen die Versorgungslücken zu managen, gaben Essenskarten und -rationen aus, spendeten aus eigenen Reserven, obwohl sie selbst unter der Welternährungskrise litten, aber es reichte längst nicht für alle. In der Not wurden Volksküchen eingerichtet, Kinder aufs Land geschickt, wo es mehr Essen gab, und die städtische Bevölkerung behalf sich zusätzlich mit der Bewirtschaftung von Schrebergärten, Kaninchenställen oder versuchte bei »Hamsterfahrten« auf das Land Lebensmittel zu sammeln beziehungsweise Wertsachen zu hohen Schwarzmarktpreisen gegen Essen einzutauschen. In der Wahrnehmung vieler Zeitgenossen wurden die Deutschen zu einem Volk der Diebe. Bauern bewachten nachts ihre Felder, stellten Sirenen und Leuchtanlagen auf – Vogelscheuchen gegen Menschen. Im Sommer 1946 waren viele Menschen völlig ausgezehrt, dabei stand ihnen in diesem Jahr noch die schlimmste »Winterkrise« bevor.

Was fehlte, waren vor allem Fett und Eiweiß; Ersatznahrungsmittel wie zum Beispiel Öl aus Bucheckern konnten das nicht kompensieren, was zu einem rapiden Abbau körperlicher und geistiger Kraft, aber auch der Immunkräfte führte. In Nordrhein-Westfalen ließ die britische Verwaltung die Bevölkerung stichprobenartig wöchentlich wiegen mit dem Ergebnis, dass je nach Altersgruppe zwischen drei und zwanzig Prozent untergewichtig waren. Die gesundheitlichen Folgen der Mangelernährung, aber auch des beengten Zusammenlebens trafen nicht zuletzt Kinder hart. Rachitis, Hungerödeme, Bewusstlosigkeit und Apathie bis hin zu Säuglingssterblichkeit waren weit verbreitet. Grassierende Krankheiten wie Tuberkulose, Typhus, Ruhr, Grippe und die Krätze wurden den mangelnden hygienischen Bedingungen, zum Beispiel einer Rattenplage, und einer allgemeinen Abwehrschwäche zugeschrieben.

Nicht nur Nahrung, auch die Dinge des täglichen Lebens waren rationiert. Kleidung und Heizstoffe, Möbel und anderer Hausrat, für alles brauchte man Bezugsscheine. Ein sprechendes Beispiel: Die Stadt Berlin ließ im Winter 1945/1946 als Ersatz für Schuhe aus Leder Strohschuhe verteilen, denn viele Menschen konnten keine Arbeit aufnehmen, weil ihnen schlicht das Schuhwerk fehlte. Und im heute so reichen Bad Wiessee am Tegernsee berichtete im Juli 1945 der Bürgermeister dem Landrat:

»Als bezeichnend für den immer noch nicht gehobenen Ernährungs- und Kräftezustand der Bevölkerung wird gemeldet, dass nicht nur allgemeine Schwächezustände, sondern auch bei leichteren infektiösen Erkrankungen initiale Ohnmachtsfälle von längerer Dauer nicht selten beobachtet werden. Etwa 1/3 der Bevölkerung ist deutlich unterernährt, und es musste sogar festgestellt werden, dass Kinder die Abfall-Kübel nach amerikanischen Nahrungsmitteln durchsuchen.«[26]

Diese Nachkriegssituation traf Kinder mit besonderer Wucht. Bremen kann als ein Beispiel stehen für die Lage in den Städten. Im Jahr 1947 nahmen 51 000 Kinder an einer soziologischen Untersuchung teil. Knapp 43 Prozent wuchsen in einem Zuhause auf, in dem ein Elternteil fehlte. Rund 18 Prozent der Väter waren voll berufsunfähig, 16 Prozent waren nach dem Krieg beruflich abgestiegen. Jedes dritte Kind hatte somit als Folge von Krieg und Nachkriegsverhältnissen einen Bruch in der beruflichen Entwicklung seines Vaters erlebt. Über sieben Prozent der Schulkinder kamen aus Flüchtlingsfamilien, über 18 Prozent waren ausgebombt worden, nur 3,5 Prozent hatten ein eigenes Zimmer, jedes Dritte musste sich den Raum mit bis zu drei anderen Personen teilen, 41 Prozent hatten nicht einmal ein eigenes Bett, die Mehrzahl war dringend auf die Schulspeisung angewiesen. Über 85 Prozent hatten nicht genügend Unterwäsche, Strümpfe und Schuhe, wobei fast jedes fünfte Kind wegen fehlender Schuhe nicht regelmäßig zur Schule ging.[27]

Entsolidarisierte Menschen

Vor dem Hintergrund der schwierigen Versorgungslage zeigte sich die Bevölkerung nicht sonderlich solidarisch mit denjenigen, die in Not geraten waren. Städter, Evakuierte und Vertriebene sahen sich als Konkurrenten um das wenige Essen und den knappen Wohnraum. Zwangseinweisungen führten dazu, dass wildfremde Menschen in Wohnungen und Häusern auf engstem Raum miteinander auskommen mussten. Sammelaktionen zum Beispiel von Decken und Kleidung zugunsten der Kriegsgefangenen und entlassener Lagerinsassen, die von den Militärregierungen unter Polizeiandrohung durchgesetzt wurden, verstimmten die eingesessene Bevölkerung.

Zur vergifteten Atmosphäre trugen aber auch die Vorurteile gegenüber den Ortsfremden und vor allem den Geflüchteten aus dem Osten bei, denen man eine besondere Schuld an der Kriegsniederlage zuschrieb. Den Deutschen, denen die Propaganda gerade noch eine homogene Volksgemeinschaft unter Ausschluss alles Fremden vorgegaukelt hatte, waren die sogenannten Volksdeutschen, die Flüchtlinge und Vertriebenen aus dem Osten, zutiefst suspekt.

Heute wird oft behauptet, die Integration der zwölf Millionen Vertriebenen sei reibungslos verlaufen im Vergleich zu der Integration der Migranten in der Gegenwart, da es sich ja immerhin um Deutsche gehandelt habe. In Wahrheit galten damals schon Menschen, die nicht aus demselben Dorf kamen, als fremd und erfuhren zum Teil massive Ablehnung. Und die Flüchtlinge unterschieden sich viel mehr in Sprache, Religion und Gebräuchen, als man heute denken möchte. Gegenüber den entlassenen Zwangsarbeitern und KZ-Häftlingen gab es zudem rassistische Ressentiments, die unmittelbar nach 1945 ebenso weitverbreitet wie tiefsitzend waren. Viele Deutsche fürchteten die Rache der Verfolgten im Nationalsozialismus, der Millionen Kriegsgefangenen und Zwangsarbeiter und der Kriegsgegner. Das alles erzeugte Druck.

Zur materiellen Not und zum Verlust der Heimat kam die Trauer um im Krieg getötete Familienangehörige. Am stärksten betroffen von den Kriegsverlusten waren die Zwanzig- bis Dreißigjährigen, das heißt die Alterskohorten der jungen Eltern. Besonders hart traf es aber wiederum auch Kinder: Im Deutschland des Jahres 1945 lebten etwa 1,6 Millionen Voll- und Halbwaisen. Einem Viertel der Kinder und Jugendlichen hatte der Krieg den Vater genommen. Aber auch in Familien, in denen beide Eltern den Krieg überlebt hatten, waren die Beziehungen oft zerrüttet: Mütter waren gesundheitlich angeschlagen, körperlich und seelisch unterversorgt, gestresst, Väter abwesend oder krank, in ihrer Persönlichkeit verändert und ihren Kindern entfremdet, Ehen gingen durch die lange Trennung in die Brüche.

Für Kinder war die Zeit nach Ende des Zweiten Weltkriegs wüst und roh. Sie lebten auf vermintem Gelände – buchstäblich und im übertragenen Sinne. Sie bekamen das rücksichtslose Verhalten der Erwachsenen beim Überlebenskampf mit, die allgemeine und sexualisierte Gewalttätigkeit, als Zeugen oder auch am eigenen Leib, den verlogenen Umgang mit den Verbrechen des Nationalsozialismus, das laute Schweigen über die Gräuel an der Front. Wie groß die vielfältigen Belastungen und Gefährdungen waren, denen Kinder damals ausgesetzt waren, können wir uns heute, zumindest in den friedlichen Teilen der Welt, kaum mehr vorstellen.

Kinderkuren

Viele Kinder waren nach dem Krieg, auch wenn sie das Glück hatten, in geordneten Verhältnissen zu leben, gesundheitlich so stark angeschlagen, dass es den Behörden angeraten schien, sie in Erholung zu schicken. Wie der Staat dabei vorging, offenbart die große Kontinuität zur Kinderlandverschickung während des Nationalsozialismus. Im Jahr 1946 kamen zum Beispiel von Ost-Berlin aus 3000 Kinder im Schulalter aufs Land, um im Sommer Kräfte für den kommenden Winter, einen der härtesten in der Geschichte, zu sammeln. Sie wurden für je acht Wochen in Kindersonderzügen nach Sachsen und Thüringen transportiert. Dort sollten sie von Pflegeeltern aufgepäppelt werden, die genaue

Anweisungen erhielten, wie sie mit kranken und schwachen Kindern umzugehen hätten.

Diese gut gemeinte und an sich positive Maßnahme zeigt uns, wie anders die Haltung zum Kind in dieser Zeit war und mit welchen Härten Kindsein damals verbunden sein konnte. Der Berliner Magistrat der Sowjetischen Besatzungszone bat die Pflegefamilien, da es sich immerhin um erholungsbedürftige Kinder handele, die in den Großstädten durch die Kriegseinwirkungen und Nachkriegsfolgen schweren Schädigungen an Leib und Seele ausgesetzt gewesen seien, bei »erziehlichen Schwierigkeiten mit Nachsicht« zu reagieren. Ihr Tagesablauf solle so geregelt werden, dass sie am Schulunterricht teilnehmen konnten und kräftiger würden: »Dazu gehört auch, dass das Kind abends rechtzeitig zum Schlafen kommt und zu anstrengenden Arbeiten nicht herangezogen wird.« Ein Hinweis darauf, dass viele Pflegefamilien eigentlich etwas anderes mit den Kindern vorhatten: Sie sollten als billige Arbeitskräfte herhalten.

Der Regelungsbedarf war offensichtlich enorm: Die Aktion »Stadtkinder aufs Land« sah ein Kind pro Familie vor. Für ihr Reisegepäck spendierte die Stadt einen Esslöffel und eine Postkarte zur Benachrichtigung der Eltern. Mehr Kontakt war während des achtwöchigen »Kuraufenthaltes« nicht erwünscht. Eltern durften ihre Kinder auch nicht bis zum Bahnsteig begleiten, um rührseligen Abschiedsszenen vorzubeugen. Die Kinder hätten, getrennt nach Knaben und Mädchen, geschlossen und »abmarschbereit« auf dem Bahnsteig zu warten. Zwischen den Gruppen der verschiedenen Bezirksämter sollte ein Abstand von fünf bis sechs Metern eingehalten werden. Während der Fahrt hätten die Begleiter Geldkontrollen durchzuführen. Pro Kind waren zehn Reichsmark erlaubt. Ab 22 Uhr müsse Ruhe in allen Wagen einkehren.

Dafür sollten die Begleiter die Türen mit Bindfäden sichern. Die Kinder dürften nicht auf Bänke steigen, sich nicht den Fenstern nähern und müssten am Ankunftsort Schilder hochhalten.

Vor Antritt der Reise, so die Anweisung der Deutschen Zentralverwaltung für das Gesundheitswesen in der SBZ, waren die Kinder auf Läuse, Hautausschläge, Fieber und Husten zu untersuchen. Soweit sie als Bazillenträger bekannt seien oder im Laufe des letzten Jahres Typhus gehabt hätten, werde eine bakteriologische Stuhluntersuchung verlangt. Die Mutter habe außerdem vor dem Gesundheitsamt zu versichern, dass das Kind nicht an eitrigem Ausfluss aus der Scheide leide. Denn: Kinder mit Geschlechtskrankheiten sowie Bettnässer seien von der Verschickung auf jeden Fall auszuschließen.[28]

All das wirft nicht nur ein Licht auf die zahlreichen gesundheitlichen und psychischen Probleme der Kinder im Nachkrieg – es erzählt uns auch davon, welchen Geist Gesellschaft und Staat damals atmeten. Man war noch sehr weit davon entfernt, sich einfühlsam und kundig mit den Folgen des Krieges auf die Kinder zu beschäftigen.

Verlorene Kinder

In diesem düsteren Gesamtbild fallen uns die Kinder mit ganz besonders hartem Schicksal auf. Flucht und Vertreibung und die hohen Todesraten am Ende des Krieges hatten zu einem Problem geführt, das wir unter dem bürokratischen Begriff »unbegleitete minderjährige Flüchtlinge« in den historischen Quellen finden, ein Begriff, der uns auch heute wieder im Zusammenhang mit den aktuellen Bevölkerungsbewegungen in den Zeitungen begegnet.

Im schonungslosen Blick der Zeitgenossen galten die zahllosen Kinder, die damals ihre Familien verloren hatten oder sich aus anderen Gründen alleine durchkämpften, wahlweise als hilfsbedürftige Findelkinder oder als umherstreunende Kleinkriminelle. Waren sie schon älter, erschienen sie der Nachkriegsgesellschaft bedrohlich, da sie sich womöglich bandenartig zusammenschließen und in den Nischen der Öffentlichkeit ein Dasein mit mehr oder weniger verbotenen Aktivitäten führen könnten. Schnell klebte ihnen das aus der NS-Zeit vertraute Stigma der sozialen Verwahrlosung, des »asozialen Elements« an, was sie direkt in die Fänge der nicht besonders fürsorglichen Fürsorge trieb. Bis zu 100 000 Minderjährige sollen im Nachkriegsdeutschland ohne Heimat und Familie gewissermaßen frei flottierend unterwegs gewesen sein. Stets standen sie mit einem Bein in einem Heim oder einer Besserungsanstalt.[29]

Unter diesen Verlorenen war manches Kind einer Vergewaltigung ausgesetzt gewesen oder wurde zumindest Augenzeuge, als Angehörige sexuell missbraucht worden waren. Anstelle psychosozialer Hilfestellung erwartete diese Kinder in den späten vierziger und frühen fünfziger Jahren die bürokratische und häufig sadistische Behandlung durch Fürsorger, Erzieherinnen, Psychiater, Juristen, die diesen Job oftmals schon in NS-Einrichtungen erledigt hatten. Auch wenn wir keine genauen Zahlen kennen, dürfte das Schicksal der Anna K. aus Ostpreußen längst kein Einzelfall gewesen sein. Sie wurde 1932 geboren und wuchs mit sechs Geschwistern in dem Haushalt eines Lagerplatzverwalters auf. Bis zu ihrem zwölften Lebensjahr verlief Anna K.s Leben nach eigenen Angaben »gleichmäßig«. Sie besuchte die Volksschule und war froh und glücklich in der Obhut der Eltern. Bis Anfang 1945 die ersten Bomben fielen. Anna teilte nun ihr Zimmer mit sieben anderen Personen. Eines Tages, es war der 27. April

1945, wurde sie früh durch lautes Rufen geweckt. Die Russen waren da. Ein Rotarmist riss sie mit in einen Keller und rief seine Kameraden dazu.

Nicht lange nach den Vergewaltigungen musste sie fliehen. In Königsberg erhielt sie mit anderen Kindern den Auftrag, Leichen aus Häusern und von den Straßen in den Wald zu schaffen, damit sie beerdigt werden könnten. Anna erkrankte an Typhus. Als sie nach fünf Monaten das Krankenhaus verlassen konnte, war ihre Mutter nicht mehr am Leben. Anna K. musste nun allein mit dem Vater für ihre verbliebenen Geschwister im Alter von zwei, sechs, neun und elf Jahren sorgen, doch auch sie fielen der Hungersnot Anfang 1947 zum Opfer.

Nun war Anna K. ganz auf sich allein gestellt und schloss sich einer Gruppe von Jungen an, die notgedrungen auf Raubzug gingen, um sich zu ernähren. Anna schor ihre Haare kurz und trug Anzüge, damit sie nicht als Mädchen erkannt wurde. Nachdem sie Ostpreußen verlassen hatte, suchte sie im Nachkriegsdeutschland Arbeit als Haushaltsgehilfin, büxte aber immer wieder aus. Schließlich landete sie im Heim. Ihr größter Wunsch sei es nun, so beendete sie ihren Bericht, den sie in der Erziehungsanstalt vor ihrer Entlassung schreiben sollte, eine Arbeit zu finden, die Spaß mache, womöglich etwas mit Kindern. »Somit hab ich im groben Stil meinen Lebenslauf geschildert, leider konnte ich nicht ausführlicher schreiben, da das Zurückdenken an die Vergangenheit zu furchtbar für mich ist.«[30] Hilfe oder auch nur Empathie hatte sie nie erhalten.

Dem hartherzigen Umgang mit problematischen Jugendlichen lagen strukturelle und mentale Ursachen zugrunde: In der Weimarer Zeit und im Nationalsozialismus hatten sich die Erziehungsanstalten, die häufig kirchlich geführt wurden, mehr und mehr dem Ziel der »Volksgesundheit« verschrieben und in den Dienst des Kampfes gegen Prostitution, sexuell übertragbare Krankheiten und die Reproduktion angeblich »unwerten« Lebens gestellt. Schon in der Weimarer Republik waren die eingewiesenen Mädchen älter als die Jungen, und sie blieben auch länger unter Aufsicht, da ihre Geschlechtlichkeit und Gebärfähigkeit als gefährlich galten. Mädchen wurden in der nationalsozialistischen Ideologie tendenziell öfter als »moralisch schwachsinnig« eingestuft, die erbbiologische Auslese führte zur Einweisung in Jugendkonzentrationslager und zur Anordnung von Zwangsabtreibungen und Zwangssterilisationen, oft ohne Kenntnis, geschweige denn Einverständnis der Betroffenen.

Nach dem »moralischen Zusammenbruch«, wie man das Ende des Krieges empfand, wurde das weibliche Geschlecht mehr denn je als besonders gefährdet und gefährlich zugleich wahrgenommen. Für die Einweisung in ein Heim oder eine Erziehungsanstalt genügte es schon, wenn Mädchen in sogenannter schlechter Gesellschaft gesehen wurden, stark geschminkt oder aufreizend gekleidet waren, dass sie bis spätabends ausgingen, sich selbst befriedigten oder als Minderjährige Sex hatten, geschlechtskrank oder schwanger wurden.

Zu allem Überfluss kamen ausgerechnet die Mädchen, die wie Anna K. von sexueller Gewalt betroffen gewesen waren, besonders häufig in eine Erziehungsanstalt. Im schlimmsten Fall wurden sie dort oder bei der Zwangsarbeit, zu der man sie etwa auf Bauernhöfen einteilte, erneut Opfer sexueller Übergriffe. Missbrauch führte wieder zu Missbrauch.

Kinder mit dem Nachnamen »Findel«

Noch tiefgreifender war das Elend der zahllosen kleinen Waisen, die in den Kriegswirren ihre Eltern verloren hatten. Auch hinter ihren Schicksalen konnten Erfahrungen mit sexualisierter Gewalt stehen, denn es ist sehr wahrscheinlich, dass ihre Mütter etwa während der Flucht und Vertreibung aus dem Osten vergewaltigt, verschleppt oder ermordet worden waren und die Kinder deshalb »verloren« gegangen waren.

Wie etwa im Fall des kleinen »Dieter Findel« aus Ostpreußen. Das Jugendamt Lichtenberg versuchte im Juli 1945, den im März 1942 geborenen Jungen mit Hilfe des Suchdiensts für vermisste Deutsche zu identifizieren. Über sein Schicksal konnte nur gemutmaßt werden. Das Kind hatte erzählt, soweit das ein Dreijähriger konnte, dass sein Vater im Krieg gefallen und die Mutter nach Vergewaltigungen durch Rotarmisten gestorben sei. Er sei von der Großmutter in einem Güterwaggon mit nach Berlin genommen und dort im Flüchtlingskinderheim abgegeben worden, vermutlich weil er krank geworden sei.

Die Einrichtung versuchte die Großmutter des Kindes zu finden, doch die Suchaufrufe versandeten. Über die Herkunft des Jungen, dem man den Namen »Dieter Findel« gab, war weiter nichts herauszufinden, als dass er vermutlich von einem Gutshof mit Hühnern, Pferden und Schweinen stammte, einen gleichaltrigen Bruder gehabt hatte sowie zwei Schwestern, von denen eine schon tot war. Laut Aktenlage erklärte sich ein Lichtenberger Sportlehrer dazu bereit, das unbekannte Kind zu adoptieren, jedoch musste dafür erst ein staatlicher Vormund bestellt werden, der die Existenz des Kindes bestätigen und dokumentieren konnte, damit sein Personenstand und rechtlicher Status bestimmt wären.[31]

Damit ein Findelkind eine neue Identität bekommen und von Adoptiveltern oder Heimen verbindlich aufgenommen werden konnte, musste allerdings erst vier bis sechs Monate lang ein Bild von ihm veröffentlicht werden. Es konnte ja sein, dass sich doch noch ein naher Angehöriger finden ließ. Im Oktober 1947 erschien eine Zeitungsannonce beim Suchdienst für vermisste Deutsche:

»Der namenlose Knabe, geboren etwa 1942, stammt seinem Dialekt nach aus Ostpreußen. Seinen Erzählungen nach muss er vom Lande stammen und mit der Großmutter gereist sein. Sein Bruder kann Erwin, eine Schwester Helga heißen.«

Im Juli 1948 schien es so, als wäre die Großmutter gefunden, doch als sie den Jungen sah, erklärte sie, dass er wahrscheinlich nicht ihr Enkelsohn sei. Im November 1948 kam der Fortgang des Falls zu den Akten:

»Die angebliche Großmutter des Jungen, Frau Witwe H. R. aus Erfurt, hat nach hier mitgeteilt, dass sie inzwischen ihren richtigen Großsohn Ulrich und dessen Mutter gefunden hat. Danach dürfte die Herkunft des Findelkindes Dieter Findel noch im Dunkeln liegen. Ich habe die jetzigen Pflegeeltern aufgefordert, über das vermutliche Alter des Jungen ein amtsärztliches Zeugnis beizubringen.«[32]

Manche Kinder wurden buchstäblich auf der Straße gefunden, weil sie jemand unterwegs mitgenommen und in der nächsten Stadt einfach abgelegt hatte. Manche wurden willkürlich von Erwachsenen aufgenommen und, wenn sich die Lebensumstände änderten oder die Kinder schwierig wurden, wieder abgegeben. Auch von sexuellen Übergriffen der Pflegeväter lesen wir, von wiederholten Aufenthalten in Heimen, aus denen Kinder flüchteten, weil sie mit der strengen und oftmals dezidiert christlichen Erziehung nicht zurechtkamen oder weil sie zu früheren Pflegeeltern zurückkehren wollten. Allein im Jugendamt im Berliner Bezirk Wedding wurden im Dezember 1947 168 Flüchtlings- und Findlingskinder und Kinder, die durch das Kriegsgeschehen von ihren Angehörigen getrennt worden waren, gemeldet. Darunter auch Kinder von jüdischen Müttern oder anderen Frauen, die in einem KZ umgekommen waren.[33] In den ersten zwei Jahren konnte der Suchdienst für vermisste Deutsche in der Sowjetischen Besatzungszone immerhin 800 000 Getrennte wieder vereinen.

Vor diesem zeithistorischen Hintergrund werden wir besser verstehen, dass Kinder in der Nachkriegszeit ganz grundsätzlich gefährdet waren. Ihre verletzlicheren Körper, ihre größere Abhängigkeit von emotionaler Bindung, ihre ökonomische Unselbstständigkeit, ihre Ohnmacht in repressiven Verwahranstalten setzten sie kriegsbedingten Beschädigungen in besonderem Maße aus. Auf der anderen Seite hatten Kinder auch, wie man auf Neudeutsch sagt, »agency« – sie konnten sich in diesen schwierigen Zeiten mit Hilfe ihrer persönlichen Ressourcen, Gleichaltrigen oder Erwachsenen, die für sie einzustehen bereit waren, selbst ein Stück weit helfen.

MARIA K. SINGT »SILENT NIGHT« UND FINDET HALT BEI DEN NONNEN

Die Amerikaner waren noch lange in Aschaffenburg stationiert. Wenn die GIs durch den Ort zogen, war auch Maria K. unter den Kindern, die hinter den Soldaten herliefen und »Chewing Gum« und »Chocolate« riefen. Dabei spürte sie tief in sich eine Art merkwürdiger Verwandtschaft mit den Amerikanern. An einem Weihnachtsabend, als alle in der Familie »Stille Nacht« anstimmten, sang sie den englischen Text – »Silent Night«: »Ich musste immer so Zeug machen, provozieren, das muss irgendwoher gekommen sein.«

Maria K. wollte bei unserem Treffen ihre Tochter dabeihaben. Eine lebendige und neugierige 36-Jährige mit auffälligen schwarzen Haaren holte mich an der S-Bahn ab und geleitete mich zum Haus ihrer Eltern, einem hellen Reihenhäuschen in einer Randlage von Augsburg. Wir gehen gemeinsam hinaus in den Garten, und mir wird schnell klar, wie viel Zeit und Liebe Maria K., eine pensionierte Lehrerin, in ihre Blumen, Sträucher und in den Wein steckt. Sie sagt, wie schön es sei, dass nach jedem harten Winter wieder etwas Neues heranwachse. Im Wohnzimmer steht die Orgel, die ihr ebenfalls pensionierter Ehemann, ein großer Musikliebhaber, spielt. Auch diese Wohnung ist eher voll, in klassisch bürgerlicher Manier mit Bücherschrank und Kunst an den Wänden. In der Küche steht schon das vorbereitete Mittagessen, für den Fall, dass die Historikerin hungrig wird, soll es ihr an nichts fehlen. Ich werde wieder einmal gut versorgt.

Maria K. entstammt einer Bauernfamilie, ihr Großvater war Soldat im Ersten Weltkrieg gewesen und versehrt von der Front zurückgekommen. Er hatte als Postbeamter gearbeitet, blieb aber dauerhaft krank und verstarb hochbetagt im Jahr 1955. Es war die Großmutter, die die Familie mit sechs Töchtern zusammenhielt, eine echte Matriarchin, die alles regelte, sich um die Kühe, Schweine und Hasen kümmerte und, als das nichts mehr einbrachte, einen Lebensmittelhandel betrieb. Sie war es, die alle Entscheidungen traf, auch die, dass ihre Tochter Antonia, Jahrgang 1920, ihr uneheliches Kind nicht zuhause zur Welt bringen dürfe. In ihrem Heimatort hätte die Geburt zu viel Staub aufgewirbelt.

Bei Kriegsende arbeitet die 25-jährige Antonia im Familiengeschäft mit, sie hat keine Ausbildung, wie so viele Frauen damals. Eines Tages geht sie spazieren, gemeinsam mit ihrer Freundin. Als sie am Dorfrand bei den Feldern ankommen, springt ein amerikanischer Soldat wie aus dem Nichts aus dem Wald und zieht sie mit sich. Die Freundin lässt er in Ruhe.

Vieles, ja sogar das meiste aus dem Leben ihrer Mutter, die nur 67 Jahre alt wurde, ist Maria K. bis heute verschlossen geblieben. Sie hat es nie gewagt, ihre Tanten zu fragen, was genau passiert ist damals im Wald, als sie von dem amerikanischen Soldaten gezeugt wurde. Um das Ereignis hat sich ein dichter Nebel gelegt. Sie könne nicht einmal mehr sagen, wie sie davon erfahren habe. Irgendwie sei es eben zu ihr durchgesickert. »Ich hatte nie das Bedürfnis, der Sache genauer auf den Grund zu gehen. Ich kann das nicht begründen«, sagt sie rückblickend. An der Stelle von Fakten haben sich bei ihr Vorstellungen und Fantasien eingenistet. Zum Beispiel die, dass sich ihre Mutter sicher nicht gewehrt habe:

»Ich kann mir vorstellen, die war einfach nur von den Socken, dass es so was gibt.«

Die verhinderte Abtreibung

Eines weiß sie allerdings, nämlich dass eine ihrer Tanten wollte, dass Antonia die Schwangerschaft abbricht. »Das wird weggemacht, das Kind«, soll sie gesagt haben. Obwohl die ganze Familie sehr katholisch war, und obwohl das nicht erlaubt war. Weder die bayerische Regierung noch die amerikanische Besatzungsmacht ließen damals Abtreibungen zu.

Die Rechtslage bei Schwangerschaftsabbrüchen war nach der Massenvergewaltigung der Alliierten unübersichtlich. Sie konnte in der einen Region anders aussehen als in der nächsten und sich von einem Tag auf den anderen auch wieder ändern. Für die Situation in Berlin hat uns Ruth Andreas-Friedrich einen Augenzeugenbericht hinterlassen. Die Widerstandsaktivistin notierte am 18. August 1945 in ihr Tagebuch, dass die Amtsärzte über eine Lockerung des Abtreibungsparagrafen diskutierten:

> *»Die Saat, die während der ersten Maiwochen von unseren Siegern gesät wurde, ist inzwischen aufgegangen. Noch sechs Monate, und Tausende von Kindern werden das Licht der Welt erblicken, die ihren Vater nicht kennen, die in Gewalttat erzeugt, in Furcht empfangen, in Grauen geboren wurden. Soll man sie leben lassen?«*

Es kursierten Gerüchte, wonach die Hälfte aller Berliner Frauen vergewaltigt worden sei. Das stimmte natürlich nicht, aber es gab eine hohe Zahl ungewollt Schwangerer. Verstört hockten die Mädchen und Frauen in den Wartezimmern der Ärzte, so Friedrich. »›Werde ich sterben?‹, fragen die einen. ›Muss ich es austragen? Muss ich es zur Welt bringen?‹, ängstigen sich die andern.« Die Begegnungen mit den Ärzten waren meist nicht von Verständnis geprägt. Das Abtreibungsverbot, der Paragraf 218, blieb bestehen und wurde allenfalls vorübergehend und informell außer Kraft gesetzt. Mediziner entschieden willkürlich, welcher Frau ein Schwangerschaftsabbruch gestattet wurde und welche das Kind austragen musste.[34]

Im Aktenbestand des Berliner Gesundheitsamts Neukölln finden sich heute noch Hunderte von eidesstattlichen Erklärungen von Frauen, die im Jahr 1945 vergewaltigt worden waren, und um die Erlaubnis für eine Abtreibung ersuchten.[35] Auch in Baden gab es eine vorübergehende Lockerung des Gesetzes aufgrund der Massenvergewaltigung. In Bayern hingegen erließ zunächst die amerikanische Besatzungsmacht ein generelles Verbot, delegierte dann jedoch die Entscheidung an eine deutsche Ärztekommission, die allerdings in den von mir eingesehenen Fällen immer gegen den Wunsch der Frauen entschied. Keine Darstellung der Opfer erschien vor dem gestrengen Blick der Herren Ärzte glaubhaft.

»Man hat das dann so gelöst, dass meine Mutter weggeschickt wurde, als Haushaltsgehilfin in einer Universitätsklinik in Würzburg. Dort wurde sie medizinisch betreut und den Medizinstudenten vorgestellt«, erzählt Maria K. von ihrem eigenen Fall. Aus der Geborgenheit der Großfamilie vertrieben, landete ihre Mutter als Vorführpatientin in einer anonymen Mittelstadt. Nachdem sie ihr Kind im Mai 1946 auf die Welt gebracht hatte, achtzig Kilometer entfernt von ihrer Familie, durfte die junge Antonia S. zwar zurückkehren ins Dorf, aber ihr Kind behalten durfte sie nicht, das kam zur Tante. Denn dort, bei der kinderlos gebliebenen Kriegerwitwe, passte ein

Kind eher ins Bild, da schaute keiner so genau hin, wie sich Maria K. erinnert:

> *»Ich war dann das Kind der Tante. Ich habe auch zu ihr Mama gesagt. Die ganze psychische Normalität habe ich von ihr. Die war liebevoll und ist ganz normal mit mir umgegangen. Kinderbilder von mir aus dieser Zeit zeigen ein normales, glückliches und lustiges Kind.«*

Ihre Mutter verließ das Dorf, in dem sie aufgewachsen war, und arbeitete in der Gegend von Köln als Haushaltshilfe, über 200 Kilometer von ihrem Kind entfernt. Für Maria K. ist ihre leibliche Mutter eine fremde Frau: »Ich habe nicht gewusst, dass das meine Mutter ist. Ich habe meine Mutter auch nie lieb gehabt. Das muss ihr auch wehgetan haben.«

Kind eines »Ami-Liebchens«

»Uneheliche Kinder waren ja sowieso verteufelt«, sagt Maria K. heute. Als Kind sei sie auf ihre Weise mit dem Stigma umgegangen:

> *»Ich war ein bisschen ein freches Kind, heute kann man sich das gar nicht mehr vorstellen. Ich habe mich gewehrt irgendwie. Ich und meine Freundin, wir zusammen haben alles aufgemischt. Ich habe mir nichts gefallen lassen, von niemandem.«*

Die Stigmatisierung traf Kinder der Gewalt und Kinder aus freiwilligen sexuellen Kontakten mit Besatzungssoldaten gleichermaßen. Auch die Nationalität der Erzeuger spielte in der öffentlichen Wahrnehmung kaum eine Rolle. Wir haben von der sexuellen Gewalt der Siegerarmeen am Ende des Zweiten Weltkriegs gegen deutsche Zivilistinnen und Zivilisten bis heute ein einseitiges Bild und glauben, dass vor allem die Opfer der Roten Armee besonders gelitten haben. Im Vordergrund der kollektiven Erinnerung stehen die Taten der Sowjets, deren Rachedurst von der deutschen Propaganda am Ende des Krieges in den grellsten Farben heraufbeschworen wurde, auch um den Durchhaltewillen der Bevölkerung zu stärken. Die massenhaften Vergewaltigungen westlicher Soldaten und die Folgen für die Betroffenen sind hingegen im Hintergrund verblasst.[36]

Warum die Vergewaltigungen und sexuellen Nötigungen der westlichen Alliierten so wenig Beachtung fanden, hat verschiedene Gründe: Die Goebbel'sche Prophezeiung, wonach sich die »Russen« gnadenlos rächen würden, wenn die deutsche Wehrmacht unterlag, fiel auf einen fruchtbaren Boden; die rassistische Ideologie des Nationalsozialismus überdauerte und beförderte auch nach Kriegsende eine entsprechende Wahrnehmung der Taten; nicht zuletzt verlängerte die Frontstellung gegen den kommunistischen Systemgegner im Kalten Krieg die einseitige Betonung der Verbrechen der Roten Armee. Wie stark die Erinnerung an die sexualisierte Gewalt bei Kriegsende vom Ost-West-Konflikt überlagert wurde, zeigt auch die Tatsache, dass in der sowjetisch besetzten Zone und in der DDR die Übergriffe der Rotarmisten als vernachlässigbar galten und tunlichst nicht thematisiert wurden, da sie den Nimbus der Sowjets als strahlende Befreier vom Faschismus und der Verbündeten im Systemkonflikt beschädigt hätten.[37]

Die ungleiche Gewichtung der Taten erstreckte sich auch auf die Opfer. Frauen, die mit westlichen Alliierten gesehen wurden, unterstellte man Flatterhaftigkeit, sittliche Verwahrlosung, materielle Gier. Es kursierten herabwürdigende Begriffe wie »Ami-Liebchen« oder »Veronika Dankeschön«, eine Verballhornung von »veneral disease«, des englischen

Begriffs für »Geschlechtskrankheit«, und sexistische Witze wie jener, es habe sechs Jahre gebraucht, die deutsche Wehrmacht in die Knie zu zwingen, aber nur wenige Stunden bei den deutschen Frauen. Den zahlreichen Opfern sexueller Gewalt durch westliche Soldaten, allen voran amerikanischen, taten diese pauschalen Verurteilungen bitteres Unrecht.

Meiner Hochrechnung zufolge vergewaltigten Angehörige der US-Armee mindestens 170 000 deutsche Frauen. Doch über die Verbrechen, denen sie zum Opfer gefallen waren, wurde kaum gesprochen, und so hatten auch ihre Kinder keine Empathie zu erwarten.

Im Labyrinth der Beziehungen

Drei Jahre nach der Geburt ihrer Tochter bekam Antonia S. ein zweites uneheliches Kind, von wem, hat Maria K. nie erfahren. Sie glaubt, ihre Mutter sei damals für Männer wie Freiwild gewesen. Dann heuerte ihre Oma einen Angestellten in der Landwirtschaft an und entschied, den solle ihre Tochter Antonia heiraten, um ordentliche Verhältnisse zu schaffen. So geschah es, und ein drittes Kind kam auf die Welt. Allein, das bedeutete für das Kind aus der Vergewaltigung keine Verbesserung seines Lebens.

Ähnlich wie im Fall von Eleonore S. wendete auch bei Maria K. das Auftauchen eines Stiefvaters die Dinge nicht zum Guten, sondern im Gegenteil, der Mann machte ihr Angst. Er wollte das Kind zwar aufnehmen, aber nicht aus Zuneigung, sondern um Baukindergeld beantragen zu können. Sie wehrte sich mit Händen und Füßen gegen den Mann, wollte auch seinen Namen nicht annehmen müssen. Der Stiefvater hatte einen gewalttätigen Zug, über den sich Maria K. nur in Andeutungen äußern will:

»Das war ein Teufel. Ich habe den Mann gehasst, ich habe immer geschaut, dass ich nicht in seiner Nähe bin. Das ist mir nur in einem Jahr nicht gelungen, als ich bei ihm leben musste.«

Bei ihrer Tante hatte sie sich wohlgefühlt, doch als diese heiratete, zog eine Schwiegermutter ins Haus, die sich an dem »Bankert« störte. Maria K. musste weg, zur Oma. Im Alter von sechs Jahren wurden die bis dato einigermaßen stabilen Familienverhältnisse, in denen Maria K. gelebt hatte, vollends durcheinandergewirbelt: Der Großvater war ihr Rechtsvormund, unterschrieb ihre Zeugnisse, die Großmutter passte auf sie auf, die Tante war ihre eigentliche Bezugsperson. Wer ihre leibliche Mutter war, unter welchen Umständen sie gezeugt worden war, warum sie ihren Vater nicht kannte, erfuhr sie immer noch nicht. Ihre Mutter war irgendjemand, ein Familienmitglied, Maria K. hatte im Grunde keine Beziehung zu ihr. Und sie hatte diesen bösen Mann, der sie und die Kinder schlug. Wenn er nicht gewesen wäre, glaubt Maria K., dann wäre sie vielleicht ihrer Mutter nähergekommen.

Sie habe sich insgeheim gewünscht, dass Antonia einen anderen, einen netteren Mann kennenlernte. Als diese wegen eines Herzproblems auf Kur war und dort einen liebenswürdigen Mann kennenlernte, riet ihr die Tochter ganz offen, sich zu trennen: »Ich weiß nicht, warum sie es nicht gemacht hat. Vielleicht, weil es damals schon hieß: Jetzt hat sie schon die zwei Bankerten dabei.« Das führte dazu, dass die Verwandtschaft Mitleid mit dem Stiefvater hatte und nicht mit dem eigentlichen Opfer und den Kindern.

Der Weg in die Freiheit führt über ein Kloster

Die Popularisierung des Traumabegriffs durch eine Vielzahl von Publikationen, aber auch, wie ich vermute, durch eine grundlegende gesellschaftliche Sensibilisierung für psychische Probleme und den Wunsch vieler Menschen, ihrem Leben im Nachhinein eine Bedeutung zu verleihen, könnte dazu verführen, Geschichten wie die von Maria K. als düstere Parabeln zu erzählen. Umso wichtiger erschien es mir, hellhörig zu bleiben für die positiven Momente im Leben der Betroffenen und nach Faktoren der Resilienz zu suchen.

Unter Resilienz verstehen Psychologen eine besondere psychische Widerstandsfähigkeit, die trotz schwerwiegender Belastungen in der Kindheit ermöglicht, dass sich Menschen selbst gesund erhalten. Bei Maria K. war das sicherlich so. Sie selbst jedenfalls führt ihre Rettung auf die Armen Schulschwestern zurück. Sie war zehn Jahre alt, als sie in dem Internat des katholischen Frauenordens, der sich noch heute um Erziehung und Ausbildung von Mädchen kümmert, eine Zuflucht und ein neues Zuhause fand: »Andere haben gelitten in dem Internat. Aber ich war glücklich, nicht zuhause zu sein.« Sie war glücklich über den Kontakt zu den verständnisvollen, mütterlichen Frauen, war glücklich, eine Ausbildung zu erhalten, die sie weit über ihr Herkunftsmilieu hinausheben würde, war glücklich darüber, dem Stiefvater entkommen zu sein, sie war – paradoxerweise – glücklich über ihre Freiheit bei den Schwestern: »Ich war viel am Bach, hab Forellen gefangen, hab Theater gespielt.«

Weil sie aufgeweckt war, beschlossen die Schulschwestern, dass sie für eine weiterführende Ausbildung geeignet sei. Sie kam an die Höhere Frauenfachschule in München, eine Dependance des Ordens. Auch dort fühlte sich Maria K. so aufgehoben, so gut behandelt, dass sie beschloss, ihr Leben dem Orden zu widmen:

»Es hat mir alles gefallen, eigentlich. Bloß eines nicht: Jeden Sonntagnachmittag war ich sehr traurig, weil ich so allein war. Jeder war in seiner Zelle, man sollte nicht zu enge Freundschaften haben.«

Auch in dieser Krise waren ihr die Schulschwestern wieder gute Mentorinnen. Ihre Devise war: »Ändere nichts, solange du nicht weißt, dass du es ändern sollst.« Dieser Leitspruch erwies sich für Maria K. als sehr hilfreich. Unterstützt von den Schulschwestern erhielt sie das Fachabitur und die Studienberechtigung. Nebenher arbeitete sie als Heimschwester. Eine eigene Familie fehlte ihr nie. Doch die Nonnen waren vernünftig und rieten ihr kurz vor ihrem dreißigsten Geburtstag: Wenn du noch eine Familie gründen willst, dann musst du jetzt gehen. Sie ermöglichten ihr sogar Gespräche mit einem Psychologen zu diesem Thema.

Im Jahr 1978 lernte Maria K. ihren heutigen Mann kennen und heiratete ihn. Auch diese Begegnung empfindet sie als großen Glücksfall im Leben:

»Sexualität habe ich abgelehnt, ich war eigentlich naiv, als ich aus dem Kloster kam. Ich hätte ja bös auf die Schnauze fallen können. Irgendeinen treffen, der mit mir irgendwas gemacht hätte. Ich hatte ja keine Erfahrung.«

Ein Grund für ihr reserviertes Verhältnis zur körperlichen Liebe sei ihr Stiefvater gewesen, sagt sie rückblickend. Wegen ihm habe sie sich vor Männern geekelt.

Resilienz, so heißt es in der Theorie, ist auch die Fähigkeit, sich Menschen zu suchen, die an die Stelle der fehlenden Bindungsfigur treten. Für Maria K. waren das erst die Tante, die sie als kleines Kind sehr liebevoll erlebte, dann die Schulschwestern und ein Stück weit die Großmutter, die sie dabei unterstützte, ins Kloster zu gehen, anstatt bei dem Stiefvater ein Leben als billige Familienhilfe zu fristen, und schließlich ihr Mann.

Resilienz ist aber auch: die Fähigkeit, sich eine Sinngebung zu verleihen. Und auch das gelang Maria K. Sie fand sie in Gott:

> *»Wenn ich mein altes Kommunionsfoto ansehe, erkenne ich viel Freude darüber, dass ich die Religion für mich entdeckt habe. Ich habe die Bedeutung des Glaubens damals ganz innerlich empfunden. Das war eine Freude, als ich gesehen habe, es kann nicht anders sein, als dass Gott wollte, dass ich lebe. Da gibt es einen Psalm, ›der Gottvater weiß das alles‹. Das hat mich sehr glücklich gemacht. Der Glaube ist für mich ganz wichtig und hilfreich. Wenn ich in schöne Kirchen gehe oder in einen guten Gottesdienst, das ist für mich einfach Fundament und Freude, da finde ich großes Glück.«*

Mutter hatte auch ihre guten Seiten

Für Maria K.s psychische Gesundheit war es wichtig, dass sie mit ihrer Geschichte Frieden schließen konnte. Doch das war kein einfacher Weg. Zu ihrer Mutter hatte sie zeitlebens ein distanziertes Verhältnis. Obwohl sie ihr nach einem gesundheitlichen Zusammenbruch in den letzten Lebenswochen beistand, blieb die Beziehung doch oberflächlich:

> *»Sie war phlegmatisch und schwach, sagte kaum etwas zu meinen Entscheidungen. Als Kind von ihr erhalten habe ich nichts. Wenn ich heute nachdenke, wo habe ich meine Eigenschaften her, die Kraft und was ich alles gemacht habe, das kann ich nicht von meiner Mutter haben.«*

Aber, das kann Maria K. heute immerhin sagen, ihre Mutter hatte auch ihre guten Seiten:

> *»Alle haben sie geliebt, sie war immer gastfreundlich und liebenswürdig. Sie hat sich auch für ihre Enkelkinder interessiert und mit ihren begrenzten finanziellen Möglichkeiten versucht, ihnen etwas zu schenken.«*

Die andere Hypothek war für Maria K. der Vater, den sie nie kannte. Ein wichtiges Moment für das Wohlergehen eines jeden Menschen ist zu wissen, woher er kommt. Die Identitätsfrage. Maria K. empfindet diese Frage manchmal noch heute als offene Flanke. Dieser Umstand verletzt sie noch immer, auch wenn sie solche Gedanken lieber innerlich beiseiteschiebe:

> *»Ich hatte nie einen Vater. Ich kann schon sagen, das ist für mich unangenehm, dass ich keinen normalen Vater hatte, ich hätte schon gerne einen Vater, der lieb zu mir war, das habe ich aber nicht.«*

Bei der entgangenen Väterlichkeit, darauf weisen neuere psychologische Studien hin, unterscheiden sich sogenannte Besatzungskinder, zu denen ja die Kinder der Gewalt gehören, von den »normalen« vaterlosen Kriegskindern deutlich. Während Kinder von Soldatenvätern, die gefallen waren, eine greifbare, reale Figur hatten, einen Mann, dessen Foto vielleicht an der Wand hing, von dem Briefe existierten, von dem auch stolz und liebevoll gesprochen werden konnte, fehlt den meisten Besatzungskindern und den Kindern der Gewalt jede Information über den Vater. Seine Existenz wurde schamhaft bemäntelt, wenn nicht sogar verleugnet, da der Umgang mit den Soldaten der siegreichen Armeen geächtet war oder da die Begegnung für die Mutter erniedrigend gewesen war und die

Erinnerung daran zu schmerzhaft. Fragen nach dem unbekannten Vater durften oder konnten nicht gestellt werden, sehr oft schwieg das gesamte familiäre Umfeld in konspirativer Weise, um die Mutter zu schützen.[38]

So ist es auch Maria K. ergangen. Sie sagt, wenn sie einen im Krieg gefallenen Vater gehabt hätte, dann hätte sie von ihm erzählen können. Aber bei ihr sei da eben noch ein bisschen mehr gewesen:

> *»Ich kann dem nicht neutral begegnen und objektiv sagen: So ist es. Ich kann ja nicht stolz auf den Vater sein, im Gegenteil, ich könnte eine Wut auf ihn haben, aber die habe ich nicht. Wut und Ärger ändern nichts, die machen mich nur schlechter. Also lass ich das.«*

Zum Vater zu stehen, wie das selbst Kinder von bekannten Nationalsozialisten manchmal täten, das gehe bei ihr aber nicht.

Trotzdem stellt Maria K. heute für sich fest, sie habe die Herausforderungen ihres Lebens unbeschadet überstanden. Ihre Ehe sei von ihrer schwierigen Kindheit nicht berührt gewesen. Sie habe mit ihrem Mann darüber sprechen können, auch wenn das keine wirklichen »Problemgespräche« gewesen seien. Über das ganz Innere, über tiefe Gefühle zu reden, nein, das sei ihr eben nicht anerzogen worden. Auch ihren Freundinnen, immerhin hatte sie als Lehrerin einen engen Kreis von Kolleginnen und Bekannten, habe sie von ihrer Herkunft nichts verraten wollen: »Weil ich mir denke, was haben sie davon, wenn sie das wissen? Was würde denen das nützen?« Und ihr selbst, würde es ihr denn nicht selbst nützen? Diese Frage lässt sie nicht an sich heran.

Trotzdem ist Maria K. keine Frau geworden, die sich völlig verschlossen hat. Die durch die Schulschwestern vermittelten

Gespräche mit einem Psychologen seien für sie ein Gewinn gewesen«, auch wenn er ihr dabei offenbar gefährlich nahekam:

> *»Psychologen, die bohren ja so herum. Die Erkenntnis der Wahrheit, die tut ja auch weh, das will man auch nicht. Um was es genau ging, kann ich Ihnen nicht sagen. Es ging um die Wahrheit, das war das Thema.«*

Genaueres dazu will sie mir nicht erzählen.

Die nächste Generation fragt: Bin ich eigentlich Amerikanerin?

Vielleicht haben ihre Mentorinnen und der göttliche »Ersatzvater« Maria K. davor bewahrt, sich auf die Suche nach ihrem eigentlichen Vater zu machen. Sie weiß, ihre Töchter sind darüber enttäuscht. Sie wüssten gerne, wo sie herkommen, ob sie vielleicht in den Vereinigten Staaten noch Verwandte haben. Eine Tochter von Maria K., Hanna, sitzt während des gesamten Interviews dabei und lauscht gebannt. Sie ist Historikerin und Mutter zweier Kinder. Wann sie von dem Schicksal ihrer eigenen Mutter und ihrer Großmutter erfahren hat, weiß sie nicht mehr, das sei jedenfalls lange her. Viel habe man in der Familie darüber nicht gesprochen, es sei eben so gewesen. Auf ihr eigenes Aufwachsen habe das aber keinen Schatten geworfen, sagt sie:

> *»Die Erziehung hat meine Mama bestens hingekriegt. Ich kann das vergleichen mit meinen Freundinnen, bei uns war alles optimal.«*

Die junge Frau findet, dass ihre Mutter vermutlich als Konsequenz aus der eigenen belasteten Kindheit besonders viel Mühe in Erziehung und Familie investiert habe. Sie habe dafür auch zurückgesteckt im Leben, zum Beispiel in der Arbeit oder bei ihrem Hobby, dem Chorsingen. Seitdem Hanna selbst Kinder hat, beginnt sie zunehmend, sich auch in die Lage ihrer Großmutter einzufühlen, der das Kind weggenommen worden war. Über den Gewaltakt, durch den ihre Mutter gezeugt wurde, macht sie sich weniger Gedanken. Viel mehr interessiert sie, was für ein Mensch dieser amerikanische Soldat war:

»Ich habe mir den nie als Monster vorgestellt, was er sicher auch war, sondern halt als so einen Amerikaner. Ich habe immer gedacht, vielleicht ist er ein bisschen indianisch, die Schlitzaugen von mir müssen ja irgendwoher kommen.«

Hanna lacht. Sie findet tatsächlich, dass sie ein hierzulande außergewöhnliches Gesicht hat, in dem man mit etwas Fantasie indianische Züge erkennen könne. Ihr Aussehen sei schon den Frauenärzten bei ihrer Geburt aufgefallen:

»Sie sollen sinngemäß gesagt haben: ›Was, das ist die Mutter, was, das ist der Vater?‹ Sie konnten es kaum glauben, dass ich die Tochter meiner Eltern bin. Also, da muss irgendwas durchblitzen. Ich stelle mir immer vor, das war eben ein Indianer.«

Während sie über diese Äußerlichkeiten spricht, wirkt Hanna aufgekratzt. Sie gesteht, dass ihr die Idee gefällt, dass sie ihrem Großvater, dem Vergewaltiger, ein Gesicht geben kann:

»Also, das ist absurd, aber bei mir ist er eigentlich fast positiv besetzt. Ich war zum Beispiel einmal in den USA für einen Forschungsaufenthalt, und da dachte ich: Ich bin eigentlich Amerikanerin. Meine Kinder könnten vielleicht auch einen amerikanischen Pass haben. Das ist ja völlig irrational, aber so war es. Ich dachte: Das ist jetzt das Land meines Großvaters.«

Über diese Fantasien können Mutter und Tochter heute lachen. Sie überlegen, ob es nicht doch Mittel und Wege gäbe, nach dem Unbekannten in ihrem Stammbaum zu forschen. Mit Hilfe eines DNA-Abgleichs könne man doch noch Hunderte von Jahren später so etwas rekonstruieren. »Wenn ich mehr Zeit hätte, würde ich das auch vehementer betreiben«, sagt Hanna.

Sie holt alte Familiendokumente hervor. In der Geburtsurkunde ihrer Mutter, die von der Universitätsklinik Würzburg ausgestellt wurde, fehlt eine Rubrik für den Vater. Das findet sie komisch. Ob das Dokument eigens für Fälle wie Maria K. gedruckt wurde? Im Familienstammbuch steht ebenfalls nichts. Nicht einmal das Wort »unbekannt«. Nach einer kurzen Suche findet sich auch noch das Taufzeugnis der Mutter. Maria K. wurde vier Tage nach der Geburt in der Klinikkapelle getauft, fernab der Familie. Beim Namen des Vaters steht wieder nichts.

Eine ähnliche Leerstelle, wie sie die Dokumente aufweisen, gab es auch im sozialen Umfeld von Maria K. Ihr leiblicher Vater wurde nie thematisiert, sie selbst traute sich nicht, das Thema mit Personen zu besprechen, die ihr Näheres hätten erzählen können:

> *»Ich hätte doch bloß den Mund aufmachen müssen und die Freundin meiner Mutter, die bei der Tat dabei gewesen sein soll, dazu befragen können. Aber das war wie eine Mauer. Ich wollte das immer, aber ich habe es nicht geschafft. Also, man will das schon wissen, wenn man ehrlich ist. Auch die Tanten hätten mehr sagen können. Warum hat man das nicht gemacht? Ich war doch eigentlich frech. Oder wurde ich zu oft abgewiesen?«*

Ein wesentlicher Hinderungsgrund seien wohl die mangelnden Möglichkeiten gewesen, über Sexuelles zu sprechen. »Das war damals alles tabu«, sagt Maria K. rückblickend.

Weitergabe über eine Lücke hinweg

Nach einer längeren Pause, die wir in der Küche mit Essen verbringen, lockert sich die Atmosphäre auf. Das Gespräch zwischen Mutter und Tochter kann nun über intimere Themen fortgeführt werden.

Maria K. gesteht, dass sie sehr wohl Ängste vor ungutem Sex und fremden Männern gekannt habe. Sie könne nur von Glück reden, dass sie einen so liebenswürdigen und sanften Mann geheiratet habe. »Wäre ich an einen anderen Mann geraten, mein ganzes Leben wäre …«, hier bricht sie ab. Immerhin sei sie vollkommen naiv aus dem Klosterleben gekommen. Wenn sie von anderen Frauenschicksalen höre und überlege, was ihr alles hätte passieren können, werde es ihr noch im Nachhinein angst und bang. Allzu nah könne sie das Thema aber nicht an sich heranlassen. Sie sei einmal kurz davor gewesen, eine Familienaufstellung nach Hellinger zu machen (ein umstrittenes familientherapeutisches Verfahren, bei dem Konstellationen aus der Familiengeschichte in einer Art Rollenspiel nachgestellt werden). Im letzten Moment sei sie jedoch davor zurückgeschreckt: »Da hätte ich Angst gehabt, dass ich da einen totalen Zusammenbruch habe.«

Ihre Tochter hingegen kennt beim Thema sexuelle Gewalt keine Angst. Fast hat es sogar den Eindruck, dass sie sich als junges Mädchen bewusst der Gefahr eines Übergriffs ausgesetzt hat, denn sie ist viel allein durch die Welt gereist, auch in Regionen, die für Frauen nicht immer sicher waren. Gefährdet habe sie sich dabei nie gefühlt.

Darüber ist ihre Mutter sehr froh. Um ihre eigene Angst

nicht auf die nächste Generation zu übertragen, habe sie ihren Töchtern bewusst Freiheiten gelassen und sie bei Wagnissen unterstützt. Dennoch, glaubt Maria K., hat ihre eigene gewaltsame Entstehungsgeschichte einen Einfluss auf die Erziehung ihrer Töchter gehabt. Sie habe sich davor gescheut, ihre Mädchen sexuell aufzuklären, das sieht sie heute als ihr Manko. Auch glaubt sie, dass ihr ausgesprochener Widerwille gegen das Schminken, gegen das »Aufhübschen von Frauen«, etwas mit ihrer Geschichte zu tun hat. Sie habe das erotisch Attraktive bei ihren Töchtern in keiner Weise fördern wollen.

Hanna beruhigt ihre Mutter. Sie glaubt nicht, dass ihre Familie einen Ballast mit sich herumschleppe, von dem sie nichts wisse:

> *»Jede Familie hat ihre Tendenzen und Macken, aber den Gedanken, da ist etwas, das identifiziert uns, den Gedanken hatte ich eigentlich nie.«*

Das Interesse an ihrem Großvater, dem amerikanischen Soldaten, rühre nicht daher, dass sie etwas bewältigen müsse, sondern entspringe bloßer Neugier. Ihre Mutter stimmt ihr zu:

> *»Hätte ich einen normalen Vater gehabt, dann könnte ich euch sagen, der war so oder so, was man eben so erzählt, aber ich kann euch gar nichts erzählen. Das macht mich schon traurig. Da kommt schon etwas wieder hoch, denn in einer Familie geht es ja darum, dass es weitergeht. Da ist eine Lücke. Da ist ein Versatzstück, das fehlt, sowohl in genetischer als auch in persönlicher Hinsicht.«*

Zum Schluss unseres Gesprächs fällt Hanna doch noch etwas ein, in dem sich ihre Familie von anderen unterscheide. Wenn im Freundes- oder Bekanntenkreis das Thema Abtreibung diskutiert wird, fühlt sich Hanna mit ihrer Haltung oft allein.

Sie findet, man müsse jedem Leben eine Chance geben, denn an ihrer Mutter könne man doch sehen, dass auch Kinder einer Vergewaltigung ein schönes und erfolgreiches Leben führen können: »Und ich wäre auch gar nicht da, wenn meine Großmutter abgetrieben hätte.«

Maria K. gibt ihr recht. An ihre Tochter gewandt, sagt Maria K. heute, sie habe trotz allem eine glückliche Kindheit gehabt. Sie sei froh, dass sie nur kurz bei ihrer Mutter und deren Mann habe leben müssen. Ihre Tante sei ihr ein sicherer Hafen gewesen, obwohl sie nicht ihre leibliche Mutter gewesen sei:

> *»Ich weiß nicht, ob es das Entscheidende ist, dass man bei seiner Mutter ist. Wichtiger ist eine verlässliche Frau, die nicht bösartig ist. Ich bin nicht traumatisiert.«*

In ihrem Leben habe sie sich immer wieder gefragt, ob sie mit ihrem gewaltsamen und unklaren Ursprung zurechtgekommen sei. Auch der sechzigste Geburtstag sei so ein Anlass gewesen. Damals schrieb sie auf die Einladungskarte ihrer Gäste: »Glückliche Wege«. Das, sagt sie, ist ihre Antwort auf die Frage.

EINE »ERSTAUNLICH UNEMPFINDLICHE« GENERATION?

Heute wissen wir, dass Kinder einem Krieg und den Kriegsfolgen besonders schutzlos ausgeliefert sind, weil ihre seelischen Schutzvorrichtungen noch nicht so gut ausbildet sind und sie ihre Erfahrungen kognitiv noch nicht so gut verarbeiten können wie Erwachsene. »Auch sind die Grenzen zwischen Innen und Außen noch nicht gefestigt. Kinder brauchen Schutz vor ihren eigenen inneren Ängsten und den sie verfolgenden Fantasien und die Bestätigung, dass die Realität diesen nicht entspricht. Das Kind benötigt die vertrauten erwachsenen Bezugspersonen, um sich geborgen und sicher fühlen zu können«, erklärt der Psychoanalytiker Werner Bohleber die besondere Verwundbarkeit von Kindern in schwierigen Zeiten.[39] So waren die häufigen Trennungen von Eltern, die Evakuierungen während des Krieges, die Landverschickungen auch nach 1945 einschneidende Erfahrungen, über die oft nicht einmal gesprochen werden konnte, denn viele Kinder waren auf sich alleine gestellt, weil ihre Mütter oder Eltern zunächst alle Kraft in das Überleben und den Wiederaufbau steckten und später rund um die Uhr für die Erfüllung der Wünsche arbeiteten, die der wachsende Wohlstand weckte.

Da sie niemanden hatten, mit dem sie über belastende Erfahrungen sprechen konnten, führte das aus psychologischer Sicht dazu, dass Kinder selbst drastische Erlebnisse schlichtweg »vergaßen«. Kinder reagieren noch stärker als Erwachsene mit einer sogenannten psychogenen Amnesie auf traumatische Ereignisse. Das Vergessen blockiert natürlich auch die Möglichkeit, später davon zu erzählen. Psychologen und Psychoanalytiker konstatieren, dass sich Kinder in solchen Fällen aus Beziehungen zurückziehen und mit besonderer Traurigkeit oder mit einer Abspaltung der Gefühle reagieren, der sogenannten Dissoziation. Zwischendurch brechen die Ängste, Aggressionen, emotionalen Ausbrüche jedoch in das gegenwärtige Erleben ein, und es kommt zur Depression, die als häufigste und dauerhafteste psychische Belastung von Kriegskindern gilt.

»Sie [die Depression] mag auf der psychischen Oberfläche nicht sofort erkennbar, sondern hinter rigiden Leistungsanforderungen verborgen sein, zumeist wird sie aber an der mangelnden Fähigkeit, Freude, Lust und Glück zu empfinden, erkennbar. In vielen Fällen bricht sie auch erst mit zunehmendem Alter und nachlassender Leistungsfähigkeit offen aus«, so Bohleber.[40] Die Symptome zeigen sich dann auf ganz unterschiedliche Weise: Schlafstörungen, Leistungsschwäche in der Schule, Drogen- und Alkoholmissbrauch, in schlimmen Fällen Selbstmordversuche, aber auch Kriminalität oder frühe Schwangerschaft. Eine weitere mögliche Komplikation ist die Rückkehr der »vergessenen« Erlebnisse in Gestalt von Träumen, sogenannten Flashbacks und Deckerinnerungen, also nachträglichen Geschichten, die dem Geschehen einen Sinn geben sollten, ohne dass sie (voll und ganz) dem real Erlebten entsprächen.

Diese Erkenntnisse sind, wie gesagt, relativ neu. Dass die Erwachsenen in der Nachkriegszeit kein oder ein anderes Verständnis für die Lage der Kinder hatten, lag also nicht nur daran, dass sie mit sich selbst, dem Überlebenskampf im zerstörten Deutschland und dem Wiederaufbau beschäftigt waren, die Ursachen dafür reichten tiefer. Denn selbst Experten, die eigentlich dazu berufen waren, sich um das Kindeswohl zu sorgen, hatten nicht nur einen anderen Wissensstand als heute – sie hatten ein grundsätzlich anderes Verständnis davon, was Krieg und damit verbundene Ereignisse in kindlichen Seelen anrichten können, als wir es heute haben. Damals glaubte man schlicht nicht daran, dass Kindern von äußeren Ereignissen viel Schaden drohe. Die herrschende Expertenmeinung war, die wirklichen Gefährdungen lägen viel eher im Inneren des Kindes, in den Erbanlagen, in der Entwicklungsgeschichte beziehungsweise im Beziehungsgefüge der Familie und vor allem im Verhältnis zwischen Mutter und Kind. Das, so glaubte man, entscheide letztlich über Wohl und Wehe der Heranwachsenden.

Von Lebenstüchtigen und angeblichen Versagern

Im Mai 1948 trafen in Berlin zum ersten Mal nach Kriegsende Fachleute zusammen, um die Lage der Kinder zu diskutieren. Die Tagung war mit hochkarätigen Vorträgen besetzt, und es kamen insgesamt über 600 interessierte Teilnehmer, darunter 25 Ärzte, 75 Pädagogen, 140 Fürsorgerinnen, 300 Kindergärtnerinnen sowie zahlreiche Behördenvertreter aus allen Länderregierungen der vier Besatzungszonen. Die Vorträge und Diskussionen auf dieser Tagung vermitteln uns heute nicht nur einen Einblick in die Probleme der Kinder damals, sondern vor allem auch darin, wie schwach ausgeprägt das Problembewusstsein der Zeitgenossen war.[41] Nicht der Krieg, die womöglich dramatischen Ereignisse in den Bombenkellern, das Erleben oder Mitansehenmüssen schrecklicher Dinge wie etwa von Vergewaltigungen bereiteten ihnen Sorgen – es waren vielmehr die Mütter, die ihnen Kopfzerbrechen bereiteten.

Hauptredner der Fachtagung war Werner Kemper, einer der wichtigsten in Deutschland verbliebenen Psychoanalytiker und Leiter der Psychotherapeutischen Poliklinik in Berlin. In seinem Hauptvortrag rief er den Zuhörenden zunächst die Gesetze kindlicher Entwicklung in den ersten sechs Lebensjahren in Erinnerung, um dann auf die durch Krieg und Nachkriegszeit womöglich bedingten Gefährdungen einzugehen. In der ersten Entwicklungszeit hänge die spätere Gesundheit und Lebenstüchtigkeit des Kindes vor allem vom angemessenen Verhalten der Mutter ab, referierte er. Viel gefährlicher als die »grobtraumatischen einmaligen Ereignisse« des Krieges sei es für einen Säugling und ein Kleinkind, wenn eine Mutter aus irgendwelchen Gründen »einfach nicht das Maß warmer, freundlicher, bergender Zuwendung aufzubringen« vermöge. Mütter, die nur mechanisch nach Stundenplan ihr Kind fütterten und wickelten, Mütter, die gereizt und nervös seien und nicht die notwendige Geduld aufbrächten, riskierten die Gesundheit ihrer Kinder. Denn in einer derartigen Situation könne ein Kind seine »Impulswelt« niemals richtig entfalten. Es werde später gehemmt und ohne Biss sein oder sich im Übermaß durchsetzen wollen.

Kemper war es hauptsächlich darum zu tun, dass eine Mutter das Kind mit der richtigen Dosis Umwelt konfrontiere, es an das Leben heranführe und nicht mit zu viel Liebe – »Affenliebe« – überschütte. Aber auch der Beziehungsstatus einer Mutter spiele eine Rolle. Lebe sie in einer schwierigen Ehe, könne sie nicht »diese im Bauplan der Natur vorgesehene richtige, normale Umwelt« bieten. In seinem Vortrag formuliert er den Kern seiner Botschaft wie folgt:

> *»Wir sehen also, der Mutter wächst eine unerhört verantwortungsvolle Aufgabe zu, insbesondere der Mutter deshalb, weil sie ja die meisten Lebenswochen und -monate und -jahre des Kindes die wichtigste Bezugsperson ist [...], und von ihr hängt es ab, ob ein solches Kind später zu den Lebenstüchtigen gehört oder ob wir es zu denen rechnen müssen, die als Lebensversager bei auch nur überdurchschnittlichen Belastungen anzusehen sein werden.«*

Auf die äußeren Gefährdungen im Nachkrieg ging Kemper erst im zweiten Punkt seines Vortrags ein. Er gestand zu, dass von 150 Kindern in der Berliner psychotherapeutischen Poliklinik, die er leitete, 76 Bettnässer seien. Andererseits seien Kleinkinder »erstaunlich unempfindlich gegenüber dem Anblick dieser Trümmerwelt«. Sie gewöhnten sich schnell daran und würden in ihrem Fantasiereichtum einen idealen Ort für »Räuberspiele« erkennen.

Dann wurde der Referent persönlich: Sein eigenes halbjähriges Kind habe die Bombenangriffe auf Berlin »mit einer Heiterkeit und Fröhlichkeit und Gelassenheit über sich ergehen lassen, so als ob das eine Spezialgaudi, für ihn eigens eingerichtet« gewesen sei. Sein Kind habe, im Gegensatz zu den evakuierten Kindern, alles ausgezeichnet überstanden, und daher stelle sich dem Fachmann die Frage, ob es überhaupt der Bombenangriff selbst sei, der ein Kind belaste, oder ob es nicht vielmehr die Reaktionen der Erwachsenen seien, deren Hilflosigkeit und mangelnde Verlässlichkeit das Kind beobachte und daraus das Gefühl eigener Hilflosigkeit ableite. Das Fazit des Psychoanalytikers war: Kinder sind erstaunlich abgebrüht, solange sie nicht der mütterlichen Wärme entbehren müssen.

Kemper streifte sodann die weitverbreiteten Probleme der Nachkriegssituation: Wohnungsknappheit und erzwungene Ortswechsel durch Flucht oder Evakuierung, defizitäre Familienverhältnisse, da der Vater oft fehle oder als gebrochener Mensch aus der Gefangenschaft zurückkehre oder aufgrund seiner politischen Belastung seine bisherige Lebensbasis verloren habe und nun »innerlich gebrochen dahinvegetiert«. Die Frau wiederum sei oft enttäuscht ob dieser männlichen Schwäche, die ihr nur ein weiteres Sorgenkind anstatt männlicher Hilfe und Unterstützung beschere. Dadurch sei das »natürliche Gleichgewicht der Ehe, wo die Frau am Mann den Halt hat, […] aufgehoben«. Oder die Mutter müsse arbeiten, und es fehlten andere wichtige Bezugspersonen des Kindes, Großmutter, Tante, ältere Schwester, die bislang ein Kontinuum im Leben des Kindes dargestellt hätten:

> *»Ist die Mutter da, ist sie verhetzt, verhungert, nicht leistungstüchtig, muss auf Kartenstellen anstehen usw., usw. Ergebnis: Was erlebt das Kind? Statt eines geordneten Familienverbandes, der biologisch genau ausgewogen ist, erlebt es*

ein denaturiertes Gebilde, das ihm keinen Halt, keine Bergung, keine Sicherheit mehr gibt, ein Chaos.«

Von hier hatte es Kemper nicht mehr weit zur Diagnose, die seine Zeitgenossen damals weit mehr umtrieb als die traumatischen Ereignisse des Krieges und die Schrecken der nationalsozialistischen Gewaltherrschaft oder des Vernichtungskrieges: Ihre eigentliche Sorge galt dem Zusammenbruch der bürgerlichen Welt und vor allem der heilen patriarchalen Familienordnung mit ihren angestammten Geschlechterrollen. Wie so viele damals klagte Kemper:

»Die ganze Ideologie der bürgerlichen Welt, die uns bis zum ersten Weltkriege, weitgehend auch noch bis zum zweiten Weltkriege geleitet hat, der wir alle, auch wenn wir in innerer Opposition stehen mochten, doch in irgendeiner Form verbunden waren, ist zusammengebrochen. Die ganzen Wertgesetze gelten nicht mehr. Die politischen Ordnungen, die moralischen Ordnungen.«

In einer Welt, in der sich die Menschen auf dem Schwarzmarkt mit Schiebereien die Existenz sichern müssten, in der alle moralischen Werte zusammengebrochen, alle »überpersönlichen Bindungen sittlicher, religiöser, politischer und sonstiger Art« gerissen seien, könne sich ein Kind nicht mehr an den Wertmaßstäben der Erwachsenen orientieren. Den Kindern fehlten Gewissensinstanzen und Moralgesetze. Deshalb würden sie unsicher, neurotisch und verwahrlost, entwickelten sich zu Störern, Dieben, Ausbrechern oder würden ängstlich und gehemmt, empfindlich, zart, leicht gekränkt und ewig beleidigt, Daumenlutscher, Stubenhocker und schlechte Esser. Kempers Diagnose: Eine Generation der Neurotiker wachse heran, und zwar gewiss nicht wegen traumatischer

Erlebnisse in Krieg und Nachkrieg, sondern wegen der verloren gegangenen bürgerlichen Werte. Erst in der übernächsten Generation könne wieder auf glücklichere Kinder gehofft werden.

Es wird deutlich, wie stark sich unsere heutigen Anschauungen über die besondere psychische Verwundbarkeit von Kindern durch Kriegsfolgen von damaligen Ansichten unterscheiden. Nach 1945 glaubte man sogar, Kinder seien in Kriegszeiten eher im Vorteil, weil ihr Geist und ihre Psyche noch nicht richtig entwickelt seien und sie weniger empfänden als Erwachsene. Die psychologische Folklore nach dem Krieg ging so weit zu behaupten, Kinder würden aus jedem Trümmerfeld einen Spielplatz machen. Wer später psychische Probleme entwickle, habe das seinen Erbanlagen, den innerpsychischen Konflikten nach Freud oder einer gestressten Mutter zu verdanken. Das uns heute so geläufige Phänomen der Traumafolgestörungen war nicht bekannt, und so fehlte es – den Erwachsenen ebenso wie den Kindern – an einem Konzept für einen angemessenen Umgang mit psychischen Nöten.

Das mag erklären, warum auch die betroffene Generation der Kriegskinder selbst so lange gebraucht hat, um sich ihrer Verwundungen in jungen Jahren bewusst zu werden. »Bagatellisieren, abschwächen, bewusst vergessen und verdrängen, lautete die Devise in den Nachkriegsjahren«, entdecken heute Psychologen, wenn sie den Umgang dieser Generation mit ihren psychischen Belastungen untersuchen. Hartmut Radebold, selbst ein Kind dieser Zeit und ein exponierter Anwalt der Kriegskinder, glaubt, die Gefühlstaubheit der Zeitgenossen sei auf das Bedürfnis nach Selbstschutz zurückzuführen. Die damaligen Kinder hätten ihre eigenen Belange hintanstellen müssen, weil sie gewusst hätten, dass sie ihren Eltern helfen mussten und selbst keine Hilfe zu erwarten hatten. Sie hätten gelernt zu funktionieren.[42]

Ich denke, diese Diagnose ist richtig, aber sie erkennt noch nicht das volle Ausmaß des Problems, das Kriegskinder hatten. Denn es waren nicht nur die Kinder selbst, die sich für ein geräuschloses Wegdrücken ihrer Belastungen entscheiden mussten – es war das unterentwickelte gesellschaftliche Wissen um die kindliche Psyche, das hinter der uns heute so befremdenden Gefühlskälte steckte.

Fehlende professionelle Hilfen für Kinder

Das lässt sich etwa an der Betreuungssituation für psychisch kranke Kinder zeigen. Sowohl in der BRD als auch in der DDR war die Kinderpsychiatrie aufgrund der Beteiligung der Psychiater an der Tötung geisteskranker Kinder im Nationalsozialismus desavouiert, Stationen wurden geschlossen und standen jahrelang leer. In der Sowjetischen Besatzungszone und später in der DDR distanzierte man sich zudem vom »bürgerlich«-westdeutschen Verständnis der psychodynamischen Prozesse, die zu Neurosen und anderen Erkrankungen führen könnten – ein Modell, das man gemeinhin mit der Freud'schen Psychoanalyse verband, die allerdings auch im Westen durch den Nationalsozialismus in Misskredit geraten war.

Die Ideologie des neu gegründeten Staates im Osten bevorzugte Umwelt- und Reflextheorien zur Erklärung psychischer Zustände und setzte darauf, dass allein durch die Veränderungen der materiellen Lebensbedingungen auf Grundlage der kommunistischen Wirtschaftslehre psychische Krankheiten bekämpft und besiegt werden könnten. Nicht die traumatischen Erfahrungen im Krieg, nicht die Belastungen der

Eltern machten krank, sondern allein die kapitalistische Ausbeutung der Menschen. Wo Kinderpsychotherapie überhaupt angeboten wurde, war sie an der Medizin und an stationärer Behandlung in Kliniken ausgerichtet. Priorität hatte die Beschäftigung »mit Versagern, Störern, Triebhaften und erst in zweiter Linie mit Trägern neurotischer Symptome«.[43]

Das Unvermögen der ostdeutschen wie westdeutschen Gesundheitspolitiker und Mediziner, psychische Leiden bei Kindern wahrzunehmen, hatte auch mit der Vorstellung zu tun, dass Kinder defizitäre Erwachsene seien. Man ging davon aus, dass Kinder erst noch zu vollständigen Personen heranreifen müssten und daher keine eigene Logik im Umgang verdienten. Sie galten als unbegrenzt formbar, man musste nur an den richtigen Stellschrauben drehen, dann würde ihre Entwicklung den gewünschten Verlauf nehmen. Die Entwicklungs- und Erziehungsziele liefen in erster Linie auf die Einordnung des Individuums in den kollektiven Arbeitsprozess hinaus. Wer arbeitsfähig war, war gesund, das persönliche Glück individueller Entfaltungsoptionen galt als zweitrangig. »In der Praxis bedeutete das: Wenn man Kinder ausreichend ernährt und kleidet, zu Ordnung, Disziplin und Sauberkeit sozialisiert und kollektivbezogen bildet, dann werden sie sich zu gesunden Staatsbürgern entwickeln […].«[44] Unter diesen Voraussetzungen hatten traumatisierte Kinder kaum Chancen auf einen angemessenen Umgang und Hilfe.

Besonders die Fallgeschichte von Klara M., die im nächsten Kapitel geschildert wird, wirft ein Schlaglicht auf dieses Problem. Heute mag es uns fast unglaublich erscheinen, dass sich eine Gesellschaft aus dem großen Unglück eines Kindes, das sich ganz alleine um eine schwer traumatisierte und körperlich versehrte Mutter kümmern musste, so ganz und gar heraushalten konnte. Auch dieses Kind der Gewalt bekam erst im jungen Erwachsenenalter, nachdem sich bei ihm viele Probleme manifestiert und verfestigt hatten, psychologische Hilfe angeboten. Dass Klara M. schon als kleines Mädchen Hilfe zugestanden hätte, scheint sogar der Interviewten selbst bis heute kaum klar zu sein. Zu selbstverständlich war ihrer Generation der Glaube, als Kind habe man keine besondere Schonung nötig.

KLARA M. PFLEGT DIE VON SOWJETS VERSCHLEPPTE MUTTER UND SPRINGT VOM TURM

Die Industriekauffrau aus Karlsruhe wünschte sich von ihrem Mann, dass er bei unserer Begegnung dabei sei. Nachdem sie mich gemeinsam an der Bushaltestelle abgeholt und wir ein paar Höflichkeiten ausgetauscht hatten, zog sich der freundliche Rentner in ein anderes Zimmer in der Neubauwohnung zurück, kam jedoch nach der verabredeten Zeit wieder ins Wohnzimmer und brachte uns Kuchen und Kaffee. Es ist offensichtlich, er wollte auch nach seiner Frau sehen, wie es ihr ging, nachdem sie mir all diese Dinge aus ihrem Leben anvertraut hatte, die nicht einmal er wissen sollte. Tränenüberströmt saß Klara M. neben mir auf dem Sofa, aber sie wirkte aufgeräumt genug und wollte weitererzählen. So ließ uns ihr Mann wieder allein.

Klara M. wurde vier Jahre nach dem Krieg geboren, ihr Vater war kein Soldat der Besatzungsarmeen, sondern ein Deutscher. Trotzdem ist ihre Geschichte, gemessen an den Belastungen, denen ihre Mutter und sie selbst als Kind infolge der Vergewaltigungen bei Kriegsende ausgesetzt waren, die beklemmendste, die ich im Rahmen meiner Recherche gehört habe. Eine ganze Batterie von Stofftieren auf der Sofalehne steht uns bei, als sie, die meiste Zeit unter Tränen, von ihrem Aufwachsen in einer baden-württembergischen Kleinstadt erzählt, in einer kleinen Gemeinde, die vor den Schrecken in dieser Mutter-Tochter-Beziehung feige die Augen verschloss.

Ihre Mutter Dora T. wurde 1916 in Pommern geboren, in einer Gegend mit großen Kornfeldern unweit der Ostsee. Sie waren drei Schwestern, Eltern und die Großmutter. Die Eltern starben früh, soweit Klara M. weiß, noch vor dem Krieg, wahrscheinlich an einer Lebensmittelvergiftung, aber ansonsten verlief das Leben ihrer Mutter in der Zeit des Nationalsozialismus und auch noch im Krieg gleichmäßig. Sie lernte einen Beruf, Näherin, und heiratete. Ihr Mann wurde eingezogen. Als die Front näher rückte, blieb Dora T. als einzige der Schwestern mit ihrer Großmutter zurück, um sich um sie zu kümmern, während sich die anderen auf die Flucht gen Westen machten. Was dann geschah, steht Klara M. nur in Bruchstücken vor Augen:

»Als die Russen kamen, haben sie die Großmutter tot gemacht, an die Wand geschlagen, und meine Mutter mitgenommen. Sie ist, das hat sie mir erst viel, viel später erzählt, mit einem Treck nach Russland gekommen. Da ist vom Ural die Rede gewesen, von einem Bergwerk, von riesengroßen Wiesen, wo sie arbeiten musste, völlig sinnloses Zeug. Sie hat erzählt von einer großen Scheune mit Hunderten von Leuten, die da über Nacht eingepfercht wurden und am nächsten Morgen zum Beispiel eine Wiese mähen mussten, mühsam, mit der Handsichel, und wenn sie nicht fertig geworden sind, dann mussten sie vor der Tür im Freien schlafen. Das war sehr schlimm, denn in Russland sind die Temperaturstürze natürlich groß. Eine Wärterin, die ein bisschen netter war, hat dann zu meiner Mutter immer gesagt: ›Komm, geh rein, ich mach das fertig, damit du ins Haus kannst.‹ Innen ist es dann passiert.«

Deutsche Frauen im Gulag

Nach dem Zweiten Weltkrieg mussten über eine Million Frauen aus Deutschland in der Sowjetunion Zwangsarbeit leisten. Bis heute ein Thema, das kaum bekannt und historisch erforscht ist. Wenige Selbstzeugnisse insbesondere aus dem Umfeld der Vertriebenenorganisationen und erste systematische Forschungsarbeiten ermöglichen höchst drastische Einblicke in das Geschehen. Die verschleppten Frauen waren »lebende Reparationen«, Arbeitskräfte, die das sowjetische Arbeitskräftereservoir – durch den deutschen Vernichtungskrieg so gut wie ausgeblutet – auffüllen sollten. Schließlich hatten russische und andere Zwangsarbeiter aus der Sowjetunion, aber auch aus vielen anderen Ländern, in Deutschland und andernorts helfen müssen, die deutsche Kriegswirtschaft und die allgemeine Versorgung des Aggressors am Laufen zu halten. Nun schien es Ende des Krieges nur gerecht, die Rollen umzukehren und die Ressourcen des im Kampf unterlegenen deutschen Feindes auszunutzen.

So waren es wohl allein in der Sowjetunion 864 000 Frauen und Kinder, die Wiedergutmachung und wirtschaftliche Reparation leisten sollten an denjenigen, die unter dem deutschen Vernichtungskrieg am stärksten gelitten hatten. Wenn wir uns die Opferzahlen und die Zerstörung auf sowjetischer Seite vor Augen halten – Schätzungen belaufen sich auf etwa 27 Millionen Tote, davon mehr als die Hälfte Zivilisten –, wenn wir die systematische Vernichtung der sowjetischen Kriegsgefangenen und Zwangsarbeiter in deutschen Lagern hinzurechnen, dann können wir nicht anders, als das Schicksal der deutschen Verschleppten, von denen vermutlich 322 000 bei der Deportation und in den Arbeitslagern an Hunger und Seuchen starben, dazu spiegelbildlich ins Verhältnis zu setzen. Dann sehen wir in ihren Geschichten lediglich ein schwaches Abbild der Verbrechen, die die Deutschen diesem Land und seiner Bevölkerung angetan hatten. Trotzdem war jeder Einzelfall eines Mannes oder einer Frau, die nach dem Krieg aus Deutschland verschleppt wurde, grausam.

Auf Grundlage eines ersten Memorandums aus dem Jahr 1944 wurde die »Entnahme« – so der amtliche Ausdruck – deutscher oder deutschstämmiger Arbeitskräfte für Reparationsarbeiten und zugleich zur ökonomischen Schwächung und Demilitarisierung der deutschen Volkswirtschaft geplant.[45] Zunächst traf es die »volksdeutsche« Bevölkerung in Südosteuropa, die größtenteils in Rumänien mobilisiert und zur Arbeit deportiert wurde. Später kamen »Reichsdeutsche« auf den Gebieten des Territoriums des »Dritten Reichs« an die Reihe. Auch wenn sich der Zugriff zunächst auf männliche Nationalsozialisten, Saboteure und »Terroristen« beschränken sollte, die sich dem Einmarsch der Roten Armee widersetzt hatten, so wurden bald zahllose, willkürlich aufgegriffene Frauen Opfer dieser Zwangsmaßnahme. Oft genügte der Vorwand, ihr Vater sei Parteimitglied oder sie selbst im Bund Deutscher Mädel (BDM) organisiert gewesen.

Über große Sammellager, in denen bereits großes Elend herrschte, ging es in Eisenbahnwaggons, per Lastwagen und in Gewaltmärschen bis in die Mandschurei, die äußere Mongolei, die kasachische Steppe oder weit östlich des Uralgebirges nach Sibirien. Unterwegs starben viele Deportierte an Durst, Hunger, Unterkühlung und an Krankheiten wie der Ruhr. Denn es wurden längst nicht nur junge und arbeitsfähige Frauen nach Osten verschleppt, sondern auch Kinder und Greisinnen, die, wenn sie sich den Strapazen unterwegs nicht gewachsen zeigten, am Straßenrand erschossen oder aus den Zügen geworfen wurden. Endstation war eines von

Hunderten bereits bestehender oder improvisierter sowjetischer Lager des Gulag-Systems, wo die Frauen an Staudämmen, im Kohleabbau, in Fabriken, an Verkehrswegen oder in der Land- und Forstwirtschaft arbeiten mussten.[46]

Die Zwangsarbeiterinnen sollten Tagesnormen erfüllen, die nicht zu bewältigen waren. Die hygienischen Bedingungen und die Versorgung mit Nahrungsmitteln waren in einem Land, das wirtschaftlich unterentwickelt und durch den jahrelangen Krieg ausgeplündert war, sehr prekär. Gegen die in den Lagern grassierenden Seuchen und die zahlreichen Verletzungen, die sich die Zwangsarbeiterinnen in der Gefangenschaft zuzogen, gab es laut Zeitzeugenberichten höchstens mal ein Pulver, das alles kurieren musste. Die meisten Deportierten litten an Auszehrung und kehrten, wenn sie es schafften zu überleben, oft erst nach Jahren chronisch krank nach Deutschland zurück.

Unzählige Übergriffe

In welchem Lager ihre Mutter arbeiten musste, weiß Klara M. nicht, nur, dass sie in der scheunenartigen Unterkunft unzählige Male vergewaltigt wurde. Irgendwann habe ihre Mutter aufgehört zu zählen. Das sei dann für sie nicht mehr zu verkraften gewesen, glaubt die Tochter. Ein Mann habe sie immerhin manchmal beschützen können. Er habe sich nachts auf ihre Schultern gesetzt, seinen langen Mantel über sie gebreitet, damit es so aussah, als säße er auf einem Stoffbündel. So sei sie etlichen Übergriffen entgangen. Vielleicht habe das ihrer Mutter sogar das Leben gerettet. Als ihre Arbeitskraft und ihre Lebensenergie aufgebraucht waren, wurde Dora T. im Jahr 1948 nach Deutschland zurückgeschickt. Weil sie keinen Wert mehr besaß, wie ihre Tochter sagt. Mit dem

Roten Kreuz sei sie schließlich nach Mühlacker, einer Kleinstadt bei Karlsruhe, gekommen.

Auch Dora T.s Mann war in Kriegsgefangenschaft geraten und kehrte jetzt aus Italien zurück. Sie wurden zusammen auf einem Bauernhof einquartiert. Er hatte offensichtlich seine Energie nicht verloren, wollte gleich ein Haus bauen und, ohne einen Blick zurück, in ein neues Leben starten. Doch Klara M.s Mutter war dafür schon zu kaputt, körperlich und seelisch, sie konnte nicht einmal mehr einen leeren Eimer heben, wie sich ihre Tochter ausdrückt. Und sie wollte auch nicht mehr von ihrem Mann angefasst werden. Dass sie schließlich doch schwanger wurde, und zwar von einem anderen Mann, einem aus Norddeutschland einquartierten Landschaftsgärtner, ist für Klara M. bis heute ein Mysterium geblieben. Wandte auch er Gewalt bei ihrer Mutter an, oder war er, im Gegenteil, in der Lage, sie behutsam wieder zu ihrer Körperlichkeit zurückzuführen?

»Der kam immer zum Kaffeetrinken, und der hat es bei ihr geschafft. Der Arzt, mit dem ich später gesprochen habe, als ich siebzehn Jahre alt war und meine Mutter tot, hat gesagt, das müsse ich mir wie eine sanfte Verführung vorstellen. Da bin ich entstanden. Das heißt, der Mann meiner Mutter ist nicht mein Vater. Aber meine Mutter hat mit mir darüber nicht geredet, wie ich entstanden bin.«

Die Ehe von Dora T. scheiterte. Ihr Mann wollte sich mit dem Status quo nicht arrangieren, focht die Vaterschaft an. Ein Bluttest wurde angeordnet. Eines Tages, Klara war bereits in der zweiten Klasse, erhielt Dora T. einen Brief vom Amt mit der Aufforderung, dass ihre Tochter ab sofort ihren Mädchennamen zu tragen habe:

»Ich bekam von jetzt auf gleich einen anderen Namen und wusste nicht, warum ich anders heißen sollte als meine Mutter, die ja noch verheiratet war. Das hat mir auch niemand erklärt. Ich bin drei Tage nicht in die Schule gegangen, so geschämt habe ich mich. Natürlich kriegen das alle um einen herum mit.«

Der Ehemann reichte die Scheidung ein, zog ins Ruhrgebiet und ließ eine schwer angeschlagene Frau mit einer kleinen Tochter zurück.

»Essen war manchmal nur Zufall«

Mutter und Kind wurden nun von der Gemeinde in einem Zimmer untergebracht, ohne fließendes Wasser. Sie lebten von Alimenten und Sozialgeldern. Zu essen hatten sie so gut wie nichts. Bis heute erinnert Klara M. den Hunger ihrer frühen Jahre in allen Schattierungen. Wie sie als Kind aufs Feld ging und Kartoffeln ausgrub, wie sie Frühäpfel klaute und vom Bauern erwischt und geschlagen wurde, wie sie Care-Pakete bekamen mit den verrücktesten Sachen darin. Kochkäse zum Beispiel, obwohl sie Milch und Eipulver brauchten:

»Essen war manchmal nur Zufall. Ich weiß, was Hunger heißt. Einmal hat uns jemand Mehl und Zucker gegeben und Eier für einen Kuchen, aber es fehlte das Fett. Da hat mich meine Mutter in den Laden im Nachbarort geschickt, um einen Würfel Sanella zu kaufen. Bis ich zuhause war, hatte ich die Margarine zur Hälfte gegessen.«

Aufgrund ihrer gesundheitlichen Probleme konnte Klara M.s Mutter ihren erlernten Beruf der Näherin kaum noch ausüben. Eine Zeit lang nähte sie noch ein bisschen, aber als ihr infolge einer Durchblutungsstörung ein Bein amputiert werden musste, war auch das nicht mehr möglich. Ihre Nähmaschine hatte noch Pedalbetrieb.

Gesund geworden war Dora T., nachdem sie aus Russland zurückgekommen war, ohnehin nie mehr. Sie sah schlecht, hatte sogenannte Nervenkrämpfe. Das erste Mal, dass sie solch einen Anfall miterlebte, steht Klara M. noch klar vor Augen. Sie war erst zwölf Jahre alt, als sie davon wach wurde, dass ihre Mutter mit Schaum vor dem Mund neben ihr im Bett lag und jammerte:

> *»Ich habe das weggemacht, was schon ekelig genug ist, und habe sie dann geschüttelt, aber sie kam nicht zu sich, ihre Pupillen waren nach oben verdreht, sie hatte nur noch weiße Augen, und da habe ich sie so sehr geschüttelt, dass sie einen Bluterguss an den Oberarmen bekam. Das war ein Nervenzusammenbruch im Traum. Der Doktor hat mir das erklärt. Er hat gesagt: ›Sie hat so viel Schlimmes geträumt, die ist im Traum zusammengebrochen.‹ So was erlebte ich paarmal als Kind, und ich hatte ja keine Hilfe.«*

Ohne professionelle Hilfe

Klara M.s Geschichte zeigt drastisch, wie verloren und ohne fachliche Betreuung die Vergewaltigungsopfer und ihre Kinder noch in den fünfziger Jahren waren. Aus heutiger Perspektive wäre zu erwarten, dass eine Frau, die offenbar über hundertmal vergewaltigt worden war – zusätzlich zu allen anderen Qualen und Strapazen des Verschlepptwerdens und der Zwangsarbeit –, zumindest in eine dauerhafte Therapie, wahrscheinlicher noch in eine vorübergehende stationäre psychiatrische Behandlung käme, um irgendeine Form des Umgangs mit den belastenden Erlebnissen zu finden und

Aussicht auf ein halbwegs normales Leben zu bekommen. Doch solch eine medizinisch-psychiatrische Versorgung war damals keine Option.

Die Psychiatrie war, wie wir schon bei der fachlichen Versorgung von Kindern gesehen haben, in Deutschland noch immer in einem katastrophalen Zustand, auch bei den Behandlungsmöglichkeiten für Erwachsene. Psychiatrische Anstalten blieben absichtlich unterversorgt, da man die spärlichen Lebensmittel und anderen Ressourcen lieber unter der restlichen Bevölkerung verteilte. So starben Tausende von Psychiatriepatienten an Hunger und an Krankheiten, die schlecht oder gar nicht behandelt wurden. Das Personal stammte im Großen und Ganzen noch aus der NS-Zeit, sprich, die Personen, die sich im Nationalsozialismus an Euthanasie und Zwangssterilisierung beteiligt hatten, konnten nach 1945 unbehelligt weiterarbeiten.

Die Einrichtungen glichen in mancher Hinsicht nach wie vor den »Irrenanstalten« aus dem 19. Jahrhundert und erfüllten lediglich den Zweck, kranke Menschen zu verwahren und die Gesellschaft vor den vermeintlich Verrückten zu schützen. Die Anstalten waren überfüllt, die Insassen mussten zwangsweise arbeiten, um den Betrieb am Laufen zu halten, während ihnen so gut wie keine Behandlung angeboten wurde. Behinderte, Altersdemente, chronisch Kranke und kurzzeitig Erkrankte wurden in ein und derselben Institution untergebracht. Die Sterberaten waren hoch. In der Bevölkerung war die Haltung zur Psychiatrie dementsprechend; alte Vorurteile gegen sogenannte Geisteskranke mischten sich mit Ängsten vor dem, was in diesen Häusern im »Dritten Reich« passiert war und womöglich weiterhin passieren konnte.

Bis sich die deutsche Psychiatrie dem westlichen Standard wieder annäherte, vergingen rund zwanzig Jahre. Die wissenschaftliche Abschottung und die moralische Selbstdemontage der Fachdisziplin im Nationalsozialismus wirkten nachhaltig. Auch im Wirtschaftswunderland Bundesrepublik hatten die psychisch Kranken lange keine Lobby, wie die Historikerin Cornelia Brink schreibt. Erst nachdem durch mehrere Skandale Ende der sechziger Jahre die Öffentlichkeit erfahren hatte, unter welchen Bedingungen psychisch Kranke in Fachkrankenhäusern untergebracht waren, kamen Reformen in Gang. Nur langsam kehrten menschenwürdige Bedingungen in den Anstalten ein.[47]

Für die Kleinfamilie von Dora T. und Klara M. war ein stationärer Aufenthalt in einer psychiatrischen Einrichtung keine Option. Im »Irrenhaus« wäre kein Platz für ein Kind gewesen, Mutter und Tochter mussten irgendwie selbst zurechtkommen, von den Behörden erhielten sie ebenso wenig Hilfe wie von der Dorfgemeinschaft. Die mangelnde Fürsorglichkeit der Nachkriegsgesellschaft führte dazu, dass die Leiden der Mutter ungebremst auf die Tochter ausstrahlten.

Das junge Mädchen musste die Wunden ihrer Mutter versorgen, buchstäblich und im symbolischen Sinne. Der Beinstumpf musste gepflegt und verbunden werden. Dora konnte nicht mehr laufen, auch nicht mit einer Holzprothese, sie kam nicht mehr das Treppenhaus hinunter, fiel nachts aus dem Bett. Klara M. war schon als Mädchen von zwölf, dreizehn, vierzehn Jahren für den Haushalt zuständig, für die Organisation des Alltags, die Pflege einer schwerkranken Frau. Dabei wurde sie ständig mit dem Trauma der Mutter konfrontiert:

»Wenn ich sie nachts angefasst habe, weil sie geträumt hat, dann hat sie immer gezählt: 88, 89 … bis 100. Ich habe sie gefragt, was sie zählt, und da hat sie mir zum ersten Mal gesagt, dass das die Vergewaltigungen im Lager sind. Da hat sie mir ein klein wenig erzählt. Von dem Moment an war für

mich Vergewaltigung das Schlimmste, was es gibt. Jede Berührung von Mann und Frau war das Schlimmste auf der Welt.«

Familie und Dorfgemeinschaft – Fehlanzeige

Von der erweiterten Familie war keine Hilfe zu erwarten. Die Verwandtschaft wohnte zwar nur vierzig Kilometer entfernt, hielt sich aber von Klara M. und ihrer kranken Mutter lieber fern. Gelegentlich kam jemand zu Besuch und war allenfalls beschämt. Bei der Konfirmation musste die Mutter zur Kirche getragen werden, das war peinlich in einer kleinen Gemeinde. An Geschenke für das Mädchen dachte niemand, alles, was es gab, waren hin und wieder ein paar Süßigkeiten. Die wurden dann in der Wohnung sorgfältig versteckt, damit das Kind nicht alles auf einmal aufäße: »Als meine Mutter starb, habe ich ganz viel Schokolade in der Wohnung gefunden.«

In der Dorfgemeinschaft waren Mutter und Tochter übel beleumundet. Nicht nur war die Frau geschieden und das Kind »illegitim«, es hieß, die Tochter würde ihre Mutter schlagen, sie würde klauen, sich mit Jungs herumtreiben. Die Wahrheit war: Klara M.s Mutter hatte Anfälle, bei denen sie so schrill und laut schrie wie Oskar Matzerath, der kleine Junge aus der »Blechtrommel« von Günter Grass. Klara M. dachte in solchen Momenten, jetzt springt gleich eine Scheibe. Wenn ihre Mutter dann plötzlich keine Luft mehr bekam, gab sie ihr leichte Ohrfeigen, dann ging es wieder mit dem Atmen. Den Nachbarn entgingen solche Feinheiten anscheinend. Das Opferkind wurde zur sozial Randständigen erklärt.

Schon die Tatsache, als Flüchtlingskind aus dem Osten in einem Dorf groß werden zu müssen, war damals alles andere als angenehm. Fremde waren unerwünscht, jeder sich selbst der Nächste. Klara M. hatte mit ihrer schwerkranken Mutter und dem schlechten Ruf, unter dem beide zu leiden hatten, noch erheblich größere Probleme. Sie war ein Sozialfall, trug abgelegte Kleidung, die nicht kindgerecht war, und hatte immer Hunger: »Die anderen dort hatten ihr Auskommen, die hatten ihre Gärten, ihre Höfe, was zu essen, die haben nicht gefragt, hast du Hunger?« Zumindest bot ihr der Bauer, den sie bestohlen hatte, an, bei ihm zu arbeiten. Von da an half sie nach der Schule und am Samstag beim Schlachten, rührte Blut oder trug die Metzelsuppe aus.

Freunde zu finden war in dieser Situation schwierig. Mitschülerinnen wurde der Umgang mit ihr verboten, weil sie keinen Vater hatte, nicht einmal einen, der in Gefangenschaft geraten oder im Krieg gefallen war. Klara M. fühlte sich sehr allein:

> *»Ich habe zeitweise auf einem Bauernhof gewohnt, da waren zwei Mädchen und ein Bub, die haben natürlich mit mir gespielt. Aber in der Schule war es immer schwierig. Es verging kein Jahr, in dem meine Mutter nicht mindestens drei bis vier Wochen im Krankenhaus war. In dieser Zeit war ich immer bei fremden Leuten. Da ist man nicht immer der Liebling, um es vorsichtig auszudrücken. Man ist meistens schuld, wenn irgendwas passiert, wenn was runterfällt oder geklaut wird.«*

Parentifizierung – wenn Kinder für die Eltern sorgen

Die Beziehung zu ihrer Mutter war für Klara M. schwierig. Von Liebe und Zuneigung war sie kaum geprägt, eher hatten die beiden ein funktionales Verhältnis, in dem die Jüngere für die Ältere sorgte:

»Ich habe geschaut, dass wir etwas zu essen hatten, ich habe sie quasi gelenkt, ohne dass sie es gemerkt hat. Ich musste ja auch leben, in die Schule gehen, was zum Anziehen haben, ich musste mich um unsere Kosten kümmern, das habe ich immer im Blick gehabt.«

Zur Schule waren es zwei Kilometer. Diese Strecke musste Klara M. viermal am Tag zurücklegen: Morgens stellte sie ihrer unbeweglichen Mutter das Frühstück hin, dann ging sie zur Schule, mittags kam sie zurück, gab ihrer Mutter Essen, dann ging sie zur Nachmittagsschule:

»Meistens war irgendwas los, wenn ich heimkam. Meine Mutter war gestürzt, oder sie war trotz der Prothese entwischt, und ich musste sie suchen, weil wir nur einen Schlüssel hatten. Als sie ein bisschen laufen konnte, war sie oft in Gaststätten zu finden. Die hat irgendwas gesucht, vermutlich Alkohol. Ich habe sie einmal betrunken aus der Wirtschaft gezogen, da hatten sich wahrscheinlich die Männer einen Spaß gemacht und sie abgefüllt. Ich bin heute froh, dass ich nicht weiß, was da alles passiert ist. Eigenes Geld hatte sie ja nicht.«

Die Organisation des Alltags und die Versorgung der Mutter bestimmten das Leben von Klara M. Ihre Mutter forderte sie so, dass sie oft erst am späten Abend für die Schule lernen konnte. Ihre Mutter schloss manchmal Kaufverträge an der Wohnungstür ab, auch für Dinge, die sie nicht brauchten. Klara achtete darauf, dass sie keine Schulden anhäuften. Sie dachte für ihre Mutter, nicht umgekehrt. Diese von Familienpsychologen als Parentifizierung bezeichnete Umkehrung der natürlichen Verhältnisse zwischen den Familiengenerationen kann durchaus auch zu einem Gefühl von Stolz beim Kind führen, wenn der Einsatz des Kindes vorübergehend ist und wertgeschätzt wird. Im Fall einer dauerhaften Überforderung kann jedoch auch das Gegenteil eintreten: Als Langzeitfolgen drohen Selbstwertstörungen, Ablösungs- und Identitätsprobleme, Depressionen bis hin zu Suizid.

Bei Klara M. müssen wir davon ausgehen, dass die ständige Belastung, sich um die schwerkranke Mutter kümmern zu müssen, sie überforderte und selbst krank machte. Auch weil die Mutter ihr verbot, sich Unterstützung zu suchen, und sie emotional erpresste: »Wenn du mich allein lässt, bringe ich mich um.«

Der Tod der Mutter

Als Klara M. siebzehn Jahre alt war, starb ihre Mutter. Sie erlag im Krankenhaus einer Blutvergiftung, nachdem sie sich bei einem Sturz mit der Prothese einen Oberschenkelhalsbruch zugezogen hatte:

> *»Sie lag zwei oder drei Stunden brüllend in der Wohnung, da ist keiner gekommen, obwohl die Haustür offenstand. Es war der 19. Dezember, die Ärzte waren schon in Weihnachtsurlaub. Da war nur ein Assistenzarzt im Krankenhaus, der nicht erkannt hat, dass man hätte gleich operieren müssen. Sie wurde erst nach acht Tagen operiert.«*

Ihr Sterben habe noch zwei Monate gedauert, ein qualvolles Ende sei es gewesen:

> *»Ich saß mit siebzehn an ihrem Sterbebett und war erst mal erleichtert, denn sie hatte mich nur beschäftigt. Ich habe nach ihrem Tod die erste Zigarette geraucht. Das Rauchen habe ich dreißig Jahre später aufgehört, als ich ihr Grab aufgegeben habe.«*

Auch auf der Beerdigung vergoss die Tochter keine Träne. Vom Fenster ihrer Wohnung konnte Klara M. das Grab ihrer Mutter sehen, und jeden Morgen, wenn sie darauf blickte, schimpfte sie mit der Verstorbenen. Sie konnte ihre Mutter nicht als Opfer sehen. Ja doch, sie war krank gewesen, aber als Schwächere der beiden habe sie sie nicht empfunden:

»Ich sah nur, uns geht es dreckig, wir sind arm, erst später habe ich verstanden, warum. Erst in der Therapie wurde mir allmählich bewusst, dass meine Mutter ein armer Teufel war. Heute verstehe ich meine Mutter. Ich sehe sie als arme, kranke Frau, aber ich sehe sie leider nicht als Mutter.«

Zu oft und zu lange hatte die Mutter die Tochter mit der Pflege und Daseinsvorsorge überfordert, als dass sie jetzt hätte um sie trauern können. Klara M. fühlt sich bis heute von ihr benutzt. Sie erzählt, dass sie immer am liebsten weggelaufen wäre:

»Ich wäre bestimmt ein Straßenkind geworden, wenn sie mich nicht so erpresst hätte. Der Schritt wäre klein gewesen vom armen Flüchtlingskind zum Straßenkind.«

Der Tod der Mutter stellte sie sogleich vor neue Probleme. Obwohl sie schon eine Lehre zur Industriekauffrau begonnen hatte, durfte sie mit siebzehn Jahren offiziell noch nicht alleine leben. Der Amtsvormund drohte ihr mit der Unterbringung im Waisenhaus, wenn sie nicht bei ihrem leiblichen Vater leben würde, der nach ihrer Geburt nach Dortmund gezogen war. Obwohl sie ihren Vater nie bewusst gesehen hatte, fuhr sie nun ins Ruhrgebiet, um den fremden Mann kennenzulernen.

Die Begegnung war für Klara M. enttäuschend. Ihr Vater arbeitete immer noch als Gärtner, war magenkrank und hatte wieder geheiratet. Er erklärte ihr, wenn sie bei ihm wohnen wolle, solle sie zuhause »Papa« zu ihm sagen, ihn jedoch außer Haus siezen und »Herr T.« nennen. Außerdem erwarte er von ihr, dass sie arbeite und das Geld bei ihm abliefere. Das alles wollte Klara M. nicht akzeptieren:

> *»Das konnte man mit mir nicht machen. Zurück beim Amtsvormund habe ich gesagt, den Vater will ich nicht. Seither habe ich nie mehr etwas von ihm gehört oder gesehen. Das war's.«*

Manchmal habe sie es bedrückt, keinen richtigen Vater zu haben:

> *»Er wusste ja, wo ich wohnte, wenn er gewollt hätte, hätte er sich jederzeit melden können, aber da kam nichts.«*

Auch auf die Familie ihrer Mutter ist sie bis heute schlecht zu sprechen. Besonders auf zwei Tanten, die in einer Art Familienrat durchgesetzt hätten, dass sie mit dem illegitimen Kind nichts zu tun haben wollten. Nach dem Tod der Mutter erst recht nicht. Da habe es nur noch mehr Streit gegeben, sogar um die Grabpflege, bis Klara M., die mit Hilfe geliehenen Geldes die Beerdigung hatte ausrichten müssen, durchsetzte, dass sie nun auch die Alleinzuständige für das Grab sei. Seither gab es keinen Kontakt mehr:

> *»Die Verwandten hat nie mehr interessiert, was aus mir geworden ist. Die haben sich geschämt. Aber was konnte ich als Kind dafür? Der eine Onkel war ein höherer Beamter, die Tante war zuhause, sie hatte Haushaltsgeld, aber ich habe nichts bei ihnen zu essen bekommen, wenn ich dort wohnen musste, weil meine Mutti im Krankenhaus war. Gott sei Dank war gegenüber ein Bäcker, da durfte ich Bruchstücke essen. Der hat sich noch 25 Jahre später daran erinnert, dass ich*

damals immer Hunger hatte. Hunger, das war mein Thema. Ich habe immer gesagt: Ihr lasst mich alle verhungern.«

Überlebensstrategien

Klara M. half sich selbst durch Tüchtigkeit, wie das bei Kindern, die in schwierigen Verhältnissen aufwachsen müssen, oft der Fall ist. Sie war gut in der Schule, sie konnte sich leicht Gedichte merken und gut vortragen. Lob für ihre schulischen Leistungen waren ihre Streicheleinheiten. Dieses »Ich zeig's euch!«, das war so wichtig für sie, sagt Klara M. rückblickend. Ihre andere Strategie sei gewesen, in Gedanken wegzugehen, dorthin, wo es nicht so schlimm ist wie im Hier und Jetzt: »Wenn ich in meinem Leben alles hätte bewusst erleben müssen, hätte ich es wahrscheinlich nicht ertragen.« In der Psychologie nennt man solch ein Verhalten »dissoziieren«.

Neben ihrer Tüchtigkeit entwickelte Klara M. eine weitere für vernachlässigte Kinder typische Eigenschaft. Sie wollte von anderen Menschen stets gemocht werden, wollte nach außen fröhlich und stark wirken. Deshalb habe sie immer gelacht, niemand durfte sie weinen sehen. Nur im Dunklen in der Ecke. »Die Klara lacht immer«, hieß es damals:

»Mir hat man nicht angesehen, dass es mir schlecht ging. Ich bekam ja sonst nichts von den Leuten. Wenn Sie mit einem miesen Gesicht herumlaufen, kriegen Sie nichts zu essen. Wenn Sie aber strahlen und lachen, dann heißt es: ›Ach komm, Mädele, kriegst was.‹ Da geht das alles viel leichter. Den Trick hatte ich früh heraus. Aber wenn ich alleine war und die Tür zu, dann ging die Heulerei los.«

Die Sucht

Kurz nach dem Tod ihrer Mutter heiratete Klara M. Sie brauchte jemanden, wie sie heute sagt, damit sie nicht in staatliche Obhut musste, vielleicht war sie aber auch auf der Suche nach einem Vaterersatz. Ihr Freund war ebenfalls Lehrling und ging mit ihr zur Berufsschule. Mit der Erlaubnis des Amtsvormunds durfte sie ihn mit siebzehn Jahren heiraten, als Ehepaar erhielten die beiden sogar eine kleine Unterstützung vom Staat. Sie zogen weg. Auch das sei eine Art Trotz gewesen: Euch zeig ich es! »Das richtete sich auch gegen die Verwandtschaft, vor allem gegen die bösen Tanten«, sagt Klara M. heute. Als Ehepaar seien sie noch wie Kinder gewesen. Sie unternahmen viel, gingen kegeln, fuhren mit dem Auto spazieren, gingen Skilaufen:

> *»Es war nicht so richtig ehemäßig. So nach acht Jahren hat er sich eine Freundin gesucht. Ich denke, es hatte mit der Sexualität zu tun.«*

Damals suchte Klara M. ärztliche Hilfe. Eine sehr wichtige Entscheidung. Anlass war eine psychosomatische Erkrankung. Schon seit ihrem siebten Lebensjahr war sie abführmittelsüchtig gewesen. Ihr Körper wollte nichts hergeben, so erklärt sie sich das heute:

> *»Ich hatte einen dicken Bauch schon als Kind. Ich wollte immer alles behalten, was ich intus hatte.«*

Eine Ärztin, die ihr wieder und wieder ein anderes, noch wirksameres Abführmittel verschreiben sollte, schickte sie endlich auf Kur. Dort, in Bad Kissingen, sprachen die Ärzte sie auf den Arzneimittelmissbrauch an. Eine Ärztin ermutigte sie, in Therapie zu gehen:

»Sie hat mich beruhigt, sie hat gesagt, du bist nicht verrückt. Sie hat erreicht, dass ich zu einem sehr bekannten Therapeuten kam. Die Kasse hat aus dem Stand fünf Jahre bewilligt. Vier Jahre Gruppentherapie und ein Jahr Einzeltherapie. In dieser Zeit habe ich viel gelernt über mich und meine Mutter, was da passiert ist, ich konnte sie ja nicht mehr fragen. Mein erster Mann hat immer gesagt: Geh du nur zu deinen Verrückten. Ich habe ihn dann rausgeschmissen, und mit 27 Jahren waren wir geschieden.«

Unerträgliche Verlustangst

Wie schlecht es ihr damals als junger Frau wirklich ging, konnte mir Klara M. erst Wochen nach unserem Interview schriftlich schildern. In der Trennungsphase verübte sie einen Selbstmordversuch. Sie hatte nicht nur ihren Mann verloren, durch die Trennung hatte sie auch kein Auto mehr, keine Stereoanlage, wertvolle Dinge für sie. Sie hatte nur noch eine Wohnungseinrichtung und einen Mietvertrag. Sie musste wieder bei null anfangen. Diese Aussicht überforderte sie. Was genau vorgefallen ist, wollte mir Klara M. nur schriftlich erzählen:

»Ich hatte in der Nacht, als ich meinen Mann rausgeschmissen habe, eine große Heulattacke. Angst vor dem Alleinsein. Wie geht es weiter? Was soll ich tun, wen kann ich fragen, wer hilft mir? Noch in der Nacht habe ich meinen Therapeuten angerufen, der redete mit mir fast die halbe Nacht. Bis ich müde war und auf dem Sofa eingeschlafen bin. Am nächsten Morgen habe ich alle Tabletten mitgenommen (von denen ich glaubte, sie seien in der Menge schädlich) und bin zur Verwandtschaft meines Mannes gefahren. Dort habe ich mich an den Wohnzimmertisch gesetzt und sie in ein Glas getan. Aber

nicht heimlich, es lag alles offen rum. Natürlich wurde es entdeckt.
Erneutes Gespräch mit dem Therapeuten, er händigte meiner Verwandtschaft zwanzig Tabletten aus für zwanzig Tage. Mehr nicht. Ich bekam dann täglich eine Tablette. Es war in den folgenden Tagen dann alles nicht mehr so wichtig.
Umbringen wollte ich mich nicht mehr, aber auch sonst nichts tun. Gott sei Dank gab es in meinem Umfeld (Arbeitsstelle) Menschen, die meine Not ernst genommen und mir auf verschiedene Art und Weise geholfen haben.«

Sehnsucht nach Liebe

Nach dem Scheitern ihrer ersten Ehe blieb Klara M. zwanzig Jahre lang allein, obwohl sie intensiv nach einem neuen Partner suchte. Sie gab viel Geld aus für Heiratsinstitute und erlebte etliche Enttäuschungen. Die Männer benutzten ihre Not, sagt sie heute, weil sie spürten, dass sie jemanden brauchte. Später habe sie das dann aber auch umgedreht und die Männer benutzt, das habe sich für sie sicherer angefühlt. Irgendwann habe sie dann viele Ehrenämter übernommen, da seien die Männer nicht mehr so wichtig für sie gewesen. Sie habe akzeptiert, dass sie allein war.

»Ich habe die Pille gegessen wie blöd, damit mir ja nichts passiert. Später habe ich mich sterilisieren lassen, da ist mir ein Felsen vom Herzen gefallen, so erleichtert war ich.«

Ein Kind zu bekommen sei für sie nie infrage gekommen. Zu lange musste sie sich um ihre Mutter kümmern, da wollte sie sich erst einmal auf sich selbst konzentrieren. Erst als sie aufgehört hatte zu suchen, lernte sie ihren jetzigen Mann kennen. Da war sie knapp fünfzig. Er war, neben der Therapie, ganz wesentlich dafür, dass ihr Leben eine positive Wendung nahm. Mit ihm hat sie zwar nicht über alles, aber über die grundlegenden Tatsachen ihres Lebens geredet. Früher habe das die Männer gar nicht interessiert, sie wollten gar nicht wissen, ob sie überhaupt eine Mutter hatte, sagt sie. »Ich behaupte, die Männer interessiert das nicht mit den Vergewaltigungen.«

Ein Leben für die Gerechtigkeit

Klara M. führt heute ein erfülltes, aktives Leben. In der Gemeinde, in der sie wohnt, hat sie sich kommunalpolitisch engagiert und war Vorsitzende eines Vereins. Das Zusammenleben in der Gemeinschaft, das tägliche Miteinander sind ihr wichtig, was im Ort passiert, in den Kindergärten, Schulen. Ihr soziales Engagement hat sie zu einer lokalen Berühmtheit gemacht, regelmäßig wird in der Zeitung über sie berichtet. Sie, die von der Gemeinschaft schmählich im Stich Gelassene, ist heute für andere da. Vor allem für hilfsbedürftige Frauen.

Sie wolle, dass alle die gleichen Chancen haben, und nicht, dass es weibliche Sonderrechte gebe. Die Ungerechtigkeiten in ihrer Biografie hat Klara M. in ein ethikgeleitetes eigenes Leben gewendet: »Gerechtigkeit, nicht lügen, nicht betrügen, geradlinig bleiben, das ist für mich absolut wichtig.« Sie brauche klare, sachliche Regeln, sagt sie, dann fühle sie sich wohl.

Auch durch den Glauben habe sie zu größerer Ruhe gefunden. Außerdem wandert sie viel mit ihrem Mann, mit dem sie eine enge, freundschaftliche Beziehung führt und der wichtig ist für ihre Gesundung.

Seelisches Erbe

Bei unserem Gespräch auf dem großen Sofa mit den Stofftieren gibt Klara M. jedoch preis, dass es hinter der Fassade der glücklichen und aktiven Frau noch ab und an düsterer aussieht. Es mache sie manchmal krank, sagt sie, dass in ihrer Biografie alles mit dem Früher, mit der Geschichte zusammenhänge. Dass es ihr nicht gelungen sei, sich »ganz rauszuholen« aus der Vergangenheit. Immer noch sieht sie vor sich, wie sie mit ihrer Mutter in der kleinen Wohnung saß, wenn ein Gewitter aufzog, auf gepacktem Koffer, jederzeit fluchtbereit vor dem Feuer nach einem Blitzeinschlag:

> *»Meine Mutter hat mich immer geweckt, wenn ein Gewitter kam, hat mich angezogen, den Koffer gepackt, und wir saßen gestiefelt und gespornt im Treppenhaus. Ich weiß nicht, warum, was sie mit Gewittern erlebt hat, über diese Dinge haben wir nicht gesprochen.«*

Vielleicht kam die Angst aus der Zeit im Arbeitslager, als die Mutter im Freien arbeiten musste und Unwettern ungeschützt ausgesetzt war. Auch das Autofahren, das Fliegen, das Alleinsein hätten Klara M. Probleme bereitet:

> *»Die Ängste sind in mich hineinpraktiziert worden. Deshalb musste ich in Therapie gehen, du kannst ja nicht jeden Tag mit Ängsten leben. Ich konnte ja nicht einmal allein in der Wohnung sein.«*

Das seelische Erbe ihrer Mutter habe sie zu vielen falschen Entscheidungen im Leben geführt:

> *»Ich dachte immer, wenn man nicht allein sein will, muss man einen Partner haben, und mit dem muss man Sex haben, ob*

man will oder nicht. In der Therapie habe ich begriffen, was ich für einen komischen Begriff von Sex hatte. Da war ich auf der völlig falschen Linie. Ich konnte ja nicht ertragen, wenn mich jemand in den Arm genommen hat. Sex war nur so nebenher, ich hatte kein Empfinden dabei. Aus den Andeutungen meiner Mutter hatte ich gelernt, wenn Männer Frauen anfassen, dann ist das schlimm, Schmerzen, Schreie. Darüber geredet hat man ja damals nicht. Erst am Schluss der Therapie bin ich darauf gekommen, dass ich das gar nicht gelernt hatte, dass mich jemand in den Arm nimmt.«

Auch die Vaterlosigkeit habe ihr lange zugesetzt. Während der Therapie habe sie sich oft gefragt: Wie fühlt sich das denn an, wenn man einen Vater hat? Wie fühlt man für einen Vater? Aber auch: Was ist das für ein Gefühl, eine Mutter zu haben? Sie weiß es bis heute nicht. Ihre Beziehung zur Mutter wurde nie innig. Das beherrschende Gefühl blieb immer das der Überforderung: Was will sie denn jetzt wieder von mir? Deshalb sei es für sie später schwierig gewesen, Bindung und gefühlvolle Beziehungen zu erleben. Das musste sie in der Therapie lernen.

Sie sei immer noch froh, dass sie die Chance auf therapeutische Hilfe ergriffen habe, denn das Leben gehe so schnell vorbei. Aber es sei auch ein schwieriger Prozess gewesen. Sie habe sich wie eine Turmspringerin gefühlt, sagt sie:

»Du springst, hast eigentlich Angst davor, dann tauchst du ganz unten rein, erst wenn du ganz unten warst, kannst du wieder nach oben tauchen. Am Ende der Therapie habe ich geträumt, ich gebäre eine neue Klara. Da wusste ich, jetzt wird es gut.«

Klara M. hat gelernt, ihre Ängste zu konfrontieren. Inzwischen kann sie in ein Flugzeug steigen und ist zur Krönung ihrer Desensibilisierung sogar mit dem Ballon gefahren. Auch ihre Angst vor der Silvesterknallerei konnte sie überwinden: Jetzt schießt sie selbst mit dem Luftgewehr. Heute sei sie so weit, dass sie gut mit ihrer Vergangenheit leben könne, sagt mir Klara M. bei unserem Gespräch. Sie habe ihre schwere Kindheit verarbeitet, auch durch Erzählen und therapeutisches Schreiben. Beides habe ihr sehr geholfen. Die Geschichte ihrer Kindheit begleite sie nicht mehr täglich.

ERZIEHUNG ZUR ABHÄRTUNG

Heute erscheinen uns die Umstände, unter denen Klara M. und die anderen Kinder der Gewalt groß geworden sind, haarsträubend. Doch die Notwendigkeit, sich als Kind um ein traumatisiertes Elternteil kümmern zu müssen, die Kälte und Gleichgültigkeit der Umwelt, die vor allem mit dem eigenen Überleben beschäftigt war, die Härten des Lebens, Armut, Hunger, Kinderarbeit, schlechte Ausbildungschancen überschatteten nach dem Krieg das Aufwachsen sehr vieler Menschen.

Ich musste bei den Recherchen für dieses Buch immer wieder daran denken, wie stark sich die damaligen Zustände von den heutigen unterscheiden und auf welch hohem Niveau wir inzwischen über das Kindeswohl nachdenken und nicht selten klagen. Da macht sich eine Gesellschaft ernsthaft darüber Sorgen, wenn Kinder zu viel Fruchtsaft trinken oder zu lange vor dem Computer sitzen, und manche Eltern würden ihrem Nachwuchs am liebsten elektronische Fußfesseln anlegen, um sie vor den durchaus überschaubaren Gefahren des Daseins zu schützen. Kindererziehung in westlichen Industriestaaten baut heute zumindest in der Mittelschicht auf Vollkaskosicherheit. Davon war man nach dem Ende des Zweiten Weltkriegs weit entfernt.

So kann es nicht verwundern, dass psychologisch informierte Autorinnen und Autoren inzwischen über die Generation der Kriegskinder ein wahres Pandämonium der Kindheitstraumata ausschütten wollen. Sie stützen sich dabei in der Regel explizit oder unausgesprochen auf psychoanalytische Entwicklungsmodelle wie die Bindungstheorie, über die weiter unten noch einmal zu sprechen sein wird, oder auch auf das Entwicklungsmodell nach Erik H. Erikson, um zu zeigen, dass die psychische Gesundheit der Kinder durch die widrigen Umstände stark gefährdet war.[48] Dass die damaligen sozialen Bedingungen es erheblich erschwerten, Grundvertrauen, Autonomie, Initiative, Leistungsbereitschaft, Identität oder die Fähigkeit zu Bindung und Intimität und schließlich zur Generativität (Bereitschaft, sich fortzupflanzen) zu entwickeln. Dass demzufolge auch die nächste Generation, die der Babyboomer, mit Eltern aufwachsen musste, die kaum zu emotionaler und körperlicher Nähe in der Lage gewesen seien (auch in meiner Kindheit begrüßte ich meine Eltern nach wochenlangen Trennungen nur per Handschlag). Dass sich auf diesem Weg die Beschädigungen auf die Generation der Kriegsenkel und wohl auch noch auf die Kriegsurenkel hätten ausbreiten können und so weiter und so fort.

Die vielfältigen Defizite in der Generation der Nachkriegskindheit wollen die Autorinnen und Autoren der einschlägigen Untersuchungen mit Einzelfallgeschichten oder auch mit Fällen aus der psychotherapeutischen Praxis belegen. Dabei nehmen sie oft eine zirkuläre Beweisführung in Kauf, denn als Zeugen der Klage werden eben immer wieder diejenigen Personen herangezogen, die psychische Probleme haben, und natürlich nicht die schweigenden anderen, die vielleicht trotz Kriegskindheit ganz unbeschwert durchs Leben gehen.

Aus meiner Sicht, der Sicht der Geschichtswissenschaftlerin, hat diese Argumentation aber noch einen anderen Schönheitsfehler – die psychologischen Theorien und Annahmen, auf denen sie fußen, werden *ex post* angewendet. Die Bindungstheorie beispielsweise war nämlich eigentlich die Antwort auf die Verhältnisse vor, im und nach dem Krieg. Die heutigen Anschauungen zur kindlichen Sozialisation fußen auf einer ganz anderen Grundlage gesellschaftlicher Rahmenbedingungen. Erziehungsstile und Sozialisationsvorstellungen ändern sich in der Zeit und mit der Zeit. Sie sind gewissermaßen selbst Kinder einer spezifischen Gesellschaft. Sie zurückzuprojizieren, erscheint mir unrealistisch und anachronistisch.

Niemand wird bestreiten, dass Kindheiten im Schatten des Krieges mit schweren Zumutungen verbunden waren, die auch langfristige Folgen für das Wohlergehen der Betroffenen haben konnten. Wir müssen allerdings auch sehen, vor welchem gedanklichen Hintergrund, mit welchem Menschenbild vor Augen sie damals begründet erschienen. Die Vorannahmen darüber, wie ein Mensch aufwachsen muss, was seine Grundbedürfnisse sind, ja, zu welchem Zweck er in die Welt geworfen ist, haben sich in den vergangenen Jahrzehnten grundsätzlich geändert. Niemals in der Geschichte waren die Vorstellungen zum kindlichen Aufwachsen einem so radikalen Wandel unterworfen wie im 20. Jahrhundert.

Damals glaubten Eltern und Erzieher, sie müssten die Kinder auf den »Daseinskampf« vorbereiten. Heute glauben wir, Kinder werden in die Welt gesetzt, um glücklich zu werden. Der Unterschied könnte nicht größer sein: Muss sich ein Kind an der Welt reiben, oder wird ein Kind die Welt nach seinen

Vorstellungen gestalten? Welches sind dabei seine Grundbedürfnisse und welches seine Ressourcen? Alle diese Fragen wurden während und noch lange nach dem Ende des Zweiten Weltkriegs von Pädagogen und Psychologen ganz anders beantwortet als heute. Diese Veränderungen müssen wir uns bewusst machen, wenn wir das Los der Kriegskinder mit unseren heutigen Kriterien betrauern. Von diesem psychologischen Erbe, das nicht den dramatischen Kriegserlebnissen, sondern einem Zeitgeist geschuldet ist, der ganz anders war als unserer, möchte ich hier reden, um die Lebens- und Leidensgeschichten der Kinder der Gewalt nicht mit den falschen Instrumenten zu bewerten.

In den Interviews dieses Buches und auch in den Äußerungen, die sich in anderen Büchern zur Generation der Kriegskinder und Kriegsenkel finden, zeichnet sich immer wieder Trauer ab über die fehlende Liebe und Bindung zwischen Müttern und Kindern, über die abwesende väterliche Fürsorglichkeit, über die Schmerzen der Trennung, die Risiken des Alleinseins, die Eigenverantwortlichkeit von jungen Jahren an. Das waren jedoch nicht nur individuelle Entscheidungen, Versäumnisse der Eltern und schicksalhafte Widrigkeiten, das waren auch die Folgen eines grundsätzlichen Unterschieds zwischen den Vorstellungen von Familie, Erziehung und zwischenmenschlicher Nähe damals und heute.

Seit dem späten 19. Jahrhundert hatte sich in Pädagogik, in Kindermedizin und Psychologie die Idee durchgesetzt, dass der Mensch mit der Geburt in eine feindliche Umwelt gestellt werde und lernen müsse, durch Härte, Schmerzunempfindlichkeit und eine gewisse Bindungsflexibilität den Daseinskampf zu bewältigen. Das Schlagwort hieß »Lebensbemeisterung«, und es diente dazu, Eltern zu verdeutlichen, worum es in der Erziehung vor allem gehe: Kinder in die Lage zu versetzen, den Härten des Lebens zu trotzen und der rauen Umwelt gewachsen zu sein.

Dahinter stand eine sozialdarwinistische Vorstellung, wonach sich der Mensch an die Umwelt anpassen müsse, um zu bestehen. Das Buch »Die Mutter und ihr erstes Kind« von Johanna Haarer, der von den dreißiger Jahren bis in die siebziger Jahre hinein erfolgreichste deutsche Erziehungsratgeber, fasste das folgendermaßen zusammen:

> *»Wir haben an die früheste Zeit unserer Kindheit keine Erinnerung – sie setzt erst in späteren Jahren ein. Trotzdem ist es wahrscheinlich, dass gerade die allerersten Eindrücke, der erste Zusammenstoß mit der Außenwelt, die erste Auseinandersetzung mit einem anderen Ich, die erste Notwendigkeit, etwas zu tun, was man gerade nicht mag, oder etwas nicht tun zu dürfen, was man gerade mag, entscheidend sind fürs ganze spätere Leben.«*[49]

In einem anderen Elternratgeber einer Entwicklungspsychologin las sich das ähnlich:

> *»Das Kind ist vom ersten Tage seines Lebens an vor Aufgaben der Lebensbemeisterung gestellt. […] Ein Übermaß an Forderungen, die der Erwachsene zulässt, ist dabei ebenso schädlich für eine gesunde Entwicklung wie eine zu geringe Beanspruchung der kindlichen Kräfte. Überall dort, wo sich Erziehungsschwierigkeiten einstellen, wird der Erzieher seine Anforderungen an das Kind einer genauen Prüfung zu unterziehen haben.«*[50]

Im Umgang mit kleinen Kindern galt es damals (und noch lange Jahre nach dem Krieg), ein genau austariertes Mischungsverhältnis von Abschirmung vor und Konfrontation mit den

Härten des Lebens herzustellen. Verwöhnung und Verzärtelung wurden als Feinde der »Lebensbemeisterung« angesehen, nicht nur aus medizinischen Gründen, weil sie die körperliche Abhärtung und Ausbildung von Widerstandsfähigkeit behinderten, sondern auch aus psychologischen: Würde ein Kind zu sehr vor der Welt geschützt, so meinte man, wäre es später zu schwach, um sich in der sozialen Welt zu behaupten.

Das Leben wurde als Gegensatz zum Kind, zum Individuum, gedeutet. Man war ihm ausgeliefert, davon hoffnungslos überfordert, und allenfalls konnte der junge Mensch lernen, es eines Tages zu »bemeistern«. Die Kulturpsychologie bezeichnet das als Kontrollorientierung: Kulturen können von der Überzeugung geprägt sein, dass Menschen durch ihr eigenes Handeln ihre Umwelt beeinflussen, oder davon, dass sie sich auf die Bedingungen der Umwelt einstellen müssen.[51]

Dass diese Leitvorstellungen die tatsächliche Erziehungspraxis damals in Deutschland prägten, lässt sich anhand von alten Elterntagebüchern zeigen. Darin stoßen wir immer wieder auf ein darwinistisches und vitalistisches Menschenbild in der Erziehung. Das Kind musste durch das Leben gezähmt werden, notfalls mit Gewalt, sonst würde sich daraus ein »kindlicher Tyrann« entwickeln, den hernach niemand mehr unter Kontrolle brächte. Das kindliche Weinen war dabei gewissermaßen ein Gradmesser, wer in diesem Kampf zwischen Eltern und Kind die Oberhand behielt. Mütter, die auf das Weinen eines Kindes reagierten, verzärtelten es und riskierten damit unabsehbare Folgen für die erwünschte Schmerzunempfindlichkeit und »Rossnatur« des Kindes.

Infolge des durch NS-Diktatur und Krieg unterbrochenen wissenschaftlichen Austausches mit dem Ausland hielten sich diese Vorstellungen in Deutschland besonders hartnäckig. Anzeichen eines aufkeimenden »Willens« eines Kindes machten Eltern noch bis in die sechziger Jahre hinein Angst und mussten in »Machtproben« niedergerungen werden. Das Motiv der »Machtprobe« mit wenigen Tagen oder Wochen alten Kindern zieht sich durch die Babytagebücher und den Erziehungsdiskurs der ersten Nachkriegsjahrzehnte.[52]

Ein Idealkind war unempfindlich gegen die sich verändernde Umwelt, unabhängig von emotionalen Bindungen und zugleich sozial verträglich. Es befolgte verinnerlichte Regeln konsequent und war dazu schmerzunempfindlich, tapfer, vital und selbstgenügsam. Wenn wir uns die Umstände während des Bombenkriegs und in der Trümmerzeit vor Augen halten, so waren das durchaus funktionale und hilfreiche Eigenschaften. Schon deshalb wurden die Vorstellungen von psychischer Robustheit, sichtbarer Kraft und Wehrhaftigkeit lange nicht hinterfragt. Auch nach dem Krieg warnten Erziehungsratgeber noch immer vor verwöhnten, tyrannischen Kindern, forderten Eltern zur Abhärtung und zum Ausfechten der Machtproben auf, priesen das »rotbackige Freiluftkind« im Vergleich zum »blassen Stubenkümmerling«.[53]

Das probate Mittel der Durchsetzung der auf Körper und Geist zielenden Abhärtungsmethoden war und blieb die Züchtigung. Zwar unterschieden sich die Experten bei der Einschätzung, in welchem Alter Klapse und Schläge am wirkungsvollsten seien – schon ganz früh oder erst beim Schulkind –, aber an Sinn und Zweck selbst wurde nicht gezweifelt. Selbst bei der sogenannten Sauberkeitserziehung wurde schon mit dem Besenstiel nachgeholfen in der irrigen Annahme, ein Kleinkind lerne schneller, seine Schließmuskeln zu betätigen, wenn es für das morgendliche nasse Bett mit Schlägen bestraft würde.

Auch der sachliche und unempathische Ton in Tagebüchern von Eltern war weiterhin gang und gäbe. So schrieb eine

Mutter über einen Kruppanfall ihrer Tochter mit beinahe tödlichem Ausgang:

> *»Als aber im November 1955 während der Masern Krupps [sic] sie zu ersticken drohte, kam sie in die Heidelberger Klinik. Dort wollte sie nicht so recht essen, die Schwester drohte mit der Spritze.«*[54]

Die Angst, ein wehleidiges Kind zu haben, übertönte das Mitgefühl und die Angst um das Kind. Ein Indianer kennt keinen Schmerz.

Dass nach 1968 ein Zeitalter anbrechen konnte, in dem die Liebes- und Bindungsfähigkeit und das prosoziale kommunikative Wesen des Kindes betont wurden, ist vor dem Hintergrund des vorher dominanten Sozialisationsmusters der »Lebensbemeisterung« nur allzu verständlich. Der Erfahrungshorizont der Kriegskinder macht die Sehnsucht nach einem anderen, einem lustvolleren Verhältnis zum eigenen Körper und den eigenen Bedürfnissen nachvollziehbar. Seit den siebziger Jahren wurde auch der Blick auf das Individuum immer wichtiger, Unterschiede zwischen Kindern durften bestehen, Gewalt in der Erziehung verschwand nicht, aber wurde immer mehr als Problem gesehen. Ein Lehrherr durfte in der Bundesrepublik seit 1951 nicht mehr zugeschlagen, eine Lehrerin in der Schule seit 1972, Eltern seit 1998. Seit 2000 haben Kinder und Jugendliche das Recht auf eine gewaltfreie Erziehung.

Parallel zu den Veränderungen im Umgang mit Kindern begann sich also auch die Einstellung zur körperlichen Gewalt gegen Schwächere zu wandeln. Anhand des Umgangs mit traumatisierten Kriegsheimkehrern sowie anhand des Diskurses über Opfer von Gewalt hat die Historikerin Svenja Goltermann gezeigt, wie sich in den Jahrzehnten nach dem Krieg die gesellschaftliche Perspektive auf die Seite der Schwächeren, auf die Seite der Traumatisierten und der Opfer verlagerte. Im Jahr 1980 wurde die Traumafolgestörung als Krankheitsbild in das Manual der Psychiater aufgenommen. Nun war auch offiziell anerkannt, dass Menschen sowohl unter körperlicher als auch unter seelischer Gewalt anhaltend psychisch leiden konnten.[55] Davon profitierten (neben den Frauen) nicht zuletzt Kinder.

Ein ganz alltägliches Beispiel für die gewachsene Empathie mit Schwächeren ist die veränderte Haltung von Erwachsenen in der Frage, ob und, wenn ja, wie lange man sein Kind allein lassen dürfe. Bis weit nach dem Krieg galt die Regel, dass Eltern ihre Kinder nicht ins Krankenhaus begleiten sollten. Das Kind wurde abgegeben und sollte nach Möglichkeit keinen Besuch erhalten, da es sonst nur Heimweh entwickeln und den Ablauf im Krankenhaus stören würde. Auch im privaten Umfeld wurden Kinder selbstverständlich allein gelassen, etwa wenn die Eltern abends ausgingen, oder sie wurden wochenlang alleine zu den Großeltern oder in Ferienlager geschickt, ohne dass man zwischendurch Kontakt hatte.

Das alles ist heute unvorstellbar: Kleine Kinder werden kaum unbeaufsichtigt gelassen oder allein in die Ferien geschickt, Krankenhäuser bieten Eltern inzwischen die Möglichkeit, über Nacht zu bleiben. Wer sich heute so verhält, wie es jahrzehntelang selbstverständlich gewesen ist, gilt als verantwortungslos und muss sich den Vorwurf gefallen lassen, sein Kind durch die Trennung womöglich zu »traumatisieren«.

Kurz, die Geburtenkohorten der Kriegskinder und Nachkriegskinder sind mit Erziehungsmethoden aufgewachsen, die damals womöglich angemessen waren und sinnvoll erschienen, weil sie zu einem entsprechenden Menschenbild und

Sozialisationsziel passten. Inzwischen haben sich diese beiden Koordinaten grundlegend verschoben: Erwünscht sind heute empathische, kommunikative und friedliche Menschen, die nicht mehr mit Hurra in den Krieg ziehen, sondern sich geschmeidig in der Dienstleistungs- und Konsumökonomie bewegen können; Menschen, die ihre Bedürfnisse kennen, artikulieren können und befriedigen wollen. Man könnte sagen: Jede Sozialisation hat ihre Zeit.

Diese dramatischen Veränderungen bestimmen heute unseren Blick auf die Kindheit nach dem Krieg. Damit möchte ich nicht behaupten, dass die Generation der Kriegskinder auf die belastenden und alles andere als kindgerechten Verhältnisse, die in unseren Fallgeschichten beschrieben werden, vorbereitet waren, oder gar, dass sie für die Härten, die sie erleben und erleiden mussten, heute nicht unser Mitgefühl verdienten. Aber wir müssen uns wohl bewusst sein, dass das Menschenbild und die Sozialisationsnormen sich damals von unseren heutigen grundsätzlich unterschieden. Erst seit den siebziger Jahren trauten Eltern ihren Ohren und Augen, wenn ihr Kind aus einem Bedürfnis nach Nähe weinte. Und sie glaubten nicht mehr, dass es das Beste für ihr Kind sei, den »kindlichen Tyrannen« möglichst früh in Machtkämpfen zu brechen.

MARIANNE F. IST SEIT DER VERTREIBUNG WIE AUS DER ZEIT GEFALLEN

Als Marianne F. die Abschrift unseres Gesprächs durchlas, kam noch einmal viel Trauer in ihr hoch. Das ist ja mein Leben, dachte sie. Ihr Mann ermunterte sie, sich die Trauer um sich selbst zu erlauben. Das war ein wichtiger Schritt für sie, wie sie mir am Telefon erzählte. Vielleicht der letzte Schritt eines langen Prozesses, der im Jahr 2008, vor über zehn Jahren, begann.

Damals zeichnete sie in einer Kunsttherapie ein Bild, das heute im Labor ihrer eigenen Zahnarztpraxis in Köln hängt. Es zeigt ein kleines blondes Mädchen auf einer Siegertreppe, vor ihr stehen, ihr zugewandt und sich an den Händen haltend, ihre Eltern, über dem Mädchen schwebt ein Beil wie das sprichwörtliche Damoklesschwert. Vergangenheit, Gegenwart und Zukunft sind auf dem Gemälde durch eine Mauer getrennt. Auf der Mauer lesen wir: »Sie verlassen den sicheren Sektor.« In der anderen Ecke, die die Zukunft symbolisiert, hat die Zahnärztin ein großes Haus gemalt, das Tor ist geöffnet. Ihre Mutter ist auch auf diesem Bild zu sehen, aber sie sitzt außerhalb der Mauer an einem Schreibtisch und ordnet Papiere. Oder führt sie Buch? Marianne F. hofft, dass sie dieses neue Gebäude, das ihren eigenen Platz im Leben symbolisiert, jetzt endlich beziehen kann.

Marianne F. wurde 1964 geboren, fast zwanzig Jahre nach

Kriegsende. Sie gehört zur Generation der sogenannten Babyboomer, die sich meistens schon den Kriegsenkeln und nicht den Kriegskindern zurechnen. Trotzdem ist sie ein Kriegskind und ein Kind der Gewalt – ihre Eltern waren bei ihrer Geburt 42 und 49 Jahre alt. Das war sehr alt zu einer Zeit, in der die meisten Deutschen ihre ersten Kinder mit Mitte zwanzig bekamen.

Ihre Mutter, Jahrgang 1922, stammte aus einem Dorf in der Niederlausitz, wo ihre Eltern eine Papierfabrik hatten. Bei Kriegsende wollten Mutter und Großmutter, Jahrgang 1886, vor der Roten Armee fliehen, doch sie wurden von sowjetischen Soldaten gefasst und wieder in ihren Heimatort zurückgebracht. Während Mutter und Großmutter den Betrieb der Papiermühle sicherstellten, die für die Bevölkerung ein wichtiger Arbeitgeber war, kam der Großvater in Gefangenschaft und blieb bis 1955 inhaftiert, unter anderem in Bautzen. Er sei zwar kein Nazi gewesen, sagt seine Enkelin, er habe sogar KZ-Insassen mit Lebensmitteln versorgt, aber das habe ihm trotz wohlwollender Zeugenaussagen unter dem neuen kommunistischen Regime nicht geholfen. Ohne ordentliches Verfahren musste der Kapitalist in den Bau.

Im Haus der Mutter und Großmutter quartierten sich Rotarmisten ein, darunter vermutlich auch Polen, die die Situation ausnutzten und die beiden Frauen vielfach vergewaltigten. Irgendwann wurde die Familie aus der DDR abgeschoben und landete im Ruhrgebiet, wo sie ein Haus baute und ein neues Leben begann.

Der Großvater verstarb früh. Mutter und Großmutter waren sehr eng, wahrscheinlich wegen des gemeinsam Erlittenen: »Großmutter wollte meine Mutter nicht loslassen.« Sie teilten sogar das Schlafzimmer. Obwohl sich ihre Mutter in der Finanzabteilung einer großen Firma hocharbeitete, blieb das Verhältnis der beiden symbiotisch, bis sich die Mutter von Marianne F. im Jahr 1962, im Alter von vierzig Jahren, mit Hilfe einer Kontaktanzeige aus dieser engen Beziehung befreite. Der Mann, der Marianne F.s Vater wurde, war ein Bauernsohn, der aus den ehemaligen deutschen Ostgebieten stammte. Er hatte fast sein ganzes Leben im Militärdienst verbracht und war im Krieg sechsmal verwundet worden. Sie heirateten schnell und bekamen ein Kind – Marianne.

Ihre Mutter habe unbedingt eine eigene Familie gründen wollen. Ihr Vater habe sie deshalb geheiratet, wahrscheinlich auch, weil er sehr pflichtbewusst gewesen sei. »Sie konnte die Leute extrem unter Druck setzen, das hat sie vermutlich auch bei ihm getan, indem sie darauf bestand, dass schnell geheiratet wird«, sagt Marianne F. rückblickend. Sie glaubt nicht, dass sich ihre Eltern je geliebt haben. Ihr Vater habe ihr das einmal auch recht deutlich signalisiert: »Ob ich deine Mutter geliebt habe, kann ich nicht sagen.« Aber er habe sich um diese Frau kümmern wollen.

Die Mutter von Marianne F. habe bei allen Menschen diese Gefühle ausgelöst: Sie war sehr warm und sehr nett, aber sie strahlte auch immer eine große Hilfsbedürftigkeit aus. Warum das so war, hat sie allerdings nicht verraten. Außer einem Kindheitsfreund aus dem Heimatdorf sollte niemand erfahren, was ihr bei Kriegsende geschehen war. Auch ihr Mann nicht. Er selbst habe übrigens auch nichts von seinen Kriegstraumata erzählt, sagt die Tochter heute.

Eine gespaltene Mutterfigur

Für Marianne F. war und blieb die Mutter ein Rätsel. Sie erzählte ihr immer, sie habe eine glückliche Kindheit, aber eine schwere Jugend gehabt:

»Wenn ich nur gewusst hätte, warum sie das immer betont! Sie war total großzügig, hat alles geteilt. Aber es gab immer die zwei Gesichter. Dann konnte sie auch total hart sein. Ich habe diese zwei Seiten von ihr nie verstanden.«

Ihre Mutter hat viel gearbeitet. Das Kind wurde derweil von der Großmutter betreut. Das war ungewöhnlich in den sechziger Jahren. In der Mittelschicht blieben die Frauen mit Kindern damals mehrheitlich zuhause oder arbeiteten gerade so viel, dass damit ein »Zubrot« verdient war, von dem sich die Familien zum Beispiel ein neues Haushaltsgerät leisten konnten, und gerade so wenig, dass der Haushalt reibungslos funktionierte. Marianne F. hatte nicht, wie viele andere Kinder in dieser Zeit, eine Mutter, die sich als Hausfrau verstand. Für sie wurde das Hausfrauendasein deshalb später zum Ideal; als sie selbst Mutter wurde, blieb sie bei ihren Kindern und kümmerte sich um Erziehung und Haushalt. Erst nach einiger Zeit habe sie gemerkt, dass diese Rolle ihr dann doch zu wenig war.

»Ich war ein braves, fleißiges und immer freundliches Kind«, erzählt Marianne F. »In der Schule war ich sehr gut, vielleicht sogar ein bisschen zu strebsam.« Ansonsten bestand ihr Lebenszweck darin, ihre Mutter bei Laune zu halten:

»Ich habe zum Beispiel nie geweint, denn dann wäre Mutter traurig geworden. Dafür haben mich meine Eltern auf ein Podest gestellt. Ich war in ihren Augen immer die Tollste.«

Auch bei diesem Interview sitzt eine Tochter dabei, die 1995 geborene Yvette, und hört aufmerksam zu, wie sich ihre Mutter als Kind schildert. Yvette steht mitten im Medizinstudium, aber ist äußerst interessiert an Geschichte – an ihrer Geschichte. Und einfühlen möchte sie sich in ihre Mutter auch.

Mit neunzehn Jahren zog Marianne F. dann zur großen Enttäuschung der Eltern aus. Sie hatte sich heimlich für weit entfernte Studienplätze beworben, obwohl ihre Eltern geplant hatten, dass sie während des Studiums zuhause wohnen bleibt:

»Sie fanden es auch nicht gut, dass ich Zahnmedizin studierte, sie hätten es lieber gesehen, wenn ich, wie meine Mutter, zum Beispiel Steuerberaterin geworden wäre.«

Der Auszug aus dem Elternhaus bedeutete für das Einzelkind, das von seinen alten Eltern wie in dem von ihr gezeichneten Bild auf ein Podest gestellt worden war, einen großen Schritt, den Marianne F. jedoch auf halbem Weg abbrach. In eine Wohngemeinschaft zu ziehen, das habe sie sich nämlich nicht getraut. Obwohl sie sehr sozial gewesen sei – nach außen immer lachend und gesellig –, wäre ihr so viel Ausgesetztheit unter fremden Menschen zu viel geworden.

Stattdessen zog sie in die sichere Obhut eines Schwesternwohnheims, wo sie unter dem Radar bleiben konnte. Nur eines sei den anderen unangenehm aufgefallen, nämlich dass ihre Mutter täglich angerufen habe und auch nicht lockerließ, wenn sie mal nicht erreichbar gewesen sei:

»Die anderen Bewohnerinnen baten mich, ich solle endlich meine Mutter zurückrufen, weil sie so besorgt sei, wenn sie mich nicht erreichen konnte.«

Das war die Kehrseite ihres Goldkindstatus im Elternhaus. Ihre Mutter machte sich konstant Sorgen um sie. Selbst wenn sie nur eine kurze Bahnreise unternahm, musste sie sofort zuhause Bescheid geben, dass sie gut angekommen sei. Aus dieser engen Umklammerung ihrer Mutter sollte sich Marianne F. nie völlig befreien können:

»Ich habe die täglichen Anrufe bis zu ihrem Tod durchgehalten. Manchmal haben wir sogar mehr als einmal täglich telefoniert. Meine Mutter hat auch immer gespürt, wenn etwas mit mir los war. Dann hat sie meinen Mann oder meine Kinder gefragt, warum ich sie nicht anriefe.«

Zuflucht bei strengen Regeln

Marianne F. ist die zweite Interviewpartnerin, die in ihrer Jugend vorübergehend ihr Heil bei einer christlichen Gemeinschaft gesucht hat. Während ihres Studiums schloss sie sich einer christlichen Sekte an und ließ sich sogar noch einmal taufen. Der äußere Anlass war, wie sie mir berichtet, der Tod ihrer Großmutter als sie sechzehn Jahre alt war, zu dem die Kirche in ihren Augen nichts Hilfreiches zu sagen gehabt habe. Durch die Vermittlung einer Bekannten stieß sie zu einer Gruppe, in der sehr intensiv die Bibel gelesen und besprochen wurde.

Nach einiger Zeit habe ihr jedoch gedämmert, dass die Bekannte sich nur mit ihr befreundet hatte, um sie zu missionieren. Sie war enttäuscht und schloss sich einer noch extremeren pietistischen Gruppe an. »Das war typisch für mich, dass, wenn etwas schieflief, ich mich noch einer extremeren Variante zuwandte«, sagt Marianne F. in unserem Gespräch.

In der christlichen Gemeinschaft gab es klare Regeln und sehr strikte Rollenvorstellungen für Frauen und Männer. Sie habe sich damals sogar die Frage stellen müssen, ob es in Ordnung sei, als Frau Zahnmedizin zu studieren. Als Marianne F. erfuhr, dass geplant wurde, sie mit einem Mann zu verkuppeln, da sie als ledige junge Frau eine ständige Bedrohung der Ordnung darstelle, sei ihr jedoch klar geworden, dass ein Leben in dieser Gemeinschaft auf Dauer für sie nicht passe:

»Ich kam aus einer Familie mit sehr starken Frauen. Meine Großmutter hatte immerhin das Papierwerk geleitet, sie kannte sich aus mit Maschinen, meine Mutter hatte die Finanzen geregelt.«

Phantomschmerzen der Weiblichkeit

In diesem Alter, mit etwa 22 Jahren, als sie sich aus ihrem christlichen Umfeld löste, begann sich Marianne F. mit ihrer Sexualität zu beschäftigen. Aufgeklärt worden war sie in der Schule. Zuhause sei Sexualität kein Thema gewesen – wohlgemerkt in den siebziger Jahren. Als sie anfing zu menstruieren, gab ihre Mutter ihr noch Stoffbinden, die gewaschen und wiederbenutzt werden mussten, obwohl es bereits eine Auswahl anderer, einfacher zu benutzender Hygieneprodukte gab. Marianne F. deutet das heute als Symptom des ungewöhnlichen Altersabstands zwischen sich und ihren Eltern, aber es könnte auch ein Versuch der Mutter gewesen sein, den Körper ihrer Tochter zu kontrollieren.

Mit 23 Jahren musste sich Marianne F. wegen Unterleibsschmerzen gynäkologisch untersuchen lassen. Sie dachte damals: Die anderen Mädchen haben Sex, aber ich muss zum Frauenarzt wegen Unterleibsproblemen? Warum bekomme ausgerechnet ich immer wieder Probleme mit dem Unterleib, muss Antibiotika nehmen?

»Heute denke ich darüber, dass ich die Krankheiten meiner vergewaltigten Mutter ausgetragen habe, während sie selbst ihr Leben lang fit war.«

In der christlichen Gruppe lernte sie zwar viele junge Männer kennen, aber die Möglichkeit einer sexuellen Annäherung habe nie im Raum gestanden: Außerhalb der Ehe war Sex tabu. Das fand Marianne F. beruhigend. Aber es blieb auch eine wunde Stelle, dass sie immer noch keinen Freund hatte.

Eines Tages riet ihr eine Freundin, sie solle sich doch mal die Jungs nach denselben Kriterien aussuchen wie ihre Freundinnen. Also Kaffeetrinken gehen und sich unterhalten. Das war der Trick. Nach kurzer Zeit hatte sie einen Freund, der sehr lieb war und ganz anders als das Männlichkeitsideal, nach dem sie bis dahin gesucht (und das sie wohl gleichzeitig gefürchtet) hatte:

> *»Das war ein schönes Erlebnis und wie befreiend für mich. Ich dachte mir damals nur: Warum erst jetzt?«*

Familiengründung mit Hindernissen

Ihren Mann lernte Marianne F. mit 28 Jahren kennen. Auch sie wollte, wie ihre Mutter, unbedingt eine Familie gründen, aber als dann ihre Tochter Yvette zur Welt kam, fiel es ihr auf einmal sehr schwer, ein spontanes und natürliches Verhältnis zu ihr zu entwickeln. Ihrem Mann hingegen fiel das leicht.

> *»Ich konnte mit der Entwicklung kaum Schritt halten. Als sie ungefähr vier Jahre alt war, war ich mal mit ihr beim Arzt. Der hat gesagt: Ihre Tochter ist gesund, aber wie geht es Ihnen eigentlich?«*

Für Marianne F. muss diese einfache Frage wie ein Erkenntnisschock gewesen sein, denn sie begann sofort ihre erste Therapie. Als ihr zweites Kind mit einer Entwicklungsstörung auf die Welt kam, die sehr viel Betreuung und Erziehungsanstrengung erforderte, warf das ihr Leben noch stärker durcheinander. Sie begann eine weitere Therapie.

Erst auf diesem Weg wurde ihr allmählich bewusst, dass sie immer mit einer Fassade gelebt hatte:

»Ich war nie authentisch gewesen. Ich war dazu da, die Ehe meiner Eltern zusammenzuhalten und meine Mutter aufzuheitern. Ich war nie hier bei mir, hatte keinen Zugang zu meinen Gefühlen. In dieser Zeit, als meine Tochter noch nicht im Schulalter war, hatte ich große Probleme mit der kindlich direkten und authentischen Art. Heute glaube ich, das Kind war richtig, aber ich, die Mutter, war nicht richtig, aber damals habe ich das nicht kapiert.«

Die Auflösung

Als Kind schämte sich Marianne F. ihrer alten Eltern, aber sie kannte natürlich nicht den Grund für die Familienkonstellation, die mit zwei über Vierzigjährigen und einem Einzelkind für die damalige Zeit äußerst ungewöhnlich war. Sie merkte, dass ihre Mutter starke Ängste hatte, zum Beispiel vor Gewittern.

Ihre eigene Belastung wurde ihr erst im Studienalter bewusst, als sie keinen Mut fand, eine sexuelle Beziehung einzugehen. Ihre Eltern hatten sie nicht aktiv davon abgehalten, sagt sie. Nur einmal, an ihrem siebzehnten Geburtstag, sei etwas vorgefallen, das ihr ein Hinweis hätte sein können. Sie gab zuhause eine Party und kam einem netten Gleichaltrigen näher. Weil ein Unwetter ausbrach, lud sie ihn ein, bei sich auf dem Sofa in ihrem Zimmer zu übernachten:

»Meine Mutter rauschte ins Zimmer, fand mich leicht bekleidet und den fremden Jungen auf der Couch vor und brüllte ihn an, was er hier zu suchen habe, behauptete, ich müsse am nächsten Morgen früh verreisen, was nicht stimmte, und warf ihn mitten in der Nacht bei schwerem Sturm aus dem Haus. Mein Vater hat am nächsten Morgen ganz locker reagiert und gesagt: ›Wir hätten ihn doch nach Hause bringen können.‹ Sie

hat damals nicht ausgesprochen, worum es ihr eigentlich ging, sondern den Vorwand meiner Abreise genutzt.«

Ihre Großmutter habe sie eher als sexuell ängstlich erlebt. Sie legte immer Wert auf ordentliche, hochgeschlossene Kleidung. Ihre Mutter wollte zwar, dass sie hübsch aussehe, aber war selbst stolz darauf, dass sie sich ihr Leben lang nie geschminkt habe. Selbst als sie einmal einen Lippenstift geschenkt bekam, ließ sie ihn unbenutzt liegen.

»Für mich wurde als Teenager Make-up total wichtig. Ich habe mich immer stark geschminkt und fand das toll, meine Mutter hat das notgedrungen toleriert.«

Neben ihren Problemen mit dem Unterleib litt Marianne F. als junge Frau unter großen Ängsten vor invasiven Untersuchungsmethoden. Darmspiegelungen oder auch nur Blutabnehmen waren ihr – die selbst Zahnärztin wurde – fast unmöglich: »Ich dachte jedes Mal, an dieser Untersuchung sterbe ich.«

Auch die Ängste um ihre Kinder setzten ihr zu. Als ihre Tochter zum ersten Mal einen Freund auf ihr Zimmer mitnehmen wollte, verreiste sie extra für zwei Tage, weil sie schon bei dem Gedanken Panikattacken bekam, was dabei passieren könnte. Ihr Mann hatte ihr eingeschärft, sie müsse der Tochter den Freiraum lassen.

Die Wiederkehr der Vergangenheit

Die Wahrheit über ihre Familiengeschichte erfuhr Marianne F. erst durch eine Reise in die alte Heimat. Ihre Mutter war bereits 93 Jahre alt, als sie zu einem Besuch in die Niederlausitz aufbrachen. Dabei verhielt sich die alte Dame auf einmal unerklärlich:

»Sie bekam dort eine Panikattacke und wahnsinnig Angst um mich, dass mir irgendwas passiert. Das fanden wir total unangemessen und konnten das überhaupt nicht verstehen.«

Eine Woche später entzündete sich die Wirbelsäule ihrer Mutter. Nachdem sie ein Leben lang gesund gewesen war, bekam sie plötzlich starke Schmerzen im Lendenwirbelbereich und eine Harnwegsentzündung.

»Ich habe mich damals gefragt: Die hatte ihr ganzes Leben lang keine Harnwegsentzündung, wo kommt die jetzt auf einmal her? Das sind doch typische Beschwerden, die Frauen auch nach sexueller Gewalt haben. Ich war damals jedoch nicht in der Lage, genau hinzusehen.«

Die alte Frau kam ins Krankenhaus und geriet ausgerechnet an eine unsensible Ärztin, die sie als Simulantin betrachtete.

»Sie hat gesagt, meine Mutter sei nur ein ›Versorgungsproblem‹. Das hat meine Mutter tief gekränkt. Als müsste sie beweisen, dass es ihr wirklich schlecht ging, wurde sie innerhalb von wenigen Tagen immer kränker bis hin zur Sepsis. Ich glaube, das war wie eine Retraumatisierung. Wie damals nach den Vergewaltigungen, als ihr niemand geholfen hat. Sie bekam hohes Fieber, Herzprobleme und musste schließlich auf die Intensivstation.«

Nach dieser gesundheitlichen Krise sei ihre Mutter ein anderer Mensch gewesen. Ein Krankenhausaufenthalt und die Einnahme starker Medikamente sind für Hochbetagte immer ein Risiko. Aber die Tochter ist überzeugt, dass im Fall ihrer Mutter mehr dahintersteckte. Sie glaubt, ihre Mutter erlebte im Krankenhaus noch einmal das Gefühl von totaler Hilflosigkeit.

Eines Tages, als ihr Schwiegersohn sie besuchte, sagte sie schließlich den Satz, an den Marianne F. seitdem oft denken muss: Es müsse endlich aufhören mit den ganzen Vergewaltigungen. Erst jetzt, zum ersten Mal in ihrem Leben, erzählte sie, dass sie damals nach Kriegsende immer wieder vergewaltigt worden war. Auf einmal klang sie ganz entschlossen. Sie sagte, es müsse jetzt auch endlich Schluss sein mit all den Kriegen in der Gegenwart, weil es am Ende immer die Frauen seien, die darunter zu leiden hätten.

»Mein Mann war von dieser Enthüllung gar nicht überrascht. Er hatte sich immer so etwas gedacht. Für mich war es eine sehr traurige Nachricht. Die Vorstellung, was sie alles durchmachen musste, und dass sie nie jemanden gefunden hatte, mit dem sie darüber reden konnte, hat mich fertiggemacht.«

Wenn die Verdrängung aufbricht

Altenpflegern und Gerontopsychologen ist das Phänomen bekannt. Bei sehr alten Menschen werden die seelischen Strukturen brüchig, die Energie zur Verdrängung schwerwiegender Ereignisse im Leben wirkt wie aufgebraucht, und so kann es passieren, dass lange verschüttet geglaubte Erlebnisse wiederauftauchen. Noch heute begegnen Pflegepersonal in Alters- und Pflegeheimen Frauen (und wahrscheinlich auch Männer), die auf einmal von schmerzhaften Erinnerungen aus der Kriegs- und Nachkriegszeit heimgesucht werden.

Manchmal genügt es, ein englisches, polnisches oder russisches Wort zu hören oder von einem Pfleger unsanft gewaschen zu werden, und das Erlebte kehrt zurück. Aus diesem Grund bereist etwa die Altenpflegerin und Traumatherapeutin Martina Böhmer schon seit Jahren die Republik und versucht, bei Mitarbeitern von Alten- und Pflegeheimen ein

Bewusstsein dafür zu wecken, dass sie es bei ihrer täglichen Arbeit möglicherweise mit traumatisierten Opfern kriegsbedingter sexueller Gewalt zu tun haben.[56]

Bei ihrer Mutter hat Marianne F. es so empfunden, als wäre auf einmal eine Fassade zusammengebrochen. Erst durch diesen Moment der Offenlegung klärten sich auch für die Tochter viele Dinge. Warum ihre Mutter schon bei harmlosen Konflikten immer so heftige Reaktionen an den Tag gelegt hatte und ihr mit Sätzen wie diesen drohte: »Ich geh jetzt ins Wasser, ich bring mich um.« Warum bei ihr vieles immer gleich eine Frage von Leben und Tod war.

> *»Man konnte sich mit ihr nicht normal streiten. Durch jeden Streit kam sie in eine Paniksituation. Auch am Schluss herrschte sie den behandelnden Arzt an: ›Geben Sie mir doch einfach eine Spritze, dann bin ich weg.‹ Da kam so eine Härte heraus, die sie auch hatte.«*

Als die Mutter wunderbarerweise zu genesen schien und sie für eine kurze Zeit noch einmal sehr lebhaft wirkte, wollte die Tochter mit ihr zu einem Therapeuten fahren. Sie war so erleichtert, dass ihre Mutter endlich ausgesprochen hatte, was sie seit Kriegsende tief in sich vergraben hatte. Für Marianne F. war es wichtig, dass sie das Geheimnis nicht mit ins Grab genommen hatte.

Aber die Mutter selbst wollte mit der Wahrheit nicht weiterleben, glaubt die Tochter. Als ihre Mutter kurze Zeit später starb, sagte sie der Tochter noch einmal, wie gut es sei, dass sie nicht alleinstehe, sondern einen Mann habe: »Ich kann jetzt gehen, dein Mann passt doch auf dich auf.« Marianne F. kämpfte um das Leben ihrer Mutter. Sie hoffte auf eine Gelegenheit, die Beziehung auf einer neuen Grundlage zu erleben.

Aber nachdem die Mutter ihr Geheimnis gelüftet hatte, lebte sie nur noch fünf Tage.

Aufarbeitung

Als wir unser Interview führen, in der Zahnarztpraxis am Rand eines Waldes, ist die Mutter seit etwa einem Jahr tot. Seither ist Marianne F. ihre ungewöhnliche Kindheit immer wieder durchgegangen. Keine Freunde oder Bekannten aus ihrer Generation hatten so alte Eltern wie sie, nur wenige waren Einzelkinder. Beide Tatsachen waren für sie die meiste Zeit ihres Lebens mit vielen Fragen behaftet gewesen. Dass ihre Herkunft eng mit dem Zweiten Weltkrieg und der Massenvergewaltigung in Deutschland zu tun haben könnte, auf die Idee war sie nie gekommen. Das Thema Krieg betraf andere. Kriegstraumata, das waren die mit den getöteten Angehörigen, die Ausgebombten und natürlich die Opfer des Holocaust.

> *»Irgendwo habe ich nicht in die Zeit gepasst. Über die anderen Geschichten, die Zeit meines Großvaters in Bautzen, die Flucht, darüber hat man in der Schule höchstens mal in Andeutungen geredet.«*

Erst im Alter von über fünfzig seien ihr mit Hilfe der Kunsttherapie auf einmal die Gründe für ihre außergewöhnliche Familienkonstellation klar geworden. Wegen des Krieges hatte sie so alte Eltern gehabt, wegen des Krieges hatte ihre Mutter solche Ängste um sie als Mädchen gehabt, wegen des Krieges hatten ihre Eltern sie auf ein Podest gestellt. Seit das Familiengeheimnis offengelegt ist, hat für Marianne F. vieles neu begonnen:

»Ich fühle mich erstmals authentisch, ich habe Zugang zu meinen Gefühlen, kann Grenzen setzen, mich gegen andere abgrenzen und mich darauf besinnen, was ich eigentlich will, was meine Bedürfnisse sind. Ich habe neue berufliche Pläne, mit denen vielleicht auch ein Wohnortwechsel verbunden ist. Es kann aber auch sein, dass mein Mann aufhört zu arbeiten und wir die Arbeit zwischen uns neu verteilen. Das, was ich damals in der Kunsttherapie gemalt habe, nimmt auf jeden Fall allmählich Gestalt an. Ich glaube, ich war in meinem Leben immer wieder in den tiefsten Strukturen gefährdet. Das ist jetzt besser.«

Die Aufarbeitung der eigenen Familiengeschichte ist für sie auch mit Blick auf die künftige Generation wichtig. Sie freut sich, sagt sie zu ihrer Tochter Yvette, dass sie sehr viel interessierter und bewusster an die deutsche Vergangenheit herangehe, als das in ihrer Jugend der Fall gewesen sei. Für sie fördert diese Beschäftigung neuerdings eine wichtige Erkenntnis:

»Mir ist erst jüngst klar geworden, dass es keine lineare Entwicklung in der Geschichte gibt, sondern dass es immer Sprünge sind. Die Generation meiner Großmutter, die noch im 19. Jahrhundert geboren wurde, war in den zwanziger Jahren schon sehr viel emanzipierter als die Generation meiner Mutter das in den fünfziger Jahren war.«

So einen Entwicklungssprung könnte es jetzt wieder geben.

Die Enkeltochter des Vergewaltigungsopfers

Zwischen Großmutter und Enkel liegen in dieser Familie 73 Jahre Altersunterschied. Die Großmutter wuchs noch im Kaiserreich auf, die Enkelin wurde sechs Jahre nach dem Mauerfall geboren. Dazwischen waren der Nationalsozialismus, der Zweite Weltkrieg, der Kalte Krieg, das geteilte Deutschland. Selten trennen drei Generationen solche epochalen Veränderungen.

Dennoch fühlt Yvette die Auswirkungen des Zweiten Weltkriegs auch auf ihr eigenes Leben. Sie erkennt persönliche Ähnlichkeiten zwischen ihrer Mutter, dem Kind der Gewalt, und sich:

»Obwohl ich von meinen Eltern gelernt habe, bei mir zu sein und über meine Gefühle zu sprechen, habe ich mich früher, wenn ich mit Leuten zusammen war, immer zu sehr verausgabt. Ich war, wie meine Mutter, immer gut drauf.«

Als kleines Kind sei sie extrem selbstbestimmt und wütend gewesen, und sie war ein Papakind. Sie habe sich nach den Wünschen des Vaters ausgerichtet, der Wert darauf legte, dass sie viel an der frischen Luft war und Sport trieb. Erst in der Abiturzeit habe sie begonnen, sich mehr nach den Interessen ihrer Mutter zu richten, zuhause zu bleiben und zu lesen.

»Ich kann mich an verschiedenen Körperstellen nicht berühren lassen. Ganz schlimm ist es, wenn mir jemand ans Knie fasst oder an die Nase. Am Rücken kann ich es inzwischen aushalten. Als Kind konnte ich keine Knochen sehen, zum Beispiel die Wirbel der Wirbelsäule. Ich konnte auch kein Blut sehen. Bei meiner zweiten Menstruation wurde ich ohnmächtig. Überhaupt wurde ich oft ohnmächtig als Kind und Jugendliche. Ich habe bis heute große Schwierigkeiten, zu Ärzten Vertrauen zu fassen. Ich nehme mir lieber selbst Blut ab und würde mich am liebsten auch selbst operieren, wenn das möglich wäre.«

Ihr Interesse an der Familiengeschichte habe sie von der Mutter geerbt. Schon als Kind habe sie gerne die Erzählungen von der Kindheit und Jugend ihrer Großmutter auf dem Land gehört. Später hatte sie eine gute Geschichtslehrerin, die mit der Klasse auch über den Zweiten Weltkrieg gesprochen habe:

> *»Aber nicht in der Art ›Wer hat Schuld?‹, sondern in einer sehr viel komplexeren Weise. Ich finde das sehr spannend und freue mich, dass durch das Interview das ganze Bild der Familiengeschichte für mich jetzt noch plastischer geworden ist.«*

GEFAHR UND MORAL ZWISCHEN KRIEG UND BEFREIUNG

Meine Interviewpartnerin Marianne F. rang, wie wir gesehen haben, noch in den siebziger und achtziger Jahren als Teenagerin um ihre sexuelle Entfaltung, also in einer Zeit deutlich nach der allmählichen sexuellen Befreiung und Liberalisierung in Deutschland, die in den fünfziger Jahren eingesetzt hatte. Das Denken in historischen Zäsuren kann offensichtlich täuschen bei der Betrachtung individueller Lebenswege, denn die Kinder der Gewalt hatten es mit widersprüchlichen Gleichzeitigkeiten zu tun.

Die Eltern dieser Generation waren bereits mit einem beschädigten sexuellen Selbstverständnis aus Krieg und Nachkrieg herausgekommen – die Mütter durch die Bedrohung durch oder das Erleben von Vergewaltigungen, die Väter unter Umständen ebenfalls durch sexuelle Gewalt noch in der Wehrmacht oder in der Gefangenschaft. Über diese individuellen Erbschaften hatten sich gesamtgesellschaftliche Entwicklungen gelegt, die das Sprechen oder auch das Schweigen über Sexualität in den Familien prägten: Neben die omnipräsente Gefahr sexualisierter Gewalt, auch, aber nicht nur, durch die Stationierung von Besatzungstruppen nach dem Krieg trat die ständige echte oder vermeintliche Bedrohung als Mädchen oder Frau, »sittlich gefährdet« zu sein, was den Verlust der bürgerlichen Anständigkeit nach sich ziehen konnte. Ein günstiges Klima für die Entwicklung unbelasteter Sexualität war das nicht.

Marianne F. wurde in einer Zeit groß, die wir einerseits für sexuell frei halten: Man denke an die Nacktfotos aus der Kommune 1, die Oben-ohne-Proteste der Feministinnen, den studentischen Aufstand gegen bürgerliche Familienmoral und Konventionen, die medial das Bild dieser Jahre geprägt haben. Doch andererseits konnte sich eine junge Frau damals durchaus »aus der Zeit gefallen« fühlen, wie Marianne F. es ausdrückt. Sie war in ihrer Familie nicht sexuell aufgeklärt worden, sie bekam noch in den siebziger Jahren Stoffbinden verpasst, was damals ein Symbol für eingeschränkte Bewegungsfreiheit war (seit den dreißiger Jahren gab es Sportbinden aus Papier, seit den frühen siebziger Jahren Tampons), ihr Kontakt zum anderen Geschlecht wurde mit Argusaugen beobachtet, bis sie sich schließlich in eine christliche Sekte flüchtete, die ihr Verhalten extrem reglementierte und kontrollierte. Ihre Geschichte zeigt uns neben den individuellen Folgen der tragischen kriegsbedingten Gewalterfahrung der Mutter, dass die »sexuelle Sprachlosigkeit« und die spätere lauthalse »Befreiung« der Sexualität in Wahrheit zutiefst zwiespältige Diskurse waren.

Schweigen und Angst

In der Lebensgeschichte von Marianne F., aber auch in den anderen Fallgeschichten lassen sich zwei Probleme als wiederkehrende Motive identifizieren, die mit den ambivalenten Sexdiskursen nach den Kriegen zusammenzuhängen scheinen, nämlich das Schweigen der Mütter über ihre sexualisierte Gewalterfahrung und eine über das übliche Maß hinausgehende Unsicherheit der Kinder mit ihrer eigenen Sexualität. Es liegt nahe, das eine als Begleiterscheinung des anderen zu begreifen. Doch bevor wir das so festhalten können, sollten wir uns dem Thema »Sexualität im Nachkriegsdeutschland« noch einmal allgemeiner nähern. Denn gerade hier gilt es, mehr noch als bei allen anderen in den Interviews angesprochenen Motiven, das individuelle Schicksal vor der Folie des historischen Kontextes zu verstehen, um nicht Gefahr zu laufen, den Einzelfall von heutiger Warte aus zu generalisieren und falsch zu interpretieren.

Die Elterngeneration war in den Jahrzehnten nach dem Krieg allgemein wenig aufgeschlossen für die sexuelle Reifung ihrer Kinder. Die Verweigerung oder das fehlende Vermögen, ihre Söhne und Töchter auf das Geschlechtsleben angemessen vorzubereiten, waren noch in den sechziger Jahren ein weitverbreitetes Phänomen. Da mochten Sexualaufklärer wie Oswald Kolle noch so lautstark Offenheit fordern: Viele Eltern haben das Reden über Sex lieber an andere delegiert.

Das private Stillschweigen stand in offenkundigem Kontrast zum öffentlichen Diskurs, der seit den fünfziger Jahren sehr prominent um die Sexualität kreiste und, wie die Historikerin Sibylle Steinbacher gezeigt hat, prägnante gesellschaftspolitische Problemlagen mit verhandelte.[57] Da war zum einen der allgemeine Sittlichkeitsdiskurs, der sich an Modernisierungserscheinungen und Liberalisierungstendenzen der Zeit abarbeitete. Da war zum anderen, und das wird bislang von der Forschung weniger beachtet, die Erfahrung der Kriegsniederlage und der Besetzung des Landes durch die Siegertruppen mit ihren Begleiterscheinungen. So ließe sich sagen, dass die Deutschen mit paradoxen Botschaften umgehen lernen mussten: An der Oberfläche wurden sie durch öffentliche Aufklärung und Konsumangebote sexuell befreit – in keinem Land wurden so viele Sexfilmchen produziert und gab es einen so erfolgreichen Erotikversandhandel wie in der BRD. Doch unter der Oberfläche lebte die Elterngeneration der Kinder der Gewalt mit der Erbschaft der sittlichen Restriktion und der Angst der Beschämung aus der Nachkriegszeit. Neben dem persönlichen Gewalterlebnis oder der Angst davor belasteten diese Umstände die sexuelle Sozialisation der Kinder.

Der in den fünfziger Jahren einsetzende, konservative Moraldiskurs ist oft beschrieben worden. Die Nachkriegsgesellschaft versuchte, an einen aus der Kaiserzeit stammenden Begriff von Bürgerlichkeit anzuschließen und sich so von der Zeit des Nationalsozialismus zu distanzieren. Zu dieser Idee gehörte ganz wesentlich eine idealisierte, dezidiert bürgerliche Familienordnung, der allein es gelingen könne, die Gesellschaft von den materiellen und geistigen Verwüstungen des Krieges zu erlösen. Die Hoffnung war, dass die (vor allem in der BRD) unter den besonderen Schutz des Staates gestellte und entsprechend finanziell und institutionell geförderte Kernfamilie mit Vater, Mutter, Kind das allgemeine »sittliche« Niveau im Land wieder anheben könne. Die Kehrseite der vielfältigen Förderung bürgerlicher Familienstrukturen war jedoch die Diskreditierung all jener Erscheinungen, die zum propagierten Familienideal nicht passen wollten: Unehelichkeit, Kinderlosigkeit, Schwangerschaftsabbruch, Homosexualität, »Verwahrlosung«, Frauenerwerbstätigkeit.

Zudem wurde die allgegenwärtige Ausrufung der heilsbringenden Familie mit einer großen Dosis Befürchtungen verknüpft, die sich unter anderem auf die Folgen des Krieges und des Nationalsozialismus zurückführen ließen: In Deutschland herrschte durch den kriegsbedingten Aderlass der Jahrgänge 1910 bis 1925 ein Männermangel, wodurch viele Frauen, die ihre Männer im Krieg verloren hatten, Witwen blieben und allgemein die Heiratschancen sanken – viele »Fräuleins« fanden keinen Partner und wurden zu »alten Jungfern«. Zugleich stieg in der Nachkriegszeit die Zahl der unehelich geborenen Kinder – so waren etwa zwischen 1947 und 1955 bis zu dreißig Prozent aller in Frankfurt geborenen Kinder unehelich –, darunter auch die sichtbaren und unsichtbaren »Besatzungskinder«. Und nicht zuletzt wuchs vorübergehend die Scheidungsziffer aufgrund überhastet geschlossener Ehen im Krieg.[58] Das alles begleiteten gesellschaftliche Entwicklungen, die eher konservativ denkende Menschen damals beunruhigten, wie eine steigende Frauenerwerbstätigkeit, ein neuer Wettbewerb um Jobs zwischen den Geschlechtern sowie die wachsende Zahl aushäusig arbeitender Mütter. Zwischen 1933 und 1979 vergrößerte sich der Anteil verheirateter Frauen auf dem Arbeitsmarkt von etwa zwölf auf 49 Prozent.[59]

Auch wenn der Wunsch zu heiraten und eine Familie zu gründen ungebrochen war – eine sehr große Zahl der Ehen wurde übrigens erst nach Schwangerschaftsbeginn geschlossen –, machte sich in der deutschen Nachkriegsgesellschaft ein klarer Trend von der Zwei-Kinder- zur Ein-Kind-Familie bemerkbar. Ein Soziologe spöttelte in den sechziger Jahren, die Institution Familie sei im Begriff, sich in ein »erweitertes Paarverhältnis« zu wandeln, so sehr stehe im Ein-Kind-

System inzwischen das Dreiecksverhältnis Mutter-Vater-Kind im Zentrum.[60] Die Konzentration der Eltern auf ihr einziges Kind hatte unter anderem zur Folge, dass sie viel in dessen Bildung und Ausbildung investierten. Davon profitierten in besonderer Weise Mädchen, die bis dahin vor allem im katholischen, ländlichen Milieu wenig Bildungs- und Erwerbschancen gehabt hatten, was wiederum die Angst vor der Entgrenzung der Geschlechterrollen schürte.

Der gesellschaftliche Wandel belebte alte Sorgen – um den Bestand der Ehe, um das Kindeswohl, um die Familie als ordnende Kraft und Grundlage »christlich-abendländischer Kultur«. Als Gegenmaßnahme versuchte der Staat, die Hausfrauenarbeit und den Status der Ehefrau aufzuwerten (so etwa durch das Gleichstellungsgesetz von 1958 und dessen Nachjustierung von 1959), denn schließlich sollte die Familienarbeit gemäß der angeblich naturgegebenen Geschlechterrollen für Frauen Vorrang vor der Erwerbsarbeit haben.

Ein Hauptmotiv des Sittlichkeitsdiskurses in der Nachkriegszeit war nicht zuletzt der moralisierende und argwöhnische Blick auf das weibliche Geschlecht. »Frau und Kind haben sich emanzipiert. Das alte Patriarchat gilt nicht mehr«, klagte der Mediziner Karl Saller im Jahr 1967.[61] Die (weit hergeholte) Folge dieser Emanzipation seien jugendliche Bandenbildung und das Problem der Halbstarken. Der Arzt, Anthropologe und ehemalige Rassekundler im Nationalsozialismus, der in der Nachkriegszeit ein angesehener Sexualaufklärer war, verbreitete übrigens noch 1956 die Ansicht, jede zweite Frau sei frigide. Frauen verspürten grundsätzlich nur geringe sexuelle Bedürfnisse, sie seien von Natur aus nehmend und passiv beim Sex. Kurz:

»Der Mann ist der Aktivere, Gewalttätige, die Frau wird vergewaltigt und empfängt vom Mann; dem entspricht schon ihre Körperlichkeit, und daran kann auch keine gesellschaftliche Form etwas ändern.«[62]

Angesichts solcher Aussagen erscheint es rückblickend kaum fassbar, dass der Mann, den immerhin ein Professorentitel und drei Doktortitel zierten, bis zu seinem Tod im Jahr 1967 eine der wichtigen Stimmen im bundesdeutschen Sexualdiskurs war. Doch er passte ins Bild: Noch in den sechziger Jahren war die weibliche Sexualität *terra incognita*. Die weiblichen Sexualorgane waren schambesetzt und unrein und sogar den Frauen selbst weitgehend unbekannt und peinlich. Noch in den studentischen Milieus der Achtundsechziger wurde das Thema der sexuellen Befreiung zunächst noch von der männlichen Perspektive dominiert, »in der sich alles um Penetration und seinen Orgasmus drehte«, wie Christina von Hodenberg schreibt.[63] Das führte in den frühen siebziger Jahren dazu, dass sich Frauen öffentlich und bewusst mit ihrem Körper und besonders ihrer sexuellen Selbstbestimmung auseinanderzusetzen begannen. Bekanntes Beispiel waren die Selbstuntersuchungen mit dem Spekulum von Akteurinnen der Frauenbewegung:

»Was wir sahen, ist eine Banalität für jeden Frauenarzt, aber ein Geheimnis für uns Frauen selbst: Wir sahen unseren eigenen Körper. […] Es war unerhört. Dass eine Frau es wagte, die uns eingeredete Scham so gelassen vom Tisch zu fegen. Daß wir wagten, hinzusehen! Und daß alles ganz anders aussah, als befürchtet.«

So beschrieb die Feministin Alice Schwarzer die faszinierten Reaktionen der Frauen auf den Anblick ihres Unterleibs.[64]

Im Hintergrund dieser Entwicklungen hin zu mehr Liberalität wirkte weiterhin als ein prägender Faktor der Sexualität die Erfahrung der Kriegsniederlage und kollektiven Entmachtung durch die Sieger. Auch wenn darüber so nicht offen gesprochen wurde, spiegelte sich in der Stigmatisierung der Frauen, die mit dem »Feind« anbandelten, das Gefühl der männlichen Entmachtung im Lande. Die Kriegsniederlage wurde sexuell aufgeladen und die moralische Verantwortung an Randgruppen der bürgerlichen Gesellschaft delegiert. »Ami-Liebchen« und »Russenhuren«, die dem eigenen Volk quasi in den Rücken gefallen seien, sorgten für moralische Entrüstung. Sie eigneten sich wie kein anderes Thema, der schuldhaften Verstrickung der deutschen Bevölkerung im »Dritten Reich«, der Enttäuschung über die zerstörten Großmachtfantasien sowie dem Verlust von im Nationalsozialismus vorherrschenden Potenz- und Männlichkeitsidealen zu begegnen. Dabei war die Linse der Zeitgenossen so getrübt, dass nicht nur Vergewaltigungen und freiwillige Liebschaften in einen Topf geworfen wurden, sondern dass man Frauen auch je nach Bildungsstand und gesellschaftlicher Stellung in unterschiedliche Kategorien der Glaubwürdigkeit presste.

Dieser ungerechte und einseitig patriarchale Blick auf das Thema Fraternisierung konnte sich bis heute halten, denn die Erforschung der Besatzungszeit wiederholt immer noch die alten Vorurteile, wonach sich deutsche Frauen westlichen Soldaten an den Hals geworfen hätten, während sie anderswo den vermeintlich triebhaften farbigen oder sowjetischen Männern wehrlos ausgesetzt gewesen seien. Auch wurden die Grauzonen sexualisierter Gewalt zwischen Notprostitution und sexueller Anziehungskraft der Sieger bis heute noch kaum ausgeleuchtet.

Drohung und Verlockung

Denn die gesellschaftliche Ächtung der Fraternisierung war das eine, die Verlockung der strahlenden Sieger das andere. In der Figur der meist jungen, ungebundenen Überläuferin mit zweifelhafter Moral schwang neben der verleugneten Erfahrung real erlebter sexualisierter Gewalt zugleich die Verführungskraft der überlegenen Siegernationen und ihrer mitgebrachten Kultur mit. Auf welch doppelbödigem Grund sich junge Deutsche in den Nachkriegsjahren hinsichtlich ihrer eigenen Sexualität bewegten, lässt sich leicht vorstellen: Sexualität war einerseits potentiell gefährlich und kompromittierend, aber andererseits das Tor zu einer aufregenden anderen Welt, für die coole GIs, lässige Briten und Franzosen oder antifaschistische Helden der Roten Armee standen.

Die unausgegorene Haltung eines pubertierenden Mädchens nach dem Krieg, das beim Anblick westlicher Besatzungssoldaten hin- und hergerissen ist zwischen Angst und Lust, mag dies illustrieren. Es ist heute schwierig, sich in die Lage eines Jugendlichen in der Nachkriegsgesellschaft zu versetzen, ohne Gefahr zu laufen, die Äußerungen der erwachsenen Tugendapostel überzubewerten. Um die Situation der Nachkriegsjugend zu beschreiben, bilden wir Historiker meist den rigiden Diskurs der Erwachsenen ab oder rekonstruieren die Entwicklungen der popkulturellen Entfaltungsmöglichkeiten im Wirtschaftswunderland – beide Perspektiven haben jedoch nur beschränkten Aussagewert für das, was Jugendliche damals tatsächlich fühlten und dachten. Zeitgenössische Selbstzeugnisse junger Erwachsener werden hingegen selten herangezogen, um die Geschichte der Jugend in der Nachkriegszeit zu erzählen. Ich möchte daher an dieser Stelle ein Tagebuch zitieren, das gewiss keine Repräsentativität beansprucht, aber doch ein sprechendes Beispiel dafür ist, wie komplex es für einen jungen Menschen nach dem Krieg war, zwischen den Erfahrungen sexueller Gewalt und den Verlockungen der Besatzungsgesellschaft zu einer eigenen Sexualität zu finden.

»Wieder ist ein Tag der so schönen Jugend vorbei!«

Das Tagebuch von Evamarie S. führt uns die sexuellen Wirrungen eines jungen Mädchens am Kriegsende vor Augen. Sie ist zerrissen zwischen den engen Moralvorstellungen der Zeit und ihren eigenen Sehnsüchten und kann ihren keimenden Lebenshunger nur schwer mit den widersprüchlichen, sich zum Teil auflösenden Regeln der Nachkriegszeit in Einklang bringen. Nach der Flucht war Evamarie S. einsam, traurig und voller Heimweh. Auf diesem Nährboden blühten ihre Beobachtungen und Gedanken über die sexuellen Verhältnisse, in die sie hineingeraten war.

Die siebzehnjährige Evamarie S. war mit ihrer Familie am 27. Januar 1945 aus Liegnitz/Legnica in Niederschlesien zunächst nach Görlitz in Sachsen geflohen. Hier kamen sie eine Zeit lang in einem Pfarrhaus unter, bevor sie weiter nach Niederbayern in die Nähe von Verwandten zogen. Das Kriegsende erlebte die Familie in Schönberg im Bayerischen Wald, wo sie Quartier bei Bauern erhielten. Die Gemeinde Schönberg setzte sich gegen den Einmarsch der Amerikaner zur Wehr, was die üblichen Folgen für die Bewohner nach sich zog: Panzerbeschuss, Straßenkämpfe und nicht zuletzt direkte Gewalt gegen die Zivilbevölkerung, auch sexuelle. Evamarie S. fürchtete einerseits, dass auch sie Opfer von Übergriffen werden könnte, andererseits notierte sie, zwei Schlesierinnen hätten sich »anscheinend gern vergewaltigen lassen«, sie hätten auch in den kommenden Wochen einen »recht intimen Verkehr mit den Amerikanern« gepflegt.[65] Offensichtlich teilte Evamarie S. die damals üblichen doppelten Standards bei der Sexualmoral, die Frauen unterstellte, sich »gerne vergewaltigen« zu lassen.

Evamarie S. empfand die neue ländlich-konservative Umgebung, in der sie leben musste, als beklemmend und die Zeit, die sie im Bayerischen Wald verbringen musste, als vergeudet. Hart urteilte sie über die Menschen, auf die sie in Schönberg trifft:

> *»Es gibt Burschen und Dirndl, die grob und ungeschlacht reden, die nur an intimen Verkehr untereinander denken und meistens Schweinerein im Sinn haben. Dafür sind wir auch hier auf dem Dorfe. Es gibt auch anständige Mädel (sehr selten!), aber die haben eben auch einen zu kleinen Gesichtskreis. Ich verstehe es nicht, wie ich es jetzt schon 5 Monate so ausgehalten habe. Sehnsucht – nicht nach der Heimat, wie du denken wirst, nein, nach dem Leben. Das ist nicht das Leben, das für uns da ist, das ist ein Schleichen durch die Zeit. Immer, wenn einer dieser Tage wie der andere vergangen ist, könnte ich am Abend dann im Bett schreien: Wieder ist ein Tag der so schönen Jugend vorbei, ohne etwas zu bringen.«*[66]

Wie viele Menschen damals musste Evamaria S. mit der Familie auf engstem Raum leben. Allein das machte die Familiendynamik oft unerträglich. Sie stritt sich mit ihrer Mutter, die sie offenbar ständig als frech titulierte:

> *»Es ist manchmal nicht auszuhalten. Es ist mir nun ganz klar, daß ich raus muss, und zwar nicht nach Elsenthal, Schönberg oder Grafenau, wo ich dauernd noch am Schürzenband hänge oder unter der lehrerhaften Aufsicht von Tante Lisa, sondern weiter weg, damit ich nicht dauernd unter diesem*

Druck stehe. Es ist besser, ich gehe freiwillig, als wenn es zu einem solchen Krach kommt, dass ich rausgeschmissen werde. Nun gehe ich auf Stellungssuche.«[67]

Die junge Frau suchte Autonomie, ein eigenes, von der Familienautorität befreites Leben, auf der anderen Seite erkannte sie, dass sie als Deutsche von den Besatzungsmächten einer neuen Autorität unterworfen war.

Die Soldaten der Siegermächte übten wegen des ihnen vorauseilenden Rufes der sexuellen Gewalttätigkeit auf Evamaria S. eine angsterfüllte Attraktion aus. Sozialisiert in einer von forcierten Männlichkeitsidealen geprägten Gesellschaft, war es für die Teenagerin nur natürlich, den siegreichen fremden Soldaten auch sexuelle Attraktivität zuzuschreiben, da sie sich den deutschen Männern als militärisch überlegen erwiesen hatten. So kultivierte Evamaria S. ein ambivalentes Verhältnis zu den Amerikanern, die sie als neue Macht im Land akzeptieren, wenn auch nicht schätzen lernen musste und gleichzeitig auch als sexuelle Wesen wahrnahm.

Die Fraternisierung zwischen den Soldaten und den einheimischen Frauen beschäftigte sie sehr, war Anlass der Empörung und Verlockung. Die deutschen Mädels hätten keine »Ehre im Leib«, klagt sie in ihrem Tagebuch:

»Wenn sie schon mit den Amerikanern poussieren, sollen sie es auf ordentliche Art machen und warten, bis einer sie will und nicht umgekehrt.«

Aber die Amerikaner seien eben Männer wie die deutschen Männer auch:

»Es gibt sehr viele große und interessante Gestalten (so zum Verknallen!). Muss da nicht ein Mädchenherz auch stärker

schlagen, wenn so ein Mann sie werbend oder wohlgefällig ansieht? Ich meine jetzt nicht die gewöhnlichen Kerle, die sind wir ja gewöhnt, aber die anderen. Es ist doch ganz klar, dass es anständige Kerle dabei gibt, die nicht auf das Letzte ausgehen, sondern auch mal Unterhaltung mit einem jungen Mädel suchen. Ich kann mir das nett vorstellen.«

Einen dieser schönen und großen amerikanischen Soldaten!

Natürlich, gesteht sich Evamaria S. in ihrem Tagebuch ein, würde sie gerne einen dieser »schönen und großen amerikanischen Soldaten« kennenlernen:

»Die Leute können mich mal. Ich sage mir manchmal, die Amerikaner müssen denken, wir deutschen Frauen sind unbequem. Die eine Sorte geht immer aufs Ganze, die anderen sind langweilige Tüten. Dass es aber auch andere gibt, das wissen sie nicht. Nur eins: lieben könnte ich keinen Amerikaner, meine Liebe ist nur für den deutschen Mann da, aber so mal eine nichtalltägliche Abwechslung, so was Neues, ist auch was Nettes, überhaupt hier in der Einöde. So, nun aber Schluss, jetzt schimpfst du mich aus, dass ich die Amerikaner nicht verdonnere, sondern so was sage, oder kannst du mich etwa begreifen?«[68]

Der für sie kaum erträglichen Zeit des Nichtstuns auf dem Dorf konnte Evamaria S. in den ersten Monaten nach Kriegsende nicht entkommen, sie erhielt weder einen Passierschein noch Arbeit. Dass sie noch keinen Freund hatte, empfand die Siebzehnjährige zusätzlich als Manko. Sie fragte sich, ob sie vielleicht kalt sei, weil sie zwar schon einige sexuelle Erfahrungen hatte sammeln können, aber dabei noch nie große Gefühle verspürt habe.

Dabei ist sich das Mädchen der eigenen Inkonsequenz – oder war es nicht auch die kollektiv auferlegte Inkonsequenz eines bürgerlichen weiblichen Geschlechtermodells? – durchaus bewusst. Sie weiß selbst, dass sie mit den Männern manchmal spielt, sie ihre Launen spüren lässt:

»Mal verknallt man sich in einen, ein andermal überrumpelt einen der Mann, ein andermal weil man gerade so Lust hat; aber aus Liebe? Das erste und zweite Mal, da war mir ganz seltsam und eigenartig zu Mute. Da schüttelte mich die Erregung, da fand ich keine Ruhe. Ja, ich sah in den Spiegel, ob es mir ja niemand ansah, dass ich küsste und verliebt war. Da sehnte ich jede Stunde herbei, in der das Liebesspiel weiterging. Jeder Blick ließ mich im Inneren erschauern, jede Berührung von ihm durchrieselte mich wie etwas Fremdes, Aufregendes, aber dann – plötzlich war mir das nicht mehr recht.«

Offenbar hatte Evamarie S. ein Techtelmechtel mit einem Herrn Müller gehabt, von dem sie sich küssen ließ, ohne dass er bei ihr je den Stellenwert ihres Freundes Bruno gehabt hätte, den sie wiederum nicht an sich heranließ:

»Nein, da war ich kalt, so furchtbar spröde, obwohl ich ihn, das muss ich mir selber eingestehen, furchtbar gereizt habe, ich fühlte es ja, wie er sich ständig beherrschte, aber dann war es aus mit der Beherrschung und damit auch bei mir mit ihm, warum? Wenn ich es wüsste, aber ich kann doch nicht meine Gefühle zu etwas zwingen!«

Auch mit einem »fabelhaften« und »etwas gefährlich aussehenden« Landser sei sie ausgegangen und habe sich von ihm küssen lassen, nicht ohne dabei (angeblich) hinter seinem Rücken über ihn zu lachen:

»Er wollte mich haben, ein kurzer Kampf, ich ging weg als Siegerin, aber nicht stolz, sondern völlig ohne Gefühl für das, was vorgefallen war. Ja, das ist kalt.«

Das Hin und Her zwischen Sittsamkeit und Sehnsucht schüttelte das Mädchen an der Schwelle zum Erwachsensein durch. In einem Moment beschwor sie keusche bürgerliche Sexualmoral, wollte nur einem Mann ihr »Vertrauen« schenken, der »etwas wert« sei, dem sie »so innig und treu sein [kann], wie es nur eine Frau vermag«. Im anderen Moment wollte sie »so ein bissl poussieren« und Männer an der Nase herumführen:

»Nein, eine kalte Frau, das bin ich wohl nicht, nur etwas enttäuscht von Mutti's Aufklärungen über die Männer.«[69]

Was auch immer die enttäuschende Sicht der Mutter auf Männer gewesen war, schon im nächsten Tagebucheintrag schreibt Evamaria S., sie werde nun alle Gelegenheiten ergreifen, die sich ihr böten, und nie mehr verpassten Chancen nachtrauern:

»Jedes Mal, wenn ich geküsst nach Hause kam, diese Angst, es könnte jemand merken. O, ich Dummerle, wozu diese Qualen und Gewissensbisse. Jeder hat in der Jugend Heimlichkeiten gehabt, und die, die sie nicht hatten, kann man nur bedauern.«

Jugend unter dem Damoklesschwert der sexuellen Verwahrlosung

Die Zerrissenheit und Gewissensbisse, mit denen Evamarie S. kurz nach dem Krieg zu kämpfen hatte, dürften sich in den fünfziger Jahren fortgesetzt haben, als der Angstdiskurs über die allgemeinen Verwahrlosungserscheinungen der Jugend immer weiter anschwoll. Zwar beklagte man eine um sich greifende Lockerung der Sexualmoral, den naheliegenden Schluss, dass diese Entwicklung etwas mit der erfahrenen Kriegsgewalt zu tun haben könnte, zog man jedoch nicht, ebenso wenig wie man das im Umgang mit Gesetzesbrechern, sozial Devianten oder psychisch Erkrankten tat. Stattdessen herrschte die Meinung vor, dass alle Probleme im pathologischen Mutter-Kind-Verhältnis beziehungsweise in den nichtbürgerlichen Familienverhältnissen ihren Anfang nähmen, die angeblich verhinderten, dass die Jugendlichen lernten »sich unterzuordnen und ihre triebhaften Regungen einzuordnen«.[70]

Die Familie war in den fünfziger Jahren im Dafürhalten der Kulturpessimisten nicht nur die Keimzelle des Staates, sondern offenbar auch Ursprung von Lebensangst, Aggression, Geltungsstreben, Gefühlsleere und fehlendem Einfühlungsvermögen. Dazu kämen die viel beschworenen Gefährdungen der Moderne wie Frauenemanzipation und ausufernder Medienkonsum durch Comics, Kino und Reklame sowie andere schlechte Einflüsse auf die Jugend wie die aus dem Westen importierten neuen Musik- und Kleidungsstile. Wer sich davon anstecken ließ, vor allem als Mädchen, dem eilte schnell der Ruf der sexuellen Verwahrlosung voraus.

Selbst Opfer sexueller Gewalt, ja gerade die, konnten dieses Etikett verpasst bekommen, wie wir es am Fall von Anna K. gesehen haben, deren Schicksal auf der Flucht und in der Nachkriegszeit weiter oben bereits geschildert wurde. Hintergrund ihrer Einweisung in die Besserungsanstalt war die amtliche Diagnose der »sexuellen Verwahrlosung« gewesen. Einer Statistik zufolge sollte das auf fast achzig Prozent der Mädchen und jungen Frauen zutreffen, die in den Nachkriegsjahren in Arbeitserziehungsheime eingewiesen wurden (Jungen hingegen wurden in erster Linie wegen Diebstählen in Verwahrung genommen). Die Anlässe dieser Diagnose waren weit gefasst. Sie reichten von angeblich schamlosem Verhalten, das sich etwa in der Kleidung oder im Tanz zeigen konnte, über angebliche Selbstbefriedigung, Infektion mit einer Geschlechtskrankheit bis hin zu Promiskuität. Den Behörden, die »sexuell verwahrloste« Jugendliche in Heime steckten, ging es jedoch weniger um die Rettung der jungen Menschen, die wie Anna K. bei Kriegsende oft Fürchterliches hatten durchleiden müssen. Vielmehr ging es darum, die Gemeinschaft vor geschlechtskranken Personen, vor unerwünschter Fortpflanzung, vor Erscheinungen wie Abtreibung und Promiskuität zu schützen.

Besonders gefährdet waren heimatlose Mädchen, die vergewaltigt worden waren. Sie galten als Urheberinnen ihrer Probleme, ihre »Verwahrlosung« war Ausdruck »tiefer liegender krankhafter Charakterfehler«, einer »abnormen charakterlichen Ungebundenheit und Bindungsunfähigkeit, die auf eine geringe (oder geringer gewordene) Tiefe und Nachhaltigkeit der Gemütsbewegungen und der Willensstrebungen zurückgeht« und zu einer »Lockerung (oder Unterentwicklung) der inneren Beziehung zu sittlichen Werten führt«, so die Einschätzung des berüchtigten zeitgenössischen Kinder- und Jugendpsychiaters Werner Villinger, der im Nationalsozialismus bei Euthanasie und Zwangssterilisierung beteiligt gewesen war und nach seinem Entnazifizierungsverfahren Dekan und Rektor an der Philipps-Universität Marburg und Präsident der Gesellschaft Deutscher Neurologen und Psychiater wurde.[71]

Erhielten Jugendämter Informationen über familiäre Schwierigkeiten, gab es nach dem Jugendwohlfahrtsgesetz von 1952, das noch sehr dem Reichsjugendwohlfahrtsgesetz von 1924 ähnelte, abgestufte Maßnahmen: vom Hausbesuch und der Beratung durch die Fürsorge – davon waren vor allem sogenannte ledige Mütter betroffen – über die Freiwillige Erziehungshilfe, die Heimerziehung mit Zustimmung der Erziehungsberechtigten bis hin zur gerichtlich angeordneten Heimeinweisung. Obwohl es in den Jahren nach dem Krieg Stimmen gab, die Ursachen für die Probleme von Heranwachsenden auch in deren Umwelt zu suchen, »werden Jugendliche im Endeffekt nicht als Opfer der Umstände gesehen. Die Antwort auf ihre Not beinhaltet nicht die Bereitschaft, ihnen die Liebe zu geben, die sie brauchen. Von ihren Stärken und ihren Fähigkeiten ist an keiner Stelle die Rede«, wie eine Studie zur Thematik die vorherrschende Stimmung beschreibt.[72]

Mädchen, die »häufig wechselnde Geschlechtspartner« hatten, abgekürzt »hwg«, wurden als das ursächliche Problem betrachtet, nicht die dazugehörenden männlichen Partner. In manchen Fällen konnte es reichen, dass ein Mädchen in »schlechter Gesellschaft« gesehen worden war, zum Beispiel mit GIs, dass es sich zu stark schminkte, aufreizend kleidete – etwa in diesen neumodischen Jeans – oder spät nachts noch tanzen ging, damit sie zum Objekt öffentlicher »Fürsorge« wurde. Im schlimmsten Fall ging der Staat noch einen Schritt weiter und drängte »sitzengelassene« Mädchen, also Schwangere ohne Partner, dazu, Schwangerschaften zu beenden und sich sterilisieren zu lassen, wobei das offenbar auch ohne Zustimmung der Mädchen geschehen konnte.[73]

Die Gründe, die den Behörden zur Einweisung in ein Heim dienten, waren ganz und gar beliebig: Selbst einen Elternteil, oder gar beide, verloren zu haben, als »vagabundierend« betrachtet zu werden oder eine große Geschwisterzahl zu haben, die bedürftige Eltern überforderte, konnte den Ausschlag für eine Einweisung geben, auch wenn diese Lebensumstände nach Kriegsende natürlich nicht ungewöhnlich waren. Von den rund 1,6 Millionen Kindern und Jugendlichen, die durch den Krieg einen oder beide Elternteile verloren hatten, wurden 80 000 bis 100 000 als »bindungs-, heimat-, berufs- und arbeitslos« beschrieben und gerieten automatisch in amtliche Obhut. Niemand interessierte sich dafür, wie viele von ihnen am Ende des Krieges oder im Nachkriegsdeutschland Opfer sexueller Gewalt geworden waren oder wie viele miterleben mussten, dass ihren Müttern oder anderen Familienangehörigen Gewalt angetan wurde.

Da man glaubte, dass »sexuell verwahrlosten« Mädchen die intellektuelle Voraussetzung dafür fehlte, ihre überschießenden Triebe zu »sublimieren«, galt bei der Betreuung im Heim als hauptsächliche Therapiemöglichkeit die »ehrliche« Arbeit, das hieß vor allem tadellose Arbeit im Haushalt oder in der Industrie. Ansonsten war der Heimalltag straff organisiert wie im Kloster – viele Heime hatten schließlich auch kirchliche Träger – mit frühen Weck- und Schlafzeiten, Totalüberwachung, striktem Gehorsam und oft körperlicher Strafe bei Regelübertretung sowie unbezahlter oder fast unbezahlter Zwangsarbeit.[74] Die »Zöglinge« mussten Anstaltskleidung tragen, durften nicht lesen und nur alle vierzehn Tage nach Hause schreiben (wobei ihre Post zensiert wurde). Besuche waren nicht häufiger erlaubt als im Gefängnis. Die kasernierten Mädchen waren in der Regel älter als die Jungen und mussten länger unter der Aufsicht der Heime bleiben.

Über die Zustände in den Erziehungsheimen wird noch nicht lange offen gesprochen. Erst nachdem sich im Jahr 2004 ein Verein ehemaliger Heimkinder gegründet und die Medienberichterstattung angeschoben hatte und als Folge daraus der Deutsche Bundestag von 2009 bis 2011 einen »Runden Tisch Heimerziehung« eingesetzt hatte, lüftete sich der Mantel des Schweigens. Seither zeigt sich, wie tiefgreifend und systematisch die Gewalterfahrungen der Insassen in den fünfziger bis siebziger Jahren gewesen waren. Zum jetzigen Zeitpunkt geht die Forschung davon aus, dass sich die massiven Verletzungen der körperlichen Unversehrtheit und der persönlichen Würde aus verschiedenen Quellen speisten: ideologischen aufgrund damaliger Erziehungsvorstellungen, personellen aufgrund der Kontinuitäten zwischen der NS-Zeit und der Nachkriegszeit, institutionellen aufgrund der knappen Ressourcen in den Anstalten und strukturellen aufgrund des geschlossenen Systems, das die Außenwelt gegen das Innere der Heime abschottete.[75]

Betroffen waren zwischen 800 000 und 900 000 Kinder und Jugendliche, die zwischen 1950 und 1980 in kirchlichen oder öffentlichen Einrichtungen leben mussten. Der *Spiegel*-Journalist Peter Wensierski hat im Jahr 2006 ein preisgekröntes Buch dazu veröffentlicht, das die andauernden Menschenrechtsverletzungen in den Anstalten anschaulich schildert. Auch bei seinen Fallgeschichten handelte es sich oft um junge Mädchen, denen mir nichts dir nichts, die drohende »Verwahrlosung« bescheinigt worden war, nur weil sie zum Beispiel »Negermusik« gehört und eine Jeans getragen hatten oder zu später Stunde in Tanzlokalen aufgegriffen worden waren.

Bei Gisela Nurthen, einer seiner Kronzeuginnen, genügte zum Beispiel, dass sie als Fünfzehnjährige eine Nacht lang von zuhause ausgebüxt und in die benachbarte Großstadt gefahren war. In den Augen der Jugendfürsorger, die über das uneheliche Kind bereits eine dicke Akte führten, reichte das, um sie in ein Heim einweisen zu lassen. Gisela kam in ein Heim der Vinzentinerinnen in Dortmund. Dort durchlitt sie vier Jahre Zwangsarbeit in der hauseigenen Wäscherei, Züchtigungen, Isolationshaft, Sprechverbot, Beschämungs- und Erniedrigungsrituale durch die Klosterschwestern. Die erbarmungslose Zucht im Heim richtete sich bei ihr wie bei vielen tausend anderen Mädchen noch bis in die siebziger Jahre hinein auch direkt gegen die weibliche Sexualität. So mussten sich die Insassinnen im Vinzenzheim regelmäßig im Beisein der Erzieherinnen von einem Frauenarzt attestieren lassen, dass sie noch »rein« und »unversehrt« seien.[76] Wir können sicher sein, dass unter solchem Zwangsregime in den Heimen auch viele sexuell missbrauchte Kinder und Jugendliche sowie auch Kinder der Gewalt leiden mussten. Wenn sie großes Pech hatten, erlebten sie dort erneut sexuelle Übergriffe.

Kinder und Jugendliche als Opfer sexueller Gewalt

Wenn wir uns heute mit dem Sexualdiskurs der Nachkriegszeit beschäftigen, um zu verstehen, inwieweit die Lebenswege der Kinder der Gewalt nicht nur von individuellen familiären Strukturen, sondern auch von kollektiven Verhältnissen geformt wurden, wird klar, dass sich damals reale Gefährdungen und gesellschaftliche Ängste berührten. Denn neben der allgemeinen Angst vor Unsittlichkeit und vor der womöglich verführerischen Macht der Besatzungssoldaten gab es reale Gefahren, von denen weit weniger und meist nur in Fachkreisen gesprochen wurde. So hielt im Jahr 1963 eine Verantwortliche eines evangelischen Mädchenheims in Bretten fest, dass eine Anzahl jüngerer Mädchen im Schulalter »sexuell passiv stark geschädigte Kinder« seien.[77]

Auch der bereits erwähnte konservative Pädagoge Kurt Seelmann wies auf eine hohe Zahl sexuell missbrauchter Kinder nach dem Krieg hin. Seelmann war ein Münchner Schulleiter und Individualpsychologe, der in den sechziger Jahren die Drehbücher für nicht weniger als vier »Schulmädchen-Report«-Filme schrieb. Zuvor muss er einen bemerkenswerten Einstellungswandel vollzogen haben, denn in früheren Jahren hatte er Ratgeber für Eltern geschrieben, in denen es vordergründig um Aufklärung, aber viel mehr noch um Alarmierung ging. Sein Buch »Kind, Sexualität und Erziehung«, das von 1942 bis 1972 immer wieder neu aufgelegt wurde, steckte voller Ängste und Warnungen. Der Autor reihte eine Fallgeschichte an die andere von jungen Psychiatriepatienten aneinander, die wegen kindlicher Masturbation oder anderer »fehlgesteuerter« Sexualität auffällig geworden seien. Als Ursache dafür machte er »innere« und »äußere« Gefahren der Zeit verantwortlich. Zu den inneren gehörten die beschriebenen innerfamiliären Probleme und Entwicklungsstörungen, zu den äußeren reale Gefährdungen durch sexuelle Übergriffe. Seelmann erwähnte in der Ausgabe von 1952 die exorbitant gestiegenen Zahlen der »Sittlichkeitsdelikte mit Kindern« in der Polizeistatistik. Sie hätten etwa im Gebiet der Landpolizei Oberbayern zwischen 1948 und 1950 um sage und schreibe 1783 Prozent zugenommen, die Zahl der missbrauchten Kinder um 853 Prozent.[78] Die Zahl ist sicherlich mit großer Vorsicht zu behandeln, denn damals wurden auch homosexuelle Handlungen zwischen Halbwüchsigen als Unzucht mit Kindern gezählt. Dennoch zeigt sie, dass die Gesellschaft für ein Problem sensibel geworden war, wenn sie auch die falschen Schlussfolgerungen daraus zog.

Denn Seelmann beschäftigten nicht die Gewalttäter, sondern er hoffte, durch Erziehung und bessere Aufklärung in den Familien zu verhindern, dass sich Kinder »verführen« ließen. Schließlich seien es vor allem einsame, ängstliche, emotional vernachlässigte und wenig selbstbewusste Kinder, die sich auf einen »Verführungsversuch« eines Fremden einließen. Auch übergroße sexuelle Neugierde des Kindes und besonders rigide Elternhäuser steckten häufig hinter den Missbrauchsfällen, die von den Tätern meist mit Nettigkeiten und Geschenken eingeleitet würden. Die Konsequenz daraus müsse die ständige elterliche Ermahnung des Kindes sein:

> *»Geh niemals mit jemandem, den du nicht von uns aus kennst, auch wenn er noch so nett aussieht, freundlich ist, dir etwas schenkt oder in Aussicht stellt. Es schenkt niemand etwas her, wenn er nicht etwas dafür will. Alle Leute, die ohne Grund freundlich und freigebig sind – ohne mit uns überhaupt befreundet zu sein, haben einen Hintergedanken. Wenn sie dann noch fordern, du sollst mit ihnen gehen oder fahren, dann weißt du, dass sie bestimmt etwas vorhaben. Dann gehe auf keinen Fall mit und besonders nirgends hin, wo wenig Menschen sind, die du um Hilfe anrufen könntest.«*[79]

Hinter der Vorstellung des Verführers, der die Menschen mit falschen Versprechungen ins Unheil lockt, lassen sich unschwer Analogien zur Zeitgeschichte erkennen. Hatte nicht der »Führer« das deutsche Volk auf diese Weise ins Verderben gestürzt, und waren nicht auch die westlichen Besatzungsmächte mit ihren süßen Gaben – Kaugummi, Seidenstrumpfhose, Demokratie – eine ständige moralische Versuchung der Deutschen?

Nicht einmal bei den Spielkameraden des Kindes dürften sich Eltern sicher sein. Sie müssten diese nicht nur genau unter die Lupe nehmen, sondern auch kontrollieren, was gespielt werde. Denn wo liege schließlich die Grenze zwischen Doktorspielen und sexueller Gewalt?

> *»Wir müssen uns darüber klar sein, dass sich alles* plötzlich *verschärfen kann. Wenn zu einem solchen Spiel ein schon sexualisierter Jugendlicher hinzukommt, so kann schnell aus der Harmlosigkeit Ernst werden.«*[80]

Außerdem seien auch alle Sittlichkeitsverbrecher einmal harmlose Kinder gewesen, so Seelmann.

Was steckte also hinter dieser sorgenvollen Warnung der Eltern, eine übergroße Verführbarkeit der Kinder oder ein Übermaß an Gewaltbereitschaft in der Nachkriegsgesellschaft? Auch die Zeitschrift *Constanze* neigte in die Richtung von Seelmann. Im Jahr 1952 führte sie ein Experiment in Berlin durch, bei dem ein Reporter versuchte, mit einer Zuckertüte Kinder vom Spielplatz wegzulocken, und das in einer Gegend, in der gerade zwei »Lustmorde«, wie man damals sagte, geschehen waren. Das Ergebnis war erschütternd: Acht von zehn Kindern gingen mit.[81]

Aus heutiger Sicht wirken Seelmanns Warnungen vor der ständigen Gefährdung der Kinder allerdings überzogen. Inzwischen werden nicht mehr die Kinder verantwortlich gemacht, sondern die sexuellen Angreifer. Doch in den fünfziger und sechziger Jahren waren Verhaltensregeln für Kinder und Jugendliche, mit denen die Gesellschaft auf die Vorkommnisse reagierte, allgegenwärtig. Man kann schon von einer Hysterie sprechen, die zum Teil auf realen Grundlagen fußte, zum Teil aber auch auf der frischen Erinnerung an die sexuelle Bedrohung durch die Besatzungsarmeen. Sehr präsent war vor allem die allgemeine Bedrohung im öffentlichen Raum. Als besonders gefährlich (und deshalb für Minderjährige verboten) galten: Ruinengrundstücke, unbeleuchtete Straßen und Plätze, Hauseingänge, Bahnhofsgebäude, Wartehallen, Nachtbars und -clubs sowie, nicht zuletzt, Eingänge von Kasernen und anderen Unterkünften und Vergnügungsstätten von Soldaten.

Seelmann warnte in seinem Ratgeber »Kind, Sexualität und Erziehung« aber auch, Kinder sollten sich vor allem von Soldaten fernhalten. Sie sollten aufeinander achtgeben und bei

Verdachtsfällen gleich die Polizei rufen. Diese Warnung allein dem Sittlichkeitsdiskurs der Nachkriegszeit zuzuschreiben, wäre verfehlt, denn tatsächlich ging von Besatzungssoldaten die Gefahr sexueller Übergriffe aus, auch für Kinder. Wie viele Sexualdelikte der Besatzungssoldaten sich gegen Kinder und Minderjährige richteten, lässt sich zwar heute nicht mehr ermitteln. Die Zahl ist nicht in den von mir geschätzten 860 000 Vergewaltigungen enthalten, denn die Hochrechnung beruht auf der Datengrundlage von Frauen, die ein Kind bekommen hatten beziehungsweise im gebärfähigen Alter waren, zudem fiel Kindsmissbrauch im damaligen Polizei- und Gerichtsjargon nicht unter dieselbe Kategorie wie Vergewaltigung. Die zeitgenössischen Quellen sind in diesem Punkt nicht ergiebig, sexuelle Gewalt von Soldaten gegen Kinder und Jugendliche wurde kaum aktenkundig, auch weil es von deutscher Seite keine Möglichkeit gegeben hätte, solche Straftaten zu ahnden.

Dennoch werfen einzelne Fallbeispiele in Polizeiakten ein Licht auf die Situation. Im Sommer 1945 spielten zwei Jungen im Alter von vierzehn und fünfzehn Jahren in der sogenannten Marokkanerbaracke in Freiburg. Ein französischer Soldat lockte den fünfzehnjährigen Walter in einen Nebenraum, schloss die Tür, würgte ihn am Hals und vergewaltigte ihn mit vorgehaltenem Messer. Der Junge verschwieg das Vorkommnis verschämt. Weder seine Eltern noch seine Schwester sollten etwas davon erfahren. Jahre später verspürte er jedoch »nervöse Störungen«, und im Jahr 1960 wurde bei ihm eine Syphilis im dritten Stadium diagnostiziert. Das Opfer beantragte daraufhin eine Rente aus dem Fonds für Besatzungsschäden. Zur Beweisführung wurde eine Zeugenbefragung des damals vierzehnjährigen Freundes vorgenommen, die das Vorkommnis bestätigte.[82]

Trotzdem wurde über derartige Übergriffe kaum gesprochen. Sie unterlagen genauso wie die sexuelle Gewalt der Besatzungssoldaten gegen erwachsene Frauen und Männer einem gesellschaftlichen Schweigegebot. Stattdessen brachten die Vorkommnisse, wie wir gesehen haben, ganz andere Themen auf: eine allgemeine Angst um die Kinder und Jugendlichen, ein restriktives Klima, in dem die potentiellen Opfer selbst diszipliniert wurden. Schon damals wurde intensiv über die Glaubwürdigkeit kindlicher Zeugenaussagen diskutiert. Seit der Wende zum 20. Jahrhundert hatte sich in Fachkreisen die Lehrmeinung durchgesetzt, dass die Erinnerungen von Patienten an kindliche sexuelle Gewalterfahrung nicht von realen Ereignissen herrührten, sondern in Wahrheit den sexuellen Fantasien des Kindes entsprangen und somit nicht glaubwürdig seien.

Sigmund Freud hatte in dieser Frage eine viel beachtete Kehrtwende vollzogen, und auch andere Psychologen wie beispielsweise William Stern hatten in der Weimarer Zeit behauptet, dass Zeugenaussagen von Kindern in Sittlichkeitsprozessen grundsätzlich zu misstrauen sei. Sexualwissenschaften und Psychoanalyse verwarfen damals das Bild vom reinen und unschuldigen kindlichen Wesen und tauschten es gegen das Bild eines triebgesteuerten Wesens ein, was sich bei der gerichtlichen Begutachtung von Sittlichkeitsdelikten an Kindern entsprechend auswirkte. Dazu kam das Bewusstsein für die hohe Manipulierbarkeit oder Suggestibilität von Kindern, die es angeblich unmöglich machten, unbeeinflusste Zeugenaussagen zu erhalten.

Eine weitere sexuelle Gefährdung von Kindern und Jugendlichen nach dem Krieg, die man nur in Fachkreisen diskutierte, war jene, die von ehemaligen Wehrmachtssoldaten ausging. Es wurde vermutet, dass manche Soldaten sexuell abgestumpft und fehlgeleitet aus dem Krieg zurückgekehrt sein könnten. Die Erfahrungen, die deutsche Soldaten im Krieg gemacht hatten – sei es durch den Umgang mit Prostituierten, sei es durch die sexuelle Gewalt, die diese Soldaten an der Front oder als Besatzungsmacht verübt oder später im Gefangenenlager selbst erlitten hatten –, hätten offenbar Spuren hinterlassen, die sich nun in sexueller Perversion und Straffälligkeit manifestierten.

Das Augenmerk richtete sich zum einen auf Schwerkriegsversehrte. Eine Studie aus dem Jahr 1950, die auf Akten über Sexualdelikte im Landgerichtsbezirk Bonn basierte, stellte fest, dass der Anteil Schwerkriegsbeschädigter (mindestens fünfzig Prozent erwerbsvermindert, meistens aufgrund von Amputationen) bei den Fällen von Unzucht mit Kindern bei sechs Prozent lag und damit sehr viel höher war als der Anteil in der übrigen Bevölkerung. Da es sich in der Untersuchungsgruppe nicht um Vorbestrafte oder anderweitig einschlägig Auffällige handelte, müsse von »exogenen Einflüssen« ausgegangen werden. Als Beispiel wurde der Fall eines 1912 geborenen Bäckers genannt, der im Krieg ein Bein verloren hatte. Er hatte nachweislich 29 Kinder in einen Wald gelockt und missbraucht und wurde nach einer verbüßten Gefängnisstrafe von zwei Jahren sofort wieder rückfällig. Als Motiv wurden »Minderwertigkeitsgefühle« genannt – Schwerbeschädigte seien »im Kampf der Geschlechter benachteiligt«.[83] Auch dieses Thema ist bis heute historisch noch nicht aufgearbeitet, dürfte jedoch in der Geschichte der Sexualität in der Nachkriegszeit eine nicht unbedeutende Rolle gespielt haben.

Päderastie und Inzestproblem

Neben der Gefährdung durch Kriegsversehrte wurde in Fachkreisen auch die sexuelle Gewalt durch Kriegsheimkehrer im eigenen Familienumfeld und außerhalb als Problem erkannt. Sexuelle Übergriffe oder Gewalt gegen Mädchen und Jungen wurden auch damals schon in vierzig Prozent der Fälle von Familienangehörigen verübt – der Rest verteilte sich auf die nächste Umgebung, ein geringerer Anteil auf Unbekannte. In den fünfziger und sechziger Jahren führte man das Problem der inzestuösen Gewalt allerdings auf die Erfahrungen der Väter im Krieg zurück. Trotzdem versäumten es die Fachleute, besser gesagt: die Fachmänner, nicht, auch eine Mitschuld bei den Frauen zu suchen. In einem Vortrag über »Die Sexualität des Heimkehrers« beim 4. Kongress der Deutschen Gesellschaft für Sexualforschung in Erlangen im Jahr 1956 wies ein Referent darauf hin, dass die Ehefrau das »wesentliche Heilmittel« sei, wenn Soldaten, besonders die der »männlichen Waffengattungen« wie Flieger oder Panzer- und U-Bootbesatzungen, neurotisiert aus dem Krieg zurückkämen. Doch die Ehefrauen seien oft nicht mehr geneigt, Symptome wie Impotenz und Sexualneurose infolge demütigender Erfahrungen in Kriegsgefangenenlagern zu kurieren. So träfen die geschwächten Männer zurück in der Heimat auf selbstbewusste Frauen, die ihre im Krieg erworbene »Vormachtstellung« nicht ohne Weiteres preisgäben:

> *»Eine Angst vor der überwerteten Ehefrau zeigt sich in der Bereitschaft des Patienten, auf die eigene sexuelle Befriedigung ganz zu verzichten.«*[84]

Bei einer Tagung der Deutschen Gesellschaft für gerichtliche und soziale Medizin in München im Jahr 1952 wurde »über die Ursachen sexueller Fehlhaltungen und Straftaten bei ehemaligen Kriegsgefangenen« diskutiert. Ein Vortragender konstatierte, junge Männer, die noch in der Pubertät in Gefangenschaft geraten seien, hätten sich dadurch sexuell nicht normal weiterentwickeln können und würden auf Masturbation und »verbotene Praktiken« fixiert bleiben. Aber auch ältere Soldaten litten unter sexueller Stumpfheit oder wollten forciert die Befriedigung ihrer Triebwünsche nachholen, die ihnen jahrelang versagt worden sei. Sie suchten nach immer neuen Reizen, um die Geschlechtskraft zu induzieren, und wichen schließlich »in Richtung des geringsten Widerstandes« aus, »ins Neue, Abartige, Reizsteigernde, aber auch ins Müheloserе, Einfachere und Unverbindlichere«. Den Heimkehrern fehle es beim Sex an jeder »differenzierteren Ausdrucksgestaltung«. Auffällig sei das »Beziehungslose, das dumpf-triebhaft Drängende, das Unerotische«. Es gebe daher »interessante reaktiv-psychogene Entwicklungen von hoher kriminogener Gefahr« zu beobachten.

Der Referent berichtete vom Fall eines vierzigjährigen Mannes, der sich vor dem Krieg mühsam von seiner infantilen Sexualität habe befreien können. Im Kriegsgefangenenlager sei dieser Reifungsprozess jedoch wieder umgekehrt worden, mit dem Ergebnis, dass seine uneingestandenen sexuellen Erwartungen »zu den gröbsten Formen von Fehlhaltungen« geführt hätten. Die Hilf- und Ratlosigkeit und Fremdheit des Heimkehrers führten schließlich dazu, dass er sein sexuelles Unvermögen durch den Missbrauch von Kindern »kompensiere«.[85] Obwohl Psychiater damals generell noch dachten, dass sexuelle Störungen auf Entwicklungsstörungen oder eine vererbte krankhafte Veranlagung zurückzuführen seien, mussten sie in der Nachkriegszeit erkennen, dass die Erfahrungen in Krieg und Gefangenschaft etwas mit der Sexualität der deutschen Männer gemacht hatten und dass von den Gewalterfahrungen im Krieg sogar Kinder betroffen sein konnten.

Beim Kongress der Deutschen Gesellschaft für gerichtliche und soziale Medizin in Bonn wurde im Oktober 1953 eine Studie vorgestellt, bei der 87 nachgewiesene Vater-Tochter-Inzeste untersucht worden waren. Das wissenschaftliche Interesse richtete sich auf die Frage, wie viele der Täter längere Zeit Soldaten gewesen waren und wie viele mindestens zwei Jahre in russischer Kriegsgefangenschaft verbracht hätten. Dabei sei man, so der Rechtsmediziner Joachim Gerchow, auf neue Zusammenhänge bei den Ursachen des Inzestproblems gekommen. Inzest müsse zunehmend als ein Problem relativ unauffälliger Täter erkannt werden, deren Beziehungsstatus sich durch den Krieg verändert habe, die an Potenzstörungen infolge der körperlichen Auszehrung im Krieg litten und die Kontaktstörungen und eine »versachlichte« Einstellung zur Erotik aus dem Krieg mitgebracht hätten. Diese Täter hätten sich daran gewöhnt, ihre vitalen Bedürfnisse »an zufällige äußere Umstände« anzupassen.[86]

Auf derselben Tagung wurde auch auf die Lebensumstände der Täter hingewiesen, die das inzestuöse Verhalten angeblich befördern. In einer Untersuchung von Inzestfällen, die die Staatsanwaltschaften in Marburg, Gießen und Limburg verhandelt hatten, habe sich ergeben, dass in zwei Dritteln der Fälle schlechte Wohnungsverhältnisse geherrscht hätten sowie dass ein Viertel der Täter Ostvertriebene und Ausgebombte gewesen seien. Die Behauptung vieler Inzestverbrecher, sie hätten sich im Krieg ein Schädeltrauma zugezogen, das eine Persönlichkeitsveränderung mit sich gebracht hätte, sei in keinem Fall zutreffend gewesen. Vielmehr hätten äußere Umstände die Taten befördert:

»Wenn man die von uns untersuchten Verbrechen unter dem Blickwinkel der Nachkriegsverhältnisse kritisch zusammenfasst, dann lässt sich eine deutliche Beeinflussung der destruktiven Nachkriegssituation mit ihren Folgen wie: schlechte Wohnverhältnisse, Erwerbslosigkeit, Flüchtlingsproblem auf die inzestauslösenden Faktoren nicht übersehen.«[87]

Ob es wirklich nur die oftmals beengten Lebensverhältnisse waren, die sexuelle Übergriffe und Missbrauch in der eigenen Familie begünstigten? Oder trugen nicht doch auch die Erfahrungen der Gewalt und die Abstumpfung im Krieg erheblich zu solchen Taten bei, wie der Vorredner anregte?

Von der allgemeinen sexuellen Gefährdung von Kindern und Jugendlichen nach dem Krieg können wir momentan kein abschließendes Bild zeichnen, weil die historische Forschung dazu noch nicht weit gediehen ist. Festhalten können wir aber, dass damals reale Gefahren im öffentlichen Raum durch die Präsenz der Besatzungsarmeen weniger thematisiert wurden als die Bedrohung durch die Heimkehrer der eigenen Armee, dass sich die Gewalt aber auch in den eigenen vier Wänden abspielte und dass nicht zuletzt gesellschaftliche Ängste und Vorurteile im Kontext des Moraldiskurses den Druck auf die Entfaltung kindlicher und jugendlicher Sexualität erhöhten. Die Gesellschaft neigte dazu, die potentiellen Opfer sexueller Gewalt ins Visier zu nehmen, sprach von ihrer selbstverschuldeten Verführbarkeit, und sie suchte auf der anderen Seite im Krieg ein Motiv (und eine Entschuldigung) für die Täter.

Jugendliche als Sexualstraftäter

Ebenso schwer tat sich die Gesellschaft nach dem Krieg mit der Einordnung von Sexualstraftaten, bei denen Jugendliche die Täter waren. Auch die gehören ins Gesamtbild einer Sexualgeschichte nach dem Krieg. Die Kinder- und Jugendpsychiaterin Erika Geisler begutachtete im Jahr 1953 mehrere Gruppenvergewaltigungen von Jugendlichen im Alter von vierzehn bis achtzehn Jahren in Berlin. In einem Fall hatten sich vierzehn, im anderen neunzehn Jugendliche aus einer Berliner Wohngegend zu Banden zusammengetan und junge Mädchen sexuell missbraucht. Zur Verwunderung der Gutachterin waren die Jungen bislang nicht als kriminell aufgefallen, und sie konnte bei ihnen auch keine besonderen psychischen Auffälligkeiten feststellen. Die Täter waren scheinbar ganz normale Volksschüler, hatten Arbeit und stammten aus geordneten Handwerker- und Angestelltenhaushalten. Allerdings beobachtete die Wissenschaftlerin, dass die meisten Jungen einen Elternteil verloren hatten, was in Berlin jedoch nach dem Krieg auch nicht ungewöhnlich war. Eine Bande wurde von einem Jugendlichen angeführt, der einen »faszinierenden Einfluss« auf die anderen, aber auch auf die weiblichen Opfer ausgeübt habe. Noch in der Gerichtsverhandlung hätten die Zeugen und Angeklagten sich, bevor sie sich äußerten, immer zuerst in seine Richtung umgeschaut:

> *»Die meisten vergewaltigten Mädchen bekundeten ausdrücklich, dass sie von ihm den gewaltsamen Verkehr hingenommen haben würden ohne das Gefühl schwerer Kränkung, nicht aber den auf sein Geheiß nun erfolgenden Geschlechtsakt aller anderen Bandenangehörigen.«*[88]

Diese Aussage ist besonders erstaunlich vor dem Hintergrund der Brutalität des Geschehens:

> *»Ohne dass die beiden Banden voneinander wussten, war ihr Vorgehen von großer Gleichförmigkeit. Sie lauerten Mädchen auf und schätzten ab, ob sie für das beabsichtigte Vorgehen geeignet erschienen. Dann wurden sie an entlegene Stellen im Freien gedrängt, und hier vollzog stets der Anführer zuerst den Geschlechtsakt, während andere das Opfer mit niederlegten. Die Übrigen standen dabei, und dann führte einer nach dem anderen in bestimmter Rangfolge den Verkehr aus. Mitunter endeten die Orgien, indem alle das fast besinnungslose Mädchen umstanden, darauf hin urinierten und in diesem Akt noch einmal ihre männliche Überlegenheit erlebten.«*[89]

Bei der Befragung im Prozess erklärten die Jungen, dass sie sich der Strafbarkeit ihrer Handlungen durchaus bewusst gewesen seien, aber dennoch kein Mitgefühl oder Bedauern den Opfern gegenüber empfunden, sondern sich sogar im Recht gefühlt hätten. Sie unterschieden zwischen »sauberen« Mädchen, denen sie sich niemals genähert hätten, und Mädchen, zu denen anscheinend ihre Opfer zählten: die ihr Begehren auslösten und solch eine brutale Behandlung offenbar »verdienten«.

Angesichts dieser Fallbeschreibung fallen uns heute natürlich die Parallelen zu den Gruppenvergewaltigungen der Besatzungssoldaten in Deutschland auf. Einen Zusammenhang zwischen den Gewalterfahrungen bei Kriegsende und der sexuellen Gewalt in der Nachkriegszeit zu sehen, liegt auch deswegen nahe, weil in den Akten der Kinder- und Jugendpsychiater der fünfziger Jahre immer wieder ähnliche Vorkommnisse wie die oben geschilderten auftauchen. Dabei waren die Täter manchmal sehr jung. Kurt Seelmann berichtet in seinem Buch über die kindliche Sexualität aus dem Jahr 1951 von einem Fall, in dem ein Dreizehnjähriger sich vor seinen Mitschülern mit sexuellen Abenteuern brüstete und sie aufforderte, es ihm gleichzutun. Schließlich fand er zwei Mittäter, die mit ihm gemeinsam ein älteres Mädchen in einer Parkanlage sexuell missbrauchten.[90]

Auch in einer kriminologischen Doktorarbeit über »Sittlichkeitsdelikte Jugendlicher in der Gegenwart« aus dem Jahr 1961 an der Albert-Ludwigs-Universität Freiburg wird auf die hohe Zahl von Jugendlichen verwiesen, die »Unzucht mit Kindern« verübten. Innerhalb der Gesamtzahl der straffällig werdenden Jugendlichen sei dieses Delikt von wachsender Bedeutung. Im Bundesgebiet nahm die allgemeine Jugendkriminalität zwischen 1948 und 1952 zwar um 112 Prozent ab, die Sittlichkeitsverbrechen der unter Achtzehnjährigen aber um 147 Prozent zu. Dabei ging es in gleichen Teilen um homosexuelle Handlungen, die damals als strafbare Perversion behandelt wurden, und um sexuellen Missbrauch von Kindern unter vierzehn Jahren durch Jugendliche und Heranwachsende.

Die Entwicklung im Landgerichtsbezirk Freiburg verlief analog zur bundesdeutschen Entwicklung, was nahelegt, dass es sich keinesfalls um ein Großstadtphänomen oder um ein Problem einer Region handelte, die einen besonders hohen Anteil an Geflüchteten und Zugezogenen hatte. Die Haupttätergruppe bestand aus Jungen zwischen sechzehn und achtzehn Jahren, aber es wurden auch Fälle von sexuellem Missbrauch durch weibliche Jugendliche bekannt. Die verurteilten Fälle betrafen das Betasten von Kinderkörpern und den Versuch, den Geschlechtsverkehr auszuüben. Opfer waren sowohl Jungen als auch Mädchen sowie ganz junge, noch unterentwickelte Kinder. Es handelte sich also nicht um harmlose sexuelle Erkundungen zwischen Gleichaltrigen.

Es fällt besonders auf, dass die Taten oft gemeinschaftlich in Gruppen verübt wurden, was die Assoziation mit der sexuellen Gewalt der Besatzungssoldaten aufdrängt, die ja sehr oft Gruppengewalt war. Im Untersuchungsmaterial aus Freiburg bestand die Haupttätergruppe aus Jungen, die um 1945 herum geboren worden waren, also genau zu der Zeit, in der die Welle sexualisierter Gewalt durch die Siegerarmeen über Deutschland einbrach. Mit anderen Worten, die Täter waren in einem Klima sexueller Gewalt zur Welt gekommen. Das heißt natürlich nicht, dass zwangsläufig in ihren eigenen Familien sexuelle Übergriffe geschehen sein mussten oder dass sie gar selbst durch eine Vergewaltigung gezeugt worden waren, aber zumindest ist davon auszugehen, dass ihre Mütter und Väter und das Umfeld die allgemeine Bedrohungslage miterlebt hatten.

Inzwischen wissen wir zwar, dass sexueller Missbrauch psychische Folgen nicht nur für die Betroffenen hat, sondern auch für deren Nachkommen. Das Ausmaß der Konsequenzen für die nächste Generation nach einer kriegsbedingten Massenvergewaltigung ist jedoch noch kaum bekannt, da die Forschungen zu dieser Frage erst ganz am Anfang stehen. Entsprechende Arbeiten gibt es bislang nur in Hinblick auf häusliche Gewalt. Demnach weisen erste Erkenntnisse darauf hin, dass Kinder, die miterleben, dass die Mutter sexuell oder anderweitig gewalttätig missbraucht wird, selber mit Problemen zu kämpfen haben, die bis hin zu einem gestörten Gewaltbegriff gehen können. Sie lernen, ein derartiges Verhalten zu übernehmen, und akzeptieren womöglich Gewalt als ein Konfliktlösungsmodell.[91]

Es gibt auch Anhaltspunkte dafür, dass Kinder aus Vergewaltigungen selbst eine größere Wahrscheinlichkeit haben, Opfer von Sexualdelikten zu werden. Das Phänomen wird von Psychoanalytikern damit erklärt, dass diese Kinder weniger sicher gebundene Beziehungen zu ihren Müttern beziehungsweise Bezugspersonen erleben und deshalb leichtere Beute für Sexualstraftäter seien. Genau das vermeinte Kurt Seelmann damals bei den Sexualgewaltopfern, die er in seinem Aufklärungsratgeber porträtierte, zu erkennen. Eine hervorstechende Gemeinsamkeit der Kinder, die sich von Sexualstraftätern »verführen« ließen, so die damalige Sprache, sei ihre mangelnde Selbstsicherheit und fehlende familiäre Geborgenheit. Seelmann hat also schon damals, ohne den Zusammenhang mit dem massenhaften Missbrauch in Deutschland durch Besatzungssoldaten herzustellen, eine mögliche kausale Verknüpfung nahegelegt. Die Kinder der Gewalt waren offenbar in zwei Richtungen gefährdet: selbst Opfer sexueller Gewalt oder selbst zu Gewalttätern zu werden. Gleichzeitig wurden bei ihnen nicht der Krieg und die kriegsbedingte sexuelle Gewalt als Kontext gesehen. Kindliche und jugendliche Opfer galten vielmehr als leicht verführbar, ihre Probleme führte man auf innere und familiäre Faktoren zurück. Als Antwort darauf reagierte die Gesellschaft mit rigiden Vorstellungen und Reglementierungen der jugendlichen Sexualität.

KARL T. WOLLTE IMMER NUR, DASS ES FÜR SEINE MUTTER VORBEI SEI

Als mich Karl T. zum ersten Mal kontaktierte, war er aufgewühlt wegen einer Talkshow im Fernsehen, in der unter der Überschrift »Deutsche Schuld, deutsches Leid« in siebzig Minuten die unterschiedlichsten Schicksale von Menschen am Ende des Zweiten Weltkriegs abgehandelt worden waren. In seiner Mail ging es ihm nicht darum, eine bestimmte Opfergruppe zu privilegieren. Was ihn beschämte, war vielmehr eine der Talkshow-Teilnehmerinnen, eine alte Frau, die mit schwerer Stimme und immer noch ratlosem Blick über die Vergewaltigungen berichtet hatte, die sie bei Kriegsende als Teenagerin erleben musste. Karl T. erkannte in dieser fremden Frau offensichtlich etwas, das ihn an seine Mutter erinnerte, und es ging ihm nahe, dass dem Schicksal dieser Frau vor der Kamera nur so wenige Minuten Aufmerksamkeit geschenkt worden waren.

Es ist bezeichnend, dass er sich in diesem Moment verantwortlich fühlte, als verspürte er noch immer, lange nach dem Tod seiner Mutter, eine untilgbare Schuld gegenüber den Frauen, die nach dem Krieg von Besatzungssoldaten vergewaltigt worden waren. Als wir uns in Berlin zum Interview trafen, kam er ausführlicher auf den Impuls zurück, der ihn veranlasst hatte, mir zu schreiben:

»Deshalb habe ich Ihnen auch geschrieben. Das war ein Scheißleben für meine Mutter, sie hatte ein tolles Familienleben, aber da gab es eben auch die dunkle Seite. Mein Vater hatte auch eine dunkle Seite mit seiner Kriegsgefangenschaft und seiner Verletzung, keine Frage, aber das war schon ein sehr extremes Erlebnis für meine Mutter. Manchmal, wenn ich die Augen zumache, dann nagt es an mir, dass ich ihr das nicht habe nehmen können. So wie ein Zimmer mit einer neuen Farbe zu übermalen.«

Karl T. wurde 1955 in Berlin geboren und arbeitet als Finanzberater, was man ihm auf den ersten Blick nicht ansieht, zumindest ist er kein Wertpapierhändler wie aus dem Bilderbuch, sondern ein vorsichtiger und höflicher Mensch, der seinem Gegenüber erst einmal viel Raum gibt. Auf meine Terminwünsche konnte er sich flexibel einstellen, überhaupt hat er sich, wie die anderen Teilnehmer dieser Studie, sehr kooperativ gezeigt. Vielleicht liegt das auch bei ihm in seiner Geschichte begründet, denn er hat sich als Kind der Gewalt frühzeitig darin einüben müssen, einer Frau unterstützend beiseitezustehen. Seine Mutter Hella war Krankenschwester gewesen, nach außen so etwas wie der gute Geist einer großen medizinischen Hilfsorganisation, doch aus der Perspektive des Sohnes war sie es selbst gewesen, die dringend Hilfe benötigt hätte.

Eine Berliner Kindheit

Das Leben von Hella T. begann im Jahr 1921 in einem Frauenhaushalt mit der Mutter Henriette, geboren 1892, von Beruf Köchin und später Inhaberin eines Seifengeschäfts, und mit zwei Tanten. Ihr Vater, ein Textilunternehmer, war schon bald nach ihrer Geburt gestorben, aber die tüchtige Henriette schmiss den Laden, und so konnte Hella mit allen Aussichten auf ein prosperierendes Leben aufwachsen. Sie besuchte ein Mädchengymnasium, spielte Klavier und war so gut darin, dass sie eine Zeit lang sogar mit einer Karriere als Pianistin liebäugelte, doch dann wurde ihr der von der Mutter verstärkte Drill am Klavier doch zu viel, und sie beschloss, Kinderärztin zu werden.

»Sie ist sehr diszipliniert aufgewachsen, gerade was Trainieren, Lernen und Klavierspielen angeht, was sich später merkwürdigerweise alles erledigt hatte. Als Mutter war sie nicht mehr so disziplinierend. Sie hat gesagt: ›Wenn du was machen willst, okay, dann mache es, ich unterstütze dich dabei‹, aber fordernd war sie nie.«

Viel weiß Karl T. nicht über die Kindheit und Jugend seiner Mutter, man habe nicht detailliert über die Vergangenheit gesprochen. Er weiß, dass sie bei den Olympischen Spielen 1936 in Berlin an den Gymnastikvorführungen teilnahm, wohl im Rahmen ihrer Mitgliedschaft im Bund Deutscher Mädel. Da war Hella T. fünfzehn Jahre alt, und sie fand es in der Hitlerjugend »zum Kotzen«, wie sich ihr Sohn ausdrückt.

Die Familie mütterlicherseits war sehr gläubig. Jeden Sonntag ging es in die Kirche. Das könnte erklären, warum die Familie dem Nationalsozialismus gegenüber kritisch eingestellt war. Bei einer Parade, die genau am Seifenladen der Familie vorbeiführte, habe die Großmutter das Schaufenster mit Hakenkreuzfähnchen dekoriert, wie man das damals machte, aber sie habe die Fähnchen in Klopapierrollen gesteckt.

»Da kam Göring, der da in der Gegend häufiger war, vorbei und sagte zu ihr: ›Frau B., finden Sie das nicht ein bisschen

despektierlich?‹ Und da meinte sie: ›Wieso? Muss der Führer nicht aufs Klo?‹«

Mit Autoritäten habe die Familie immer Schwierigkeiten gehabt, sagt Karl T. Seine Mutter brachte ihm bei, er solle, wenn es ihn im Bauch rumore, den Mund aufmachen, selbst wenn ihm das Nachteile bringe. Das habe ihm in der Schulzeit und in der Universität das eine oder andere Mal Ärger eingehandelt.

Als sie älter wurde, entwickelte Hella T. eine große empathische Ausstrahlung. Eine Szene fällt Karl T. ein, als eine Freundin seiner Mutter mit einem Baby zu Besuch war, das schrie und schrie und nicht aufhören wollte. Seine Mutter habe das Kind auf den Arm genommen, und es sei sofort völlig ruhig und entspannt gewesen:

»So ging es vielen, die von ihr betreut wurden. Das hatte sicher auch mit ihrer Ausbildung als Krankenschwester zu tun, aber das kam auch aus ihr heraus. Bei meiner Mutter fühlte man sich geborgen.«

Krieg

Als Hella T. achtzehn Jahre alt war, brach der Krieg aus. In den folgenden sechs Jahren rückten die Frauen eng zusammen, auch die Schwestern der Großmutter. Sie trafen sich jedes Wochenende. »Man steht zusammen, man teilt«, war ihre Devise. Diesen engen Familienzusammenhalt, glaubt Karl T., kenne man heute nicht mehr so:

»Das war eine Familie, wie man sich Familie so in Südeuropa beispielsweise vorstellt.«

Der Krieg zerstörte die Lebensgrundlage und die Pläne der

Familie. Erst wurden sie ausgebombt. Mit dem Wenigen, das sie noch aus dem Laden hatten retten können, zogen sie auf einem Bollerwagen durch Berlin. Dann trat Hella T. in den Lazarettdienst ein. Das war zwar kein Medizinstudium, wie sie es sich erhofft hatte, aber sie sagte sich, das sei nun eben ihr Weg, sich um Menschen zu kümmern. Diese Haltung behielt sie ihr ganzes Leben lang bei. Bis zu ihrem Tod war und blieb sie immer die hilfsbereite Krankenschwester.

Karl T. sagt, er sei sich heute nicht sicher, wie er das bewerten solle. Andere seien schließlich aus dem Krieg zurückgekommen und hätten dann trotzdem noch einmal neu angefangen. Seine Mutter habe sich aber offenbar froh und glücklich in ihrem Beruf gefühlt. Außerdem habe auch sein Vater seine Berufswünsche aufgeben müssen. Otto T., 1924 in Berlin geboren, hatte eigentlich Goldschmied werden wollen, aber musste die Lehre abbrechen. Er arbeitete schlussendlich als Dezernent bei einer Rentenversicherungsanstalt.

Nur ein Flüstern aus der Vergangenheit

Von dem, was seiner Mutter am Ende des Krieges geschah, wusste Karl T. lange Zeit nichts. Er und seine ältere Schwester, die aus einer früheren Beziehung seiner Mutter stammte, hätten viele Jahre nur die Auswirkungen zu spüren bekommen, Symptome, die auf alle möglichen Ursachen hätten deuten können. Aber je älter der Sohn wurde, umso weniger Sinn habe das alles ergeben: War es eine psychische Erkrankung? Alkoholismus? Das passte irgendwie nicht zu seiner Mutter. Auch gingen ihm die Erzählungen seiner Großmutter nicht aus dem Kopf. Immer wenn sie ihm dabei half, seine langen Haare zu föhnen, erzählte die Großmutter ihm vom Krieg, wie stolz sie auf ihr Geschäft gewesen sei und darauf, wie sie sich trotz der Ausbombung durchgeschlagen hätten mit ihrem Leiterwagen, wie sie immer ihre Tochter an die Kandare habe nehmen müssen beim Klavierüben:

> *»Ich habe natürlich auch Fragen gestellt. Diese schwachsinnigen jugendlichen Fragen.«*

Karl T. pubertierte mitten in die Achtundsechzigerzeit hinein, in der gerade in Berlin das Thema Krieg unausweichlich war:

> *»Mein Vater hat immer postuliert, wieso muss ich auf Menschen schießen, die mir nichts getan haben? Dieser Satz hat mich begleitet. Er war drei Jahre in Gefangenschaft. Hatte eine schwere Schulterverletzung. Er hat im Lazarett geübt, seinen Arm zu bewegen. Da war auch das Thema russische Gefangenschaft, Viermächte-Status, Deutschland wurde geteilt, viele Soldaten in Berlin. Wie führten die sich auf? Auf direkte Fragen an meine Mutter oder an meinen Vater kam null Antwort.«*

Sein Vater habe ihm nur einmal anvertraut, dass er von russischen Frauen auf dem Weg ins Kriegsgefangenenlager beschimpft worden sei. Da habe er gesagt: »Da müssen wir uns nicht wundern.« Das war, was er an seinem Vater geschätzt habe. Dass es politische Gespräche geben konnte, die auch Raum für Meinungsverschiedenheiten zuließen. Jeder durfte sich seine eigene Meinung bilden und auch die Ansichten des anderen in Zweifel ziehen:

> *»Das schildert die ganze Atmosphäre im Elternhaus: Wenn ich Rat brauchte, habe ich zwar Rat bekommen, aber sie sagten dazu: ›Das ist unsere Meinung, wenn du eine andere hast, ist das völlig okay.‹«*

Nur über eine Sache konnte offenbar nicht geredet werden.

Wenn das Gespräch um das Kriegsende in Berlin kreiste, hielt sich Hella T. immer bedeckt. Sie sagte nur einen Satz:

»Da kamen halt die Alliierten und haben sich genommen, was sie brauchten.«

Diesen Satz konnte der Sohn nicht verstehen. Bis ihm seine Großmutter eines Tages, als sie wieder beim Haarföhnen im Badezimmer saßen und über den Krieg sprachen, ein Licht aufsteckte. Als Karl T. wissen wollte, was seine Mutter damit meinte – »Sie nahmen sich, was sie brauchten« –, erzählte ihm seine Großmutter, was geschehen war. Endlich wurden Situationen in seinem Elternhaus erklärbar. Zum Beispiel, warum seine Mutter keine Dunkelheit ertrug.

Licht ins Dunkel

Bis Karl T. in unserem Interview von der Vergewaltigung erzählen kann, lässt er sich viel Zeit. Auch scheint er das Geschehen zunächst im Vagen belassen zu wollen, wie seinerzeit seine Familie. Dann sei »das« passiert, sagt er, und als ich wissen will, was er meine, antwortet er:

»Das, worüber Sie das Buch schreiben.«

Es fällt ihm offenbar schwer, sich vom Schweigegebot der Mutter zu lösen, obwohl sie längst verstorben ist. Dass ihre Mutter etwas von ihrem Unglück preisgegeben hatte und ihr Sohn von ihrem Schicksal erfahren hat, darüber war Hella T. schließlich zeitlebens unglücklich gewesen:

»Es ist natürlich nie detailliert erzählt worden, das muss man auch nicht haben. Meine Mutter konnte und wollte nicht darüber reden. Auf der einen Seite sind das Narben und Wunden, zum anderen wollte sie ihre Kinder nicht damit

belasten. Als meine Großmutter davon erzählte, hat sie gesagt: ›Bist du wahnsinnig, belaste doch den Jungen nicht.‹ Sie wollte uns halt schützen. Sie wollte ihre Familie nicht mit dem Thema belasten – dieser Satz ist ein ziemlicher Hammer für mich, aber so war es. Ich habe dann meiner Großmutter immer mehr Fragen gestellt, aber davon durfte meine Mutter nichts wissen.«

Die Pubertät, die Studentenrevolte, auch die wachsenden Aggressionen gegen die Eltern in diesem Alter, die hätten auf seiten der Kinder zwar die Schweigeblockaden gelöst. Aber auch sein Vater habe auf Nachfragen immer spröde reagiert und den Sohn darauf hingewiesen, die Sache lieber ruhen zu lassen:

»Wenn es um Krieg ging und die Zeiten danach, hatte meine Mutter sofort ein versteinertes Gesicht. Selbst noch am Totenbett, auf dem sie scheinbar nur noch mich erkannt hat, als sie unter Morphium stand und halluziniert hat, hat sie nie davon etwas erzählt. Das war alles verkapselt, das war eingeschlossen.«

Die Gelegenheit, mit seiner Mutter direkt über die Vergewaltigung zu sprechen, habe sich nur ein einziges Mal ergeben, im Beisein der Großmutter. Erst da sei ihm der ganze Umfang des Ereignisses klar worden:

»Sie ist in einen Keller geschleppt worden und elf Mal von Russen vergewaltigt worden. Fünf Leute waren es, und das hat sich in ihr Leben eingebrannt, damit kam sie nicht klar. Sowie es dunkel wurde, wurde sie nervös.«

Hella T. hatte damals im Lazarett gearbeitet und deutsche Soldaten versorgt. Das hätten ihr die Sowjetsoldaten verübelt:

»Sie haben sie aus dem Lazarett herausgerissen, ich weiß nicht, welches das war, haben sie erst noch arbeiten lassen und ihr dann das widerfahren lassen.«

Tatort sei der sogenannte Leichenkeller des Krankenhauses gewesen, seine Großmutter sei Zeugin des Gewaltakts geworden. Die Dinge, die daraus folgten, hätten er und seine Schwester immer merkwürdig und abscheulich gefunden.

Eine »Jekyll and Hyde«-Person

Nach dem Krieg arbeitete Hella T. zunächst weiterhin im Lazarett, dann beim Roten Kreuz und in verschiedenen Krankenhäusern. Ihre große Liebe hatte sie im Krieg verloren: Ein angehender Arzt, den sie heiraten wollte, hatte an die Front gemusst und war dort gefallen. Für die Familie »plätscherte das Leben so weiter«, wie sich Karl T. ausdrückt, seine Großmutter machte keinen neuen Laden auf, sondern arbeitete nur noch als Köchin. Sie schlugen sich durch und unterstützten sich gegenseitig, so gut es ging. Im Krankenhaus bekam seine Mutter Essen und Geld, das half in der unmittelbaren Nachkriegszeit. Sie lernte einen Mann kennen, wurde schwanger, die Beziehung scheiterte. Dann heiratete sie einen zuverlässigen Angestellten bei einer Rentenversicherung:

»Meine Eltern waren sich nah und eins, aber es war auch klar, dass jeder vom anderen wusste, dass der andere vorher eine Liebe hatte. Meine Schwester ist nicht die leibliche Tochter meines Vaters, die hat er adoptiert. Auch das wurde nicht thematisiert.«

Als nach außen normale Familie, durchgerüttelt vom Krieg

und von den üblichen biografischen Brüchen, lebten sie ihr Leben. Wenn da nicht der Alkohol gewesen wäre:

> *»Wenn ich aus der Schule kam, habe ich regelmäßig gedacht: Wie ist sie drauf? Ich kann Ihnen sofort bei jedem Menschen sagen, ob er trinkt oder nicht, das sehe ich sofort – an den Augen, am Gesicht, der muss nicht einmal was sagen. Da hat sich eine irre Sensibilität bei mir herausgebildet.«*

Er wisse, ein Bier oder ein Wein seien nicht verwerflich, aber er habe erlebt, wie sich das Trinken verselbstständigen könne:

> *»Wir waren uns alle bewusst, dass wir eine Jekyll-and-Hyde-Person zuhause haben.«*

Auch wenn seine Mutter nie aggressiv wurde (»die ist einfach ruhig geworden, hat dagesessen und einfach gestarrt«), fiel dem Sohn eine Beschützerrolle zu. Nach außen war Hella T. eine Frau des schnellen Wortes, sie konnte ganze Säle voller Menschen unterhalten und zum Lachen bringen:

> *»Sie war einfach eine fröhliche, offene Frau, deren Lachen ansteckte. Und dann gab es die dunkle Phase, da hat sie es auch bei offiziellen Einladungen zum Beispiel nicht geschafft, sich zurückzunehmen. Man konnte ja auch nicht immer dabeistehen und aufpassen.«*

Es gab Situationen, zum Beispiel beim Abschlussball der Tanzschule, da durchlebte Karl T. Höllenqualen: Wie viel würde seine Mutter trinken? Vor allen Mitschülern und Freunden? Er wollte natürlich nicht, dass sie das miterlebten:

> *»Ich hatte auch Schwierigkeiten damit, wenn Freunde oder Mitschüler mit nach Hause kamen am Nachmittag, weil ich nicht wusste: Was ist denn da jetzt? Wenn ich vom Handballtraining nach Hause kam, bin ich ins Wohnzimmer*

gegangen – meine Mutter saß häufig im Sessel – und konnte schon an der Haltung ihres Kopfes sehen: ja oder nein. Dann war der Abend für mich schon gelaufen. Sie hat erst Bier getrunken, dann vor allem harte Sachen, dann hat sie auch Flaschen versteckt. Im Krankenhaus hat sie dann auch Tabletten genommen, die den Effekt verstärkt haben.«

In den ersten Jahren habe sein Vater das Alkoholproblem von Hella T. ganz gut »betreut und begleitet«. Aber nachdem die Kinder erfahren hatten, was ihr bei Kriegsende zugestoßen war, da habe sich bei seinem Vater merkwürdigerweise etwas verändert. Er zog sich zurück. Viele Jahre später, er hatte dann schon eine Geliebte, sei er auch massiv geworden und habe seine Frau geschlagen, wenn sie mal wieder heftig getrunken hatte. Schlussendlich trennte er sich von ihr:

»Ich fand das nicht gut, dass er sich getrennt hat. Ich habe ihn dann mal richtig angeschossen, dass er wohl nicht der richtige Partner für meine Mutter gewesen war, um sie von den ganzen Dingen wegzukriegen. Heute weiß ich, das war eine völlig schwachsinnige Aussage. Ein normaler Mensch schafft das gar nicht.«

Die Ohnmacht

Natürlich versuchte die Familie, die Mutter vom Alkohol wegzubringen, aber Hella T. weigerte sich, eine Entziehungskur zu machen. Sie sei gar nicht alkoholabhängig, sagte sie, was für eine Alkoholikerin nicht überraschend ist. Dass ihr gesamtes Umfeld aber zu ihrer Krankheit geschwiegen habe, beschäftigt Karl T. bis heute. Sie habe ja ihren Arbeitsplatz nicht verloren, obwohl bekannt war, dass sie alkoholkrank war. Ihr Arbeitgeber habe sie lediglich nach Hause geschickt, wenn sie zu offensichtlich betrunken war.

Karl T. glaubt, dass seine Mutter zwei Personen in sich hatte: Die eine habe die Welt umarmt, half allen, pflegte andere, auch ihre eigene Mutter und selbst die neue Freundin ihres Mannes, die an Krebs erkrankte und innerhalb kurzer Zeit verstarb. Es war ihre Bestimmung, anderen zu helfen. Wenn sie ihren Willen bekommen wollte, konnte sie alle niederreden, etwa wenn sie wollte, dass ihr Sohn sie auf eine Veranstaltung, bei der sie als Krankenschwester Dienst hatte, begleiten durfte. Sie wurde von allen geliebt, für das, was sie tat, und für das, was sie war. Die andere Frau in ihr war auf der dunklen Seite, wie sich ihr Sohn ausdrückt, und die habe niemand gekannt außerhalb der Familie:

> *»Die haben wir natürlich auch nicht öffentlich gemacht. Ich habe mich geschämt für sie.«*

Im Alltag habe Hella T. funktioniert:

> *»Aber wenn sie alleine war, wenn ich beim Sport war, und da war ich viel, weil ich außer Haus glücklicher war als innerhalb, dann hat sie sich in ihre Gedankenwelt und in ihre Träume zurückgezogen und in den Alkohol. Das geht ja ganz schnell. Dann wurde halt eine halbe Flasche Wodka ausgetrunken, dann waren die bösen Geister weg.«*

Im Alter von 69 Jahren erkrankte Hella T. an Eierstockkrebs. Sie glaubte, dass der Alkohol Einfluss auf ihre Erkrankung gehabt hatte, und nahm die Diagnose als Warnschuss: Von einem Tag auf den anderen hörte sie auf zu trinken. Doch sie lebte nur noch zwei Jahre. Der Sohn und auch ihr Mann, der nach dem Tod seiner Freundin zu Hella T. zurückgekehrt war, blieben in dieser schweren Zeit eng an ihrer Seite:

»Sie wollte leben, sie war eine Kämpferin.«

Vater und Sohn fuhren sie zur Chemotherapie und halfen ihr dabei, weiter ein möglichst normales Leben zu führen. Trotz ihrer Krankheit wollte sie immer noch anderen Menschen helfen. Es kam sogar vor, dass sie in einer Selbsthilfegruppe den anderen Mitpatienten erklärte, wie sie mit der Krankheit umgehen sollten:

»So war sie. Sie hat immer nur gesehen, wenn es anderen schlecht ging. Die anderen waren immer wichtiger. Die Mutter, die Kinder, der Mann, man konnte sie immer anrufen, und dann war sie zur Stelle.«

Zum Schluss saß sie oft in ihrem Sessel, mit im Schoß gefalteten Händen, und sah aus dem Fenster:

»Da wusste ich, jetzt denkt sie daran, was damals war und wie es dazu gekommen war.«

Er habe eine tolle Kindheit und Jugend gehabt, stellt Karl T. fest, weil seine Eltern immer für ihn da gewesen seien, ihn unterstützt und ihm gleichzeitig Freiraum gelassen hätten. Und gleichzeitig sei seine Kindheit sehr belastet gewesen:

»Wenn man von der Schule, vom Sport oder später von der Uni zurückkam und die Tür aufmachte und nicht wusste, was passiert jetzt? Die Bauchschmerzen, die ich da bekam, die spüre ich heute noch. Aber noch viel schlimmer war: Die Pullen kann man ja wegnehmen, aber man ist so hilflos, wenn man gar nicht weiß, was man tun kann, man kann das Ereignis, das es primär ausgelöst hat, nicht auslöschen.«

»Das nimmt man ins Leben mit«

Auch Nicht-Besprochenes hat Wirkung. Doch die Zusammenhänge immer präzise zu benennen, ist schwierig, auch weil vorhandene Symptome nicht direkt auf die Ursache eines tiefer liegenden Problems verweisen. Karl T. sagt, das nur halb gelüftete Geheimnis seiner Mutter habe vielfältige Auswirkungen auf ihn gehabt. Einige dieser Auswirkungen sind ohne Weiteres erklärbar, etwa dass Karl T. es bis heute kaum ertragen kann, eine Frau Alkohol trinken zu sehen. Das sei für ihn die Hölle: Wenn eine Frau in seiner Anwesenheit betrunken ist, möchte er am liebsten aufstehen und gehen. Andere Auswirkungen lassen sich schwerer greifen. Ob das Schicksal seiner Mutter auch sein Selbstbild als Mann beeinflusst hat, könne er nicht sagen. Er wisse nur mit Sicherheit, dass für ihn Sexualität nichts mit Gewalt zu tun haben dürfe:

> *»Das kann ich nicht, würde ich niemals tun. Für mich bedeutet Sexualität Zärtlichkeit.«*

Wenn er von Vorkommnissen wie bei der Kölner Silvesternacht 2015 höre, als Frauen teilweise massiv bedrängt und sexuell belästigt wurden, empfinde er keinen Funken Toleranz. Hat er Angst davor, dass er sich als Mann ähnlich verhalten könnte? Dass es Situationen geben könnte, bei denen ihm selbst die Sicherung durchbrennt?

> *»Mein Vater hat ja meine Mutter ab und zu mal geschlagen. Für meinen Vater war es Betrug, wenn sie trank, das hat er als Nichteinhalten der Absprache empfunden. Da hat man zugeschlagen. Diese Situation ist bei mir auch ein- oder zweimal in einer Beziehung passiert. Das ist schon viele Jahre her, ist mir aber passiert. Aus einer Situation heraus, als ich betrogen*

worden bin. Da bin ich richtig erschrocken. Das, was in der Familie passiert, nimmt man ins Leben mit.«

Andere Episoden aus der Vergangenheit, die ihn bis heute sichtlich beschäftigen, sind Momente, in denen sich Fremde über seine betrunkene Mutter lustig gemacht haben. Ein solches Verhalten finde er noch immer abscheulich. Die schmerzhaften Erinnerungen machen sich an bestimmten Gelegenheiten fest, an Elternabenden, an Weihnachten und anderen Festtagen, die wegen der Sucht von Hella T. unkalkulierbar verlaufen konnten. Dass Karl T. unter den Erinnerungen bis heute leidet, gehört zu den indirekten Auswirkungen der Vergewaltigung der Mutter – die Scham hat sich auf ihn übertragen.

Was wäre für Karl T. anders gewesen, wenn seine Mutter damals angemessene Hilfe bekommen hätte, zum Beispiel durch eine psychotherapeutische Intervention? Karl T. glaubt, dass sich das auch auf ihn positiv ausgewirkt hätte:

»Vielleicht auch gemeinsam als Familientherapie, wenn man ihr gesagt hätte: ›Guck mal, was das mit deiner Familie macht.‹«

Was hätte sich dadurch in seinem Leben geändert? Der Finanzberater ist sich sicher, es hätte ihn dann als Kind und Jugendlichen nicht immer aus dem Haus getrieben. Auch wäre ihm die Außenwirkung der Familie weniger wichtig gewesen:

»Ich habe heute noch ganz wenig Vertrauen zu anderen Menschen. Die Gedankenwelt damals war: Wissen das meine Mitschüler, sind ihre Eltern mit meinen Eltern noch etwas trinken gegangen? Diese Unsicherheit war für mich total belastend. Zum Beispiel am nächsten Morgen nach dem

Elternabend in die Schule zu kommen, das war ganz schlimm. Deshalb bin ich heute bei den meisten Menschen sehr vorsichtig. Ich erzähle nicht viel.«

Seine Schullaufbahn verlief durchschnittlich, auch das rechnet Karl T. den wechselhaften Zuständen zuhause zu. Den guten Notendurchschnitt, den er gebraucht hätte, um Architektur, sein Wunschfach, zu studieren, habe er verpasst, weil er sich in der Schule nur selten angestrengt habe, nur im Sport und in den Naturwissenschaften. Er studierte zunächst bis zum Vordiplom Physik und Mathematik, danach Betriebswirtschaft:

»Ich habe es laufen lassen und dachte mir, schauen wir mal, was passiert. Vielleicht wäre es besser gewesen, an einer Sache dranzubleiben.«

Wenn er auf seine Vergangenheit zurückblickt, sieht er einen Jungen, der immer »total angespannt und unaufgeräumt« gewesen sei:

»Ich wollte meine Mutter davon wegkriegen, ich wollte auch die Gedanken von ihr wegkriegen, ich wollte diesen Russenscheiß wegkriegen, ich wollte einfach, dass sie das alles hinter sich lässt, aber ich habe keinen Weg gefunden. Ich war viel zu jung, das war nur ein Gefühl, ich hatte keinen Plan. Selbst wenn ich einen Plan gehabt hätte, ich weiß nicht, ob das geklappt hätte.«

Seine Schwester zog früh von zuhause aus:

»Die war dann weg, aus der Nummer raus. Als ich nach dem Studium nach Portugal ging, war ich auch aus der Nummer raus. Da wurde ich auch entspannter. Ich habe meine ganze Kindheit und Jugend angespannt erlebt. Ich war immer unter Stress. Nicht als Person hat mich meine Mutter gestresst, son-

dern damit, wie ich sie sah. Es war eine Befreiung, nicht mehr zuhause zu sein.«

Karl T. gesteht, dass ihn das Gefühl aus der Kindheit bis heute nicht ganz verlassen habe: das »Was wäre wenn«-Gefühl. Die Verantwortung für das Wohl seiner Mutter. Wenn er eine Frau trinken sehe, kämen sie wieder, die innere Aufgewühltheit und die Aggression. Er würde die betreffende Person dann am liebsten fragen, ob sie verrückt sei. Das hätte er damals auch bei seiner Mutter tun wollen. Er hätte sie gerne an die Hand genommen und gesagt:

»Komm, wir machen jetzt mal die andere Tür auf, und dahinter ist es hell.«

Die Bilder in seinem Kopf sind geblieben. Noch heute, wenn er nach Hause komme, müsse er erst einmal kontrollieren, ob alles in Ordnung ist, erst dann könne er sich entspannen:

»Es geht um die Stimmung in den Räumen, das begleitet mich jeden Tag. Und auch dieses Unruhige. Meine Mutter war viel unterwegs, kann sein, dass sie auch nicht zuhause sein wollte, um sich der Dunkelheit nicht auszusetzen. In unserer Familie wurde immer gearbeitet, immer fleißig. Der Spruch meines Vaters war: ›Geht nicht, gibt's nicht.‹ Meine Mutter war eine Gartentante, die konnte ja nicht stillsitzen, sie hatte den Spitznamen Zigeuner, weil sie so schnell braun wurde. Dann hat sie die Pflanzen gemacht, mein Vater hat am Haus herumgebastelt. Meine Mutter war ständig auf dem Sprung und musste wohin. Das ist bei mir auch so: Ich muss immer was tun.«

Ist diese Rastlosigkeit ein indirektes Erbe der Gewalt? Karl T. empfindet sein Leben als sprunghaft. Immer wieder habe er etwas Neues angefangen.

Ob auch die Probleme in seinen Beziehungen mit der Vergangenheit zu tun haben, fragt sich Karl T. häufig. Vergeblich hat er sich eine stabile Partnerschaft gewünscht, seit 1994 ist er von der Mutter seines Kindes getrennt. Auch spätere Beziehungen zerbrachen, obwohl er sich schon einmal in eine Paartherapie begeben habe.

Zum Schluss unseres Gesprächs sagt Karl T. noch etwas, das aufblitzen lässt, wie sehr ihn die Vergewaltigung seiner Mutter bis heute belastet. Noch an ihrem Sterbebett, als die Ärzte meinten, er müsse sie jetzt gehen lassen, habe er es nicht geschafft, ihr zu helfen:

»Ihr die Schwärze zu nehmen, den Alkohol, die Krankheit, die Bilder. Ich habe es nicht geschafft, ihr die Traumata, die Bilder und Erlebnisse zu ersetzen. Das Erlebte so verblassen zu lassen, dass das, was da ist, das Leben mit der Familie, zehnmal schöner ist als der Scheißdreck, den sie damals erlebt hat. Das ist für mich schwierig. Das treibt mich um.«

Weil er wisse, wie viel Gutes sie für andere getan habe. Das hätte er ihr gerne zurückgegeben:

»Wir hatten ja schöne Momente, wenn wir verreist sind, zum Wandern in die Berge, oder wenn wir am Meer waren, mit der Familie herumgealbert haben, Momente vor dem Abend, der dann schwierig wurde. Das sind Dinge, die mir nochmal hochkommen. Es gibt Dinge, die im Leben richtig blöd waren, die man aber nicht wegnehmen kann. Man hätte so gerne, dass es aufhört.«

Als wir uns schon fast verabschieden wollen, fallen Karl T. noch zwei Geschichten ein, die für sein Leben eine besondere Bedeutung bekommen haben. Die eine war ein Vortrag des inzwischen verstorbenen Altkanzlers Helmut Schmidt. Dieser habe erzählt, dass er seinem Nachbarn, einem Installateur, aus einem finanziellen Engpass geholfen habe. Der Installateur habe gesagt, er könne doch einen Bundeskanzler nicht anpumpen. Aber Schmidt soll erwidert haben, er solle sich keine Gedanken machen. Menschen müssten sich gegenseitig helfen, egal welche Stellung sie hätten. Das war auch das Mantra in seiner Familie, sagt Karl T.

Seine zweite Anekdote ist ganz ähnlich. Sie dreht sich um George Harrison, ein Bandmitglied der »Beatles«, der 2001 an Lungenkrebs gestorben ist. Als er schon auf dem Sterbebett lag, habe er seinem Freund Ringo Starr noch Hilfe angeboten:

> *»So war meine Mutter auch. Als sie starb, hat sie sich noch um uns gekümmert und wollte, dass es uns gut geht. Aber das ist nun einmal das Leben. Wir haben das, was wir haben.«*

Die Verstrickung in unsere Familiengeschichten

Für die Kinder der Gewalt, die in diesem Buch befragt wurden, ist es offensichtlich, dass ihre Familiengeschichte für ihr Leben bedeutsam war. Sie sehen sich nicht unbedingt als Traumatisierte, aber die volkstümliche Sicht, wonach sich die Sünden der Väter an den Kindern »bis ins dritte und vierte Glied« rächten, ist für sie ohne Weiteres nachvollziehbar. Doch während für sie und viele Laien feststeht, dass belastende Erfahrungen eine, ja sogar zwei oder drei Generationengrenzen überspringen können, ist die Fachwelt in dieser Frage noch keineswegs einer Meinung.

Man könnte sagen, die volkstümlichen Vorstellungen zur transgenerationalen Weitergabe von Traumata sind den fachlichen Erkenntnissen enteilt. Das hat mit dem Zirkulieren von Wissen zu tun: Traditionelle Vorstellungen und erste Berichte über wissenschaftliche Erkenntnisse haben sich verknüpft, wurden durch Medien aufgeblasen, finden neue Berufsgruppen wie zum Beispiel Traumatherapeuten, die wiederum rege publizieren und als Multiplikatoren wirken. So gibt es inzwischen eine Fülle von einschlägigen Darstellungen und biografischen Erzählungen vererbten Leids, und viele Deutsche identifizieren sich mit der Idee, dass sich die Folgen von Krieg und Nationalsozialismus bis heute nachhaltig in ihrem Leben bemerkbar machen. Wie genau die Weitergabe von Erfahrungen, Gefühlen, Belastungen über mehrere Generationen hinweg vorstellbar ist und ob es sich dabei wirklich immer um Traumata im medizinischen Sinne handeln muss, soll uns im Folgenden beschäftigen.

Das Problem der Weitergabe von Traumata an die Nachkommen wurde zuerst und am intensivsten anhand der Kinder einer Gruppe diskutiert, die von den Verbrechen der Deutschen am stärksten betroffen gewesen sind, den Holocaustopfern. Dabei hat sich herauskristallisiert, dass die Nachkommen traumatisierter Verfolgter zumindest eine erhöhte psychische Verletzlichkeit (Vulnerabilität) davongetragen haben könnten. Mitte der achtziger Jahre war es ausgerechnet ein Psychologe aus Israel, Dan Bar-On, der einen Schritt weiter ging und die Erkenntnisse über die Belastungen der Kinder von Holocaustopfern mit den Belastungen der Kinder von NS-Tätern verglich. Seine These, dass sich bei Täterkindern vergleichbare Probleme finden ließen wie bei Opferkindern, löste damals international großes Aufsehen aus. Bar-On erklärte den Befund, den er aus vielen Dutzenden von Interviews mit Deutschen destilliert hatte, damit, dass das Schweigen der Eltern über belastende Erfahrungen bei Kindern von Tätern ähnlich folgenreich sein konnte wie bei Kindern von Opfern der NS-Diktatur.

Damit war auch die Tür geöffnet für andere Gruppen von

Nachkommen historisch belasteter Generationen, um sich einer familiengeschichtlich bedingten Belastung bewusst zu werden.

Bar-On hatte in seiner Praxis Lebensgeschichten von Holocaustnachkommen kennengelernt hatte, die unter dem unausgesprochenen Leiden ihrer jüdischen Eltern litten, ebenso wie Lebensgeschichten deutscher Nachkommen, die unter dem unausgesprochenen nationalsozialistischen Erbe litten. Als praktische Konsequenz aus dieser Erkenntnis regte der Psychologe Gesprächsgruppen an, auch gemischte mit Täter- und Opfernachkommen, in denen es ganz allgemein darum gehen solle, die in den Familien geschlagenen Wunden und verdrängten Schuldgefühle durch gemeinsames Besprechen »durchzuarbeiten«. Sein Hauptwerk dazu, »Die Last des Schweigens«, wurde fast 25 Jahre nach der englischen Erstausgabe wieder neu aufgelegt. Bis heute gilt es als ein Meilenstein der psychohistorischen Literatur und ist wegweisend für Hilfsangebote an Opfer- und Täterkinder nach Gewaltkonflikten.[92]

Auf welchem Weg sich belastende Erfahrungen von einer Generation zur nächsten übertragen, dazu existieren freilich verschiedene Modelle und Ansichten. Manche Wissenschaftler orientieren sich eher an den konkreten und sichtbaren Weitergabeprozessen zwischen Generationen, etwa in der Erziehung, manche interessieren sich mehr für die unbewusste Verselbstständigung des historischen Traumas. So vielfältig die Vorstellungen sind, so kontrovers ist auch die Debatte um die Theorie der transgenerationalen Traumatisierung: Sie reicht von blinder Übernahme (vor allem in der populären Literatur über Kriegskinder und Kriegsenkel) bis hin zur Ablehnung in Teilen der Fachwelt. Um zu verstehen, ob und inwieweit die Menschen, die ich für dieses Buch befragen konnte, von traumatisierenden Weitergabeprozessen beeinträchtigt sind, wollen wir uns daher zunächst mit den theoretischen Grundlagen vertraut machen.

Eine genetische Übertragung?

Neuerdings leisten auch die Neurowissenschaften einen spannenden Beitrag zur Debatte. Ihre Forschung setzte beim Tier an: Verschiedene Studien haben gezeigt, dass sich zum Beispiel bei Mäusen künstlich erzeugte Ängste offenbar noch in der dritten Nachkommengeneration wiederfinden lassen. Man kann die Tiere mit Kirschblütenduft betören und ihnen dann einen Elektroschock verpassen, mit dem Ergebnis, dass noch ihre »Urenkel« Angst bekommen, wenn sie Kirschblütenduft riechen.[93]

Von diesen und anderen wissenschaftlichen Studien an Tieren ging die Psychiaterin und Neurowissenschaftlerin Rachel Yehuda vom New Yorker Mount Sinai Hospital einen Schritt weiter und versuchte, bei Menschen einem ähnlichen Phänomen auf die Spur zu kommen. Yehuda stellte fest, dass Nachkommen von Traumaopfern veränderte Spiegel des Angsthormons Kortisol aufweisen, und zwar sowohl Nachkommen von Holocaustüberlebenden als auch Kinder von Frauen, die beim Terroranschlag auf das Word Trade Center in New York dabei gewesen waren. Noch ist nicht entschieden, ob es sich dabei um Erziehungsfolgen oder tatsächlich um eine Veränderung des Erbgutes handelt, aber die Grundannahme ist weithin akzeptiert, dass bei Nachkommen von Traumatisierten vor allem die Fähigkeit des Körpers, Stress zu verarbeiten, verändert ist.[94]

Peter A. Levine, ein anerkannter Traumaforscher aus Kalifornien, ist jedenfalls davon überzeugt: Die biologischen Prozesse, die zur Weitergabe von Traumata führen und denen die Wissenschaft heute vielleicht noch ratlos oder skeptisch gegenübersteht, werden sich in Zukunft genau nachweisen lassen. Als faszinierendes Beispiel beschäftigt ihn die Beobachtung, dass offenbar gewisse Tiere (aber auch Menschen) über Jahrhunderte altes Wissen speichern können, das ihnen bei Gefahren wie Erdbeben oder Tsunamis dazu verhilft, sich rechtzeitig »instinktsicher« in Sicherheit zu bringen. Seiner Auffassung nach handelt es sich bei solchen Phänomenen, die auch in bestimmten Stammeskulturen überliefert sind, die er aber auch glaubt, bei seinen Patienten erlebt zu haben, um die »Übertragung traumatischer prozeduraler (Körper-)Erinnerungen über Zeit und Raum hinweg«:

> *»Diese Informationen schlummern vielleicht in uns und tauchen plötzlich bei der Begegnung mit einer ähnlichen Situation als sich uns aufdrängende prozedurale Erinnerung wieder auf.«*[95]

Die körperliche Weitergabe von Traumata wie etwa bei Holocaustnachkommen wäre demnach die Kehrseite, ein »Nebeneffekt« der Fähigkeit, (überlebens-)wichtige Informationen von Generation zu Generation zu transferieren. Wenn dem so wäre, hieße das, ein vererbtes Trauma transportiert auch ein Wissen um die Gefahr, das eventuell einmal nützlich werden kann. Dieser Gedanke, dass mit der Weitergabe von Traumata nicht nur Belastungen, sondern auch Überlebensstrategien aus katastrophalen Erfahrungen der Vorfahren in der Gegenwart ankommen können, ist zumindest tröstlich. Die Idee erklärt allerdings noch nicht die individuellen Unterschiede bei der Traumaweitergabe, denn nicht alle Nachkommen sind gleichermaßen für die Botschaften der Ahnen empfänglich.

Verschiedene Wege

Das Urmodell der transgenerationalen Weitergabe ist die Vorstellung einer kulturellen Vererbung analog der biologischen Vererbung. Festzustehen scheint, dass dabei keineswegs nur willentliche und bewusste Kräfte am Werk sind, sondern auch unwillkürliche und unbewusste Prozesse, die womöglich dafür sorgen, dass Kinder, Kindeskinder und sogar Urenkel einer schwer belasteten Generation seelische Narben davontragen können.

Das bekannteste und den meisten Publikationen zugrunde liegende Modell dürften psychoanalytische Theorien sein. Deren Grundannahme ist, dass Eltern und Kinder in einer engen narzisstischen Beziehung zueinander stehen. »Narzisstisch deshalb, weil es nicht allein und häufig auch nicht in erster Linie um das Wachsen und die eigenständige Persönlichkeits- und Identitätsbildung der Kinder ging, sondern darum, sie für die seelisch unverarbeitete Geschichte der Elterngeneration zu funktionalisieren«, wie der Psychoanalytiker Werner Bohleber erklärt.[96]

In einer derart engen Beziehung zwischen Eltern und Kind »fließen« die Erfahrungsströme in beide Richtungen. Es geschieht also nicht nur Weitergabe von »oben nach unten«, sondern auch »Mitnahme«, wie Psychoanalytiker die Identifizierung des Kindes mit seinen Eltern erklären: Das Kind übernimmt unbewusst das Ereignis, das Leid, die Verdrängung, ohne es verstanden und in seine Lebensgeschichte aktiv integriert zu haben. Das geht so weit, dass sich die Grenzen der eigenen Biografie und der Biografie der Vorfahren verschieben.[97] Oder eben auch nicht: Da der Weg der Übertragung in beide Richtungen verläuft, können Kinder die Annahme der geschichtlichen Erbschaft auch ein Stück weit verweigern. Und sie können sich auch unterschiedlich dazu verhalten – das eine Geschwister bekommt das Erbe mit, das andere nicht.

Wenn Marianne F., das späte Kind eines Vergewaltigungsopfers und eines Kriegsversehrten, sagt, sie habe sich wie aus der Zeit gefallen gefühlt, beschreibt sie genau so ein Phänomen der unbewussten Übernahme einer Geschichte, die nicht ihre eigene ist. Auch die intensive Rolle, die in Klara M.s Erinnerung das Thema Hunger spielt, erscheint in diesem Licht wie eine Folge der Identifizierung der Tochter mit der Mutter; womöglich steckt dahinter eine Reaktivierung von deren Erfahrung im russischen Arbeitslager.

Ein zweiter wichtiger Erklärungsansatz für die transgenerationale Weitergabe von Traumata kommt aus der systemischen Familienpsychologie und wurde von Pionieren dieses Zugangs wie Geraldine Spark und Ivan Boszormenyi-Nagy vertreten. Sie haben in ihrem Werk »Unsichtbare Bindungen« die Dynamik familiärer Systeme auf der Grundlage von wechselseitigen Loyalitätsverpflichtungen und Schuldkonten zwischen den Generationen beschrieben. Dabei gingen sie von einer Art Kontobuch in einer Familie aus, in dem »die vergangenen und gegenwärtigen Verbindlichkeiten der Familienmitglieder untereinander erfasst sind«.[98] Um diese wechselseitigen Verpflichtungen zu erfassen und zu lösen, legten sie in der therapeutischen Arbeit Wert darauf, dass möglichst alle Generationen einer Familie an den Sitzungen teilnahmen, denn sie vermuteten den Kern jedes individuellen Problems in einem ungelösten Gerechtigkeits- oder Loyalitätskonflikt aus der familiären Vergangenheit.

Auch diese Idee ist auf die Kinder der Gewalt gut übertragbar. Loyalitätsverhältnisse und Schuldverstrickungen sind in unseren Fallbeispielen offensichtliche und mächtige Agenten.

Kinder wurden gegen den Willen der Mutter gezeugt, waren von Stiefvätern mehr oder weniger erwünscht, in der erweiterten Familie abgelehnt, abgeschoben oder vorübergehend sogar abgegeben, wurden aber auch als später Trost für das Leid der Eltern großgezogen und für die Wiedergutmachung mütterlichen Leids in die Pflicht genommen. Kaum eine biografische Lage scheint für unsichtbare Bindungen und vor allem Verstrickungen in Schuld und Verantwortlichkeiten so disponiert zu sein wie die der Nachkommen von vergewaltigten Müttern. Man denke nur an die Dankesschuld des Kindes, trotz der besonderen Umstände ihrer Entstehung nicht abgetrieben worden zu sein, oder an die oft lebenslangen Schuldgefühle der Mütter, die ihren Kindern nicht die Wahrheit über ihre Herkunft gesagt haben. Am Beispiel von Karl T. haben wir gesehen, dass der Sohn einer vergewaltigten Frau durch das Schicksal seiner Mutter in einen tragischen Loyalitätskonflikt geraten ist. Er stellte sich trotz ihrer zerstörerischen Alkoholsucht im Ehekonflikt auf ihre Seite, da sie ihm aufgrund ihres Schicksals bei Kriegsende als hilfsbedürftiger erschien als der Vater.

Aus der Sozialisationsforschung kommt ein dritter Ansatz, der das Phänomen des intergenerationellen Transports von Traumafolgen erklären soll. Ausgangshypothese ist, dass die traumatisierte Erlebnisgeneration durch spezifische Erziehungs- und Sozialisationsstile Einfluss auf ihre Nachkommen nimmt. Somit gibt es auch ganz handfeste Bedingungen des Aufwachsens wie etwa besondere Erziehungsstile und andere – materielle – Rahmenbedingungen, die wir untersuchen können.

Was die Rolle der Erziehung bei der Weitergabe von Traumata angeht, weisen erste Erkenntnisse über das Schicksal der Nachkommen sogenannter Verdingkinder in der Schweiz auf

Zusammenhänge hin. »Verdingkinder« nannte man Kinder, die meist aus zerrütteten Familien stammten und die im Zeitraum zwischen 1900 und den achtziger Jahren von den Schweizer Behörden ihren Eltern weggenommen und zur Zwangsarbeit in fremde Haushalte gegeben wurden. Forscher haben herausgefunden, dass auch deren Kinder später psychische Probleme haben können, und zwar aufgrund ihrer verminderten Belastbarkeit beziehungsweise Resilienz. Ihre Schwierigkeiten resultieren jedoch nicht aus der direkten Weitergabe der kindlichen Traumata ihrer Eltern, sondern aus den Auswirkungen nicht optimaler Erziehungsstile der traumatisierten Eltern. Dazu gehörten harsche Strafen und emotionale Kälte.[99]

In das Gebiet der familialen Sozialisation und Erziehung fällt auch das Thema Bindung, von dem weiter unten noch einmal die Rede sein wird. Mehrere Studien weisen darauf hin, dass Kinder traumatisierter Eltern häufiger emotional auf unsicherem Boden stehen, was die frühkindliche Beziehungsqualität zur Mutter angeht, und dass sie daraus folgend in ihrem weiteren Leben deshalb Probleme entwickeln können. Diese Annahme ließe sich auch auf unser Thema anwenden. Alle unsere Interviewpartner haben eine überwiegend abwesende, eher vernachlässigende oder zumindest in ihren Möglichkeiten und Qualitäten eingeschränkte Mutter beziehungsweise eine überfürsorgliche Mutter geschildert. Wir haben keinen retrospektiven Einblick in die frühkindlichen Bindungsqualitäten genommen, und es existierten durchaus auch andere wichtige Bindungsfiguren, denen die Befragten viel zu verdanken haben; dennoch scheinen die Verhältnisse, in denen die Kinder der Gewalt aufgewachsen sind, dem wünschenswerten basalen Sicherheitsgefühl eher widerläufig gewesen zu sein.[100]

Die Rolle der Umwelt

Eine Stärke des Sozialisationsansatzes ist auch, dass nicht nur die Familie selbst, sondern die Umwelt als Ganzes in Rechnung gezogen werden kann, wenn Folgen zurückliegender Belastungen auf die nächste Generation untersucht werden.[101]

Traumaforscher haben herausgefunden, dass die Reaktion im direkten Umfeld eines Betroffenen, aber auch die gesellschaftlichen und politischen Rahmenbedingungen darüber mitentscheiden, wie gravierend die psychischen Folgen eines einschneidenden Erlebnisses erlebt werden können. Wie eine Gewalterfahrung, etwa eine Vergewaltigung durch fremde Soldaten, verkraftet wird und wie sie sich später eventuell bei den Nachkommen auswirkt, hängt also auch an äußeren Faktoren: nicht nur an der individuellen Konstitution der Opfer, sondern auch an der Bereitschaft zur symbolischen Anerkennung und konkreten Hilfe des Kollektivs.[102]

Im Fall der Massenvergewaltigung zum Kriegsende in Deutschland waren die Voraussetzungen für die Betroffenen und ihre Kinder besonders schwierig, denn weder reagierte das Umfeld in der Regel besonders hilfreich – im Gegenteil: oft genug wirkte es sogar sekundär traumatisierend –, noch bestand die Chance auf kollektive Hilfestellung. Die deutsche Nachkriegsgesellschaft hat das Problem damals kaum ernst genommen und bestimmten Opfergruppen, zum Beispiel Flüchtlingsfrauen, Unverheirateten, Frauen ohne bürgerlichen Status, die Anerkennung ihres Schicksals als Vergewaltigungsopfer sogar gänzlich verweigert. Neben der damals üblichen Geringschätzung weiblicher Sexualität, dem ambivalenten Verhältnis zur eigenen Kriegsschuld und der erzwungenen Loyalität zu den Siegermächten war dafür auch die Scham über die in der sexuellen Gewalt symbolisierte Niederlage des deutschen Mannes verantwortlich. Das alles erschwerte den Umgang der Opfer und ihrer Kinder mit dem Geschehen; sie stießen auf Gleichgültigkeit, Unverständnis, Ablehnung.

Nach 1945 bestand allgemein kein gesellschaftliches Bewusstsein für das Problem kriegsbedingter sexueller Gewalt. Es existierten keine Organisationen wie heute beispielsweise Medica Mondiale, die sich zur Lobby der Betroffenen und ihrer Kinder machten. Kriegsbedingte sexuelle Gewalt galt als quasi naturhafte Begleiterscheinung jedes militärischen Konfliktes; als gelebtes »Recht des Siegers«, als Tribut an die männlichen Triebüberschüsse, als unschöne, aber unvermeidbare Demütigung des geschlagenen Kriegsgegners.

Die routinemäßigen Verweise auf mythische oder reale historische Ereignisse wie den Raub der Sabinerinnen, sexuelle Exzesse bei der Einnahme von Troja oder auf entsprechende Berichte aus dem Dreißigjährigen Krieg spiegelten diese fatalistische Haltung wider und halfen niemandem weiter. So brauchte die Völkergemeinschaft entsprechend lange, um das Kriegsverbrechen Vergewaltigung beim Namen zu nennen und isoliert von anderen Grausamkeiten als Straftatbestand zu ahnden. Der Bewusstseinswandel, der dieser Ächtung der Vergewaltigung als Kriegsverbrechen den Weg bereitete, brauchte Jahrzehnte. Notwendig war die grundlegende Neudefinition von Vergewaltigung: Erst seit den siebziger Jahren wird sie nicht mehr primär als eine Gewalttat interpretiert, die sich gegen ein Kollektiv, gegen Volk und Familie sowie gegen die Ehre der Frau und vor allem die des Mannes richtet, sondern als gewaltsame Verletzung des (sexuellen) Selbstbestimmungsrechtes der Frau. Gleichzeitig hat sich ganz allgemein der Gewaltbegriff verändert – war früher nur die vaginale Penetration unter Androhung massiver, mit Waffen unterstützter Gewalt justiziabel, haben sich nach und nach die Grenzen dessen, was als sexuelle beziehungsweise als sexualisierte Gewalt betrachtet wird, immer mehr verschoben. Nicht zuletzt wird erst in letzter Zeit zunehmend anerkannt, dass auch Männer Opfer sexueller Gewalt werden können und dass sich auch Frauen als Täterinnen an sexueller Gewalt beteiligen.

Mit den Kriegen im zerfallenden Jugoslawien und in Ruanda rückte das Problem sexualisierter Kriegsgewalt seit Anfang der neunziger Jahre immer stärker ins öffentliche Bewusstsein. Im sogenannten Akayesu-Urteil definierte der Internationale Strafgerichtshof für Ruanda 1998 erstmals Vergewaltigung und sexuelle Gewalt als Völkermordhandlungen – vorausgesetzt die Taten zielen darauf ab, eine bestimmte Bevölkerungsgruppe ganz oder teilweise zu zerstören. Ein weiteres historisches Urteil fällte der Internationale Strafgerichtshof für das ehemalige Jugoslawien in Den Haag drei Jahre später: Im Februar 2001 wurden erstmals in der Geschichte Vergewaltigungen im Zusammenhang mit kriegerischen Aktionen als schwerer Verstoß gegen die Genfer Konvention und somit als Verstoß gegen die Menschlichkeit eingestuft.

Als jüngster Meilenstein im Kampf gegen sexuelle Gewalt als Kriegswaffe darf die Resolution 1325 angesehen werden, die von den Vereinten Nationen am 31. Oktober 2000 verabschiedet wurde und Konfliktparteien erstmals ausdrücklich auffordert, die Rechte von Frauen zu schützen und Frauen gleichberechtigt in Friedensverhandlungen und Wiederaufbau miteinzubeziehen. Darin wird auch die nachhaltige Integration der Opfer und der Kinder, die aus Vergewaltigungen entstanden sind, angesprochen. 48 Staaten haben seither nationale Aktionspläne zur Umsetzung der Resolution erarbeitet.

Der Aktionsplan der Bundesregierung umfasst die Bereiche »Prävention«, »Vorbereitung von Einsätzen, Aus-, Fort- und Weiterbildung«, »Beteiligung«, »Schutz«, »Wiedereingliederung und Wiederaufbau« sowie »Strafverfolgung«.[103]

Diese lange Inkubationszeit der juristischen Normen müssen wir uns vor Augen halten, wenn wir aus heutiger Sicht die beklagenswerten Folgen der Massenvergewaltigungen für die Betroffenen und ihre Kinder in Deutschland nach dem Zweiten Weltkrieg bewerten. Juristisch waren den deutschen Behörden bis zum Ende der Besatzungszeit im Jahr 1955 ohnehin die Hände gebunden. Der Besatzungsstatus und die Loyalitätspflichten gegenüber den Befreiern und Schutzmächten im Kalten Krieg verhinderten, dass über die Massenvergewaltigung offen geredet und dagegen juristisch vorgegangen werden konnte. Die gelegentlichen Appelle deutscher Politiker an die Militärregierungen, doch für mehr Disziplin in ihren Truppen zu sorgen, die zwischenzeitlich verhängten Ausgangssperren und Alkoholbeschränkungen an militärischen Stützpunkten blieben äußerst schwache Instrumente im Kampf gegen sexuelle Übergriffe auf die Zivilbevölkerung.

Wahrscheinlich hing es maßgeblich von den jeweiligen militärischen Vorgesetzten ab, ob und wie streng sie gegen Vorkommnisse vorgingen, in die Armeeangehörige involviert waren. In den Akten der US-Militärgerichte finden sich immerhin Belege, dass Vergewaltigungsvorwürfe untersucht wurden und überführten Tätern zum Teil drastische Strafen bis hin zu jahrelangen Arbeitslagerhaftstrafen oder Todesurteilen drohten. Allerdings verteilten sich diese Ahndungen sexueller Gewalt sehr ungleich auf die ethnische Zugehörigkeit der Beschuldigten – in der US-Armee wurden schwarze GIs weit häufiger und intensiver bestraft als weiße –, und die Opfer hatten dabei lediglich das Recht, als Zeuge auszusagen.

Die juristische Seite ist jedoch nur ein, wenn auch wichtiger, Aspekt des Umgangs mit den Opfern. Der andere ist die Bereitschaft einer Gesellschaft, angefangen von den Behörden über Ärzte, Nachbarn bis hin zu den eigenen Familienmitgliedern und Ehemännern, das erlittene Unrecht anzuerkennen und dafür Mitgefühl aufzubringen. Bekanntlich fehlte es auch an dieser wichtigen Voraussetzung für die Rehabilitation und psychische Regeneration der Opfer. Wie ich an anderer Stelle ausführlich gezeigt habe, erwiesen sich die Behörden und die nähere Umgebung oft als moralische Scharfrichter über die Betroffenen. Die Taten wurden angezweifelt, Gewaltopfer für ihr Schicksal selbst verantwortlich gemacht, Anträge auf Schwangerschaftsabbrüche abgewiesen, finanzielle Hilfe für die Kinder aus Vergewaltigungen verweigert. Summa summarum gab es für die Vergewaltigungsopfer selbst und für ihre Nachkommen weder politisch noch juristisch, noch zwischenmenschlich Möglichkeiten, sich Recht und Gehör zu verschaffen. Somit fehlten Betroffenen und Nachkommen die notwendigen Voraussetzungen, um die erlittenen Traumata bewältigen zu können, was wiederum das Leben ihrer Kinder prägte.

Die Unbestimmtheit

Das indifferente oder gar ablehnende Klima, in dem die Kinder der Vergewaltigungsopfer aufwuchsen, drückt sich bereits in dem Wort »Besatzungskind« aus, in dem so viel Abwertung mitschwingt, dass ich es lieber in Anführungszeichen setze. In patriarchalen Gesellschaften war und ist mit der Entstehung eines solchen Kindes eine große Demütigung verknüpft, nämlich die Unfähigkeit des Mannes, Kontrolle über die Fortpflanzung der Frau auszuüben. Auch heute noch haben Kinder, die von Soldaten fremder Mächte gezeugt wurden, in vielen Nachkriegs- und Konfliktgesellschaften einen schweren Stand – sie sind die sichtbaren Zeugnisse der männlichen Wehrlosigkeit.

Im Deutschland der Nachkriegszeit hatten Frauen, die von Besatzungssoldaten vergewaltigt worden waren, deshalb nicht nur mit den psychischen und körperlichen Verletzungen durch die Tat zu kämpfen, sondern waren oft auch tief beschämt über das, was ihnen zugefügt worden war. Wenn sie durch die Tat schwanger geworden waren, mussten sie überlegen, ob sie das Kind abtreiben oder, falls das nicht möglich war, nach der Geburt weggeben sollten. Die Entscheidung, sich von seinem Kind zu trennen, stellte sich mit besonderer Schärfe, wenn klar war, dass es eine andere Hautfarbe haben würde als die Mutter – denn das Leben mit einem offensichtlichen »Bankert« fiel auf den Ruf der Mütter zurück.

Dennoch war die Quote der Frauen, die sich für ihr Kind entschieden, erstaunlich hoch. Die Bundesrepublik einschließlich West-Berlin zählte im Jahr 1956 knapp 3200 amtlich bekannte Kinder aus Vergewaltigungen durch Angehörige der Siegerarmeen. Wie viele von ihnen bei der Mutter aufgewachsen sind, ist nicht klar, jedoch wissen wir, dass von allen sogenannten Besatzungskindern 73 Prozent bei der Mutter blieben und nur sieben Prozent in Heime kamen. Der Rest wurde bei Verwandten mütterlicherseits, meist den Großeltern, oder in Pflege- und Adoptivfamilien aufgezogen (was für uneheliche Kinder nach dem Krieg nicht unüblich war). Der Anteil an Müttern, die ihre Kinder behielten, hat die Zuständigen damals selbst überrascht.[104]

Dass viele Kinder, die von Besatzungssoldaten gezeugt worden waren, bei der Mutter oder zumindest in der Familie bleiben durften, erklärt sich wohl auch dadurch, dass ihre

Herkunft häufig verschleiert wurde. Zum Schutz der Frauen, aber auch ihrer Ehemänner, und natürlich zum Schutz des Kindes schien es opportun, die Herkunft oder zumindest den biologischen Vater nach außen hin zu verheimlichen und die Umstände der Zeugung zu verdrängen. Viele Kinder hatten so zwar eine Familie, ihnen wurde aber ein wichtiger Teil der eigenen Biografie vorenthalten.

Die Geschichte von Traute S., die mir in einem Telefoninterview von ihrem Schicksal erzählte, soll hier als Beispiel dafür stehen, welche Probleme eine unklare Herkunft für das spätere Leben mit sich bringen kann. Traute S. gehörte zu jenen Kindern, die nach der Geburt weggegeben wurden. Geboren wurde sie am 16. Februar 1946 in Leipzig, wohin ihre Mutter eigens zur Niederkunft geflüchtet war, möglichst weit entfernt von dem Ort, an dem sie schwanger geworden war. Das Heimatdorf der Mutter lag im Frankenwald und wurde von den Amerikanern eingenommen, etwas über neun Monate vor der Geburt von Traute S. Die Niederkunft gab die Schwester ihrer Mutter in Leipzig standesamtlich bekannt. Die Mutter bekam das Neugeborene gar nicht erst zu Gesicht – so war es der Wunsch der 24-jährigen Fränkin aus einfachem Hause gewesen –, sie wollte ihr Kind möglichst nie kennenlernen, um sich nicht daran zu gewöhnen. Glücklicherweise fanden sich für Traute S. schon nach zwölf Tagen liebevolle Ersatzeltern, von denen sie erst im Alter von zwölf Jahren erfuhr, dass sie nicht ihr leibliches Kind war.

Traute verließ trotz des durchaus fürsorglichen Elternhauses nie das Gefühl, nicht erwünscht zu sein, es nicht wert zu sein, geliebt zu werden. Im Alter von sechzehn Jahren wollte sie sich zum ersten Mal das Leben nehmen. Auch in späteren Jahren geriet sie immer wieder in schwere Krisen, die sich durch Alkoholmissbrauch verschlimmerten. Sie besuchte Selbsterfahrungskurse, aber die grundsätzliche Lebensangst wurde sie nicht los.

Ihre leibliche Mutter sah Traute S. nur ein einziges Mal. Über die Umstände ihrer Zeugung sagte ihre Mutter bei diesem Treffen nur einen Satz, der Traute S. seither keine Ruhe mehr lässt:

»Die Männer haben ihren Frust bei uns Frauen abgelassen.«

In dem Moment, in dem dieser Satz fiel, war Traute S. nicht in der Lage nachzufragen. Heute ist die Mutter tot. Sie nimmt sich immer wieder vor nachzuforschen und herauszufinden, ob ihr Verdacht, dass sie aus einer Vergewaltigung durch einen amerikanischen Soldaten stammt, stimmt. Doch der Frau, die vierzig Jahre lang als Sekretärin gearbeitet hat und sich heute über zwei Enkelkinder freut, fehlt bislang der Mut, die letzte Konsequenz, sich ihrer Vergangenheit zu stellen. Traute S. hat zwei Ehen und eine 23 Jahre währende Beziehung hinter sich. Das Liebesleben, sagt sie, sei für sie immer ein Problem gewesen. Die Unklarheit ihrer Herkunft stehe ihr im Weg.[105]

Wie für Traute S. stellt sich für viele Deutsche, die kurz nach Kriegsende geboren wurden, bis heute die Frage nach der Herkunft. Ein Interviewpartner erzählte mir, dass er fürchte, dass seine Mutter bei Kriegsende vergewaltigt worden sein könnte. Sie waren gemeinsam auf der Flucht gewesen und zweimal von Rotarmisten zurückgehalten worden. Viele Jahre später, der Sohn war inzwischen Arzt geworden, weihte ihn der Hausarzt ein, dass seine Mutter an Syphilis in einem fortgeschrittenen Stadium erkrankt sei. Der Sohn konnte sich das nur so erklären, dass sie damals vergewaltigt worden war. Ein wiederkehrender Traum von einem Keller, in den er als Kind von der Mutter weggezerrt worden war, ist ein weiterer

Fingerzeig für ihn – aber sicher wissen kann er es nicht. So lebt er bis heute mit einem großen Fragezeichen.

Vaterfrage

Die Frage der eigenen Herkunft beantworten zu können ist ein menschliches Grundbedürfnis und für die Identitätsentwicklung zentral. In der Nachkriegszeit stand jedoch schon die Rechtslage einer Klärung der Vaterschaft entgegen. Für Schwangere waren verschiedene Szenarien denkbar.

Wenn die Frau unverheiratet war, konnte sie bei der Entbindung angeben, dass der Vater des Kindes unbekannt sei. Allerdings setzte sie sich und das Kind damit der gesellschaftlichen Stigmatisierung als »unehelich« aus und musste damit leben, dass das Kind einen amtlichen Vormund erhielt. Wenn die Frau verheiratet war, blieb ihr nichts anderes übrig, als den Ehemann fälschlich als gesetzlichen Vater in die Geburtsurkunde eintragen zu lassen, da bei verheirateten Frauen nach damaligem Recht automatisch der Ehemann als einzig möglicher Erzeuger ihrer Kinder infrage kam. Korrigiert werden konnte das nur durch den formellen Einspruch des Ehemanns, der einen Vaterschaftstest nach sich zog. Da viele Paare solch eine amtliche Untersuchung vermeiden wollten, verschleierten sie (willentlich oder zumindest wissentlich) die Herkunft des Kindes. Der Keim der Unsicherheit wurde den Kindern von Besatzungssoldaten also schon in die Wiege gelegt.

Über die langen Auswirkungen einer ungeklärten Herkunft haben meine Interviewpartner, die aus Vergewaltigungen entstanden sind, immer wieder ausgiebig gesprochen. Willi E., Sohn aus einer Vergewaltigung im Sudetenland, wo er 1946 auf die Welt gekommen war, erfuhr erst im Alter von 49 Jahren von den Umständen seiner Zeugung. Nachdem ihr Mann als vermisst gemeldet worden war, beschloss die Mutter, mit ihren beiden Söhnen nach Süddeutschland zu gehen. Dort gab sie Willi E. in ein Heim und anonym zur Adoption frei, während sie ihr eheliches Kind behielt. Willi E. verbrachte fünf Jahre in dem Kinderheim, bevor ein Paar, das keine eigenen Kinder bekommen konnte, den kleinen Jungen an Kindes statt annahm, ohne dessen Geschichte zu kennen. Erst nach dem Tod der Adoptivmutter erhielt der Einzelhandelskaufmann die Adoptionsunterlagen und konnte den Namen seiner leiblichen Mutter und sogar ihre Adresse herausfinden. Doch als er sie aufsuchen wollte, war es bereits zu spät: Seine leibliche Mutter war an ALS erkrankt und starb, bevor er mit ihr sprechen konnte:

> *»Als ich ihre Todesanzeige las, war das ein Schock für mich, ich konnte sie nicht mehr fragen. Meine Frau und ich gingen zur Beerdigung, niemand kannte uns, mir fiel es am Grab sehr schwer, Abschied zu nehmen. Wir entfernten uns etwas von der Trauerfamilie, da kam eine Frau auf uns zu und fragte, wer wir sind.«*

Noch am selben Abend konnte Willi S. seinen Halbbruder treffen und erfuhr von ihm von der Vergewaltigung seiner Mutter, bei der er gezeugt worden war. Die unklaren Verhältnisse hätten sein Leben dramatisch belastet, sagt der 72-Jährige heute. Dass er adoptiert worden war, erfuhr er als kleiner Junge zufällig durch einen Streit der Eltern. Da die Ehe seiner Adoptiveltern zerrüttet war, wurde er auf ein Internat geschickt und auf diese Weise ein drittes Mal aus einem gewohnten Leben gerissen. Willi E. fühlte sich entwurzelt, hatte Schwierigkeiten mit der Schule und mit Gleichaltrigen. Die Leistungsansprüche seines Adoptivvaters überforderten ihn. Seine Adoptivmutter war eifersüchtig und fürchtete, dass er sie verlassen und sich auf die Suche nach der »richtigen« Mutter machen könnte.

»Nach dem Tod meiner leiblichen Mutter, als ich erfuhr, dass ich aus einer Vergewaltigung abstamme, haben sich die Minderwertigkeitsgefühle in mir wieder gemeldet. Trotzdem bin ich meiner leiblichen Mutter sehr dankbar, dass sie mich zur Welt gebracht und nicht abgetrieben hat, was ja auch hätte sein können.«

Sein ganzes Leben lang hätten ihn jedoch undefinierbare Ängste verfolgt, Ängste vor dem Verlassenwerden, vor dem Zuspätkommen, Ängste vor den Lehrern und den Vorgesetzten. Auch den Tinnitus, an dem er seit achtzehn Jahren leidet, führt Willi E. auf eine Angstsituation zurück. Seitdem er im Ruhestand ist, gehe es ihm besser, auch weil er sich zwischenzeitlich in einer psychosomatischen Klinik behandeln ließ.[106]

Das Problem, dass Kinder aus Vergewaltigungen fast nie ihren leiblichen Vater kennen, hat verschiedene Dimensionen. Hinter der ersten Frage: »Was war das für ein Mann?«, lauert oft unausgesprochen die nächste: »Was habe ich vielleicht von ihm?« Neben körperlichen Merkmalen, die man als Erbe des Vaters vermutet, können das auch bange Sorgen über die Anfälligkeit für bestimmte Krankheiten sein oder über Charakterzüge, die möglicherweise vom Erzeuger stammen.

In den Interviews folgte auf Fragen in dieser Richtung oft ein beredtes Schweigen – weder Eleonore S., deren Vater ein französischer Soldat war, noch Maria K., deren Vater ein amerikanischer GI war, haben sich über das Thema der Persönlichkeit ihres Erzeugers geäußert; die mutmaßliche Gewalttätigkeit wurde von ihnen ausgeblendet.

Interessant war für mich, dass sich jedoch die nächste Generation, die Kinder der Kinder der Gewalt, stärker mit dieser

Frage befasst. So spekulierte die Tochter von Maria K. darüber, ob ihr biologischer Großvater womöglich ein Indianer gewesen sein könnte. Sie hat sich offenbar bewusst ein positives Gegenbild ihres Großvaters geschaffen. Aus der Unkenntnis der Person des Erzeugers, die sich aus der Kürze der »Begegnung«, aber auch aus dem Schweigen des Vergewaltigungsopfers ergab, hat sich ein Familienmythos entwickelt. Es ist leicht vorstellbar, dass die Geschichte mit dem Indianer im Familiengedächtnis bereits in der nächsten Generation eine ganz und gar neue Bedeutung erhalten wird.

Mutterfrage

Auch die Identität der Mutter war für Kinder der Gewalt nicht in jedem Fall klar, wie wir gesehen haben. Eleonore S. sagte zu ihrer Großmutter »Mutter«, zu ihrer leiblichen Mutter »Mama«. Maria K., die Tochter des amerikanischen Soldaten, hatte zwei Mütter, die leibliche und die faktische, die eigentlich ihre Tante war, die sie aber mit »Mama« ansprach. Zumindest in ihrer Kindheit waren Maria K. ihre wahren Familienbeziehungen unklar geblieben, und auf der psychischen Ebene ist die Mutterfrage für sie noch heute offen. Sie sagt, sie habe es bis zum Tod ihrer Mutter nicht geschafft, ein klärendes Gespräch mit ihr zu führen, geschweige denn ein geklärtes Verhältnis zu ihr zu entwickeln.

An diesen Schicksalen werden die Probleme sichtbar, die alle Kinder der Gewalt, also Kinder aus Vergewaltigungen und Kinder von vergewaltigten Müttern, deren Väter nicht die Täter waren, miteinander teilen. Kinder der Gewalt leiden offenbar grundsätzlich ihr Leben lang unter schwierigen Beziehungen zur Mutter, sei es, weil sie als Kind abgelehnt wurden, sei es, weil sich die schwere Belastung, mit der die

Mutter zu kämpfen hatte, auf sie auswirkte. Neben psychischen Problemen oder Suchterkrankungen äußerten sich diese Belastungen zum Beispiel auch darin, dass sich die Mütter häufig loyaler zu ihrem neuen Mann verhielten als zu ihrem Kind oder das eheliche Kind dem unehelichen vorzogen.

Der Mutter von Maria K. war von einer Schwester nahegelegt worden, das Kind abzutreiben. Wenn wir die Idee einer Kontoführung zwischen den Generationen der Familiensystemtheorie ernst nehmen, müssten sich für die Tochter damit zwei ganz widersprüchliche Gefühle verbunden haben – das der Dankbarkeit dafür, dass die Mutter ihr gegen den Rat der Schwester das Leben geschenkt hat, und zugleich Wut darüber, dass sie die Tochter dann trotzdem aufgab. In Hinblick auf Loyalitätsbeziehungen war auch das Verhältnis von Eleonore S. und ihrer Mutter stark belastet. Auch sie war als Kleinkind zurückgelassen worden, später musste sie erleben, dass der neue Mann und die neuen Kinder den Vorrang erhielten.

Besonders die Töchter waren in unseren Gesprächen kaum imstande, die Perspektive zu wechseln und die Belastungen ihrer Mütter wirklich zu verstehen und zu würdigen. Zwar fielen immer wieder Sätze darüber, dass die Mutter es sicherlich schwer gehabt habe, unter den damaligen Umständen ein Kind großzuziehen, aber Trauer und Unverständnis über die entgangene mütterliche Liebe überwogen die Empathie der Interviewpartnerinnen. Das zeigt, wie verletzt gerade Töchter von den ambivalenten Gefühlen ihrer Mütter waren. Im Fallbeispiel des Sohnes einer vergewaltigten Mutter war es eher umgekehrt: Er schien sich übermäßig mit dem Leid der Mutter zu identifizieren und stellte die eigenen Bedürfnisse hintan.

Dass Kinder je nach Geschlecht auf unterschiedliche Arten belastet sein können, wird durch ähnliche Befunde bei vaterlosen Kriegskindern gestützt. Einschlägige Forschungsergebnisse deuten darauf hin, dass auch sie unterschiedlich mit ihrer Lebenskonstellation umgingen.[107] Die größere Nähe und Identifikation zwischen Müttern und Töchtern in patriarchalen Familien, die unterschiedliche geschlechtsspezifische Rollenerwartung an Söhne und Töchter hinsichtlich Fürsorge und Verantwortung und nicht zuletzt die Scham des Sohnes angesichts des Verhaltens eines Mannes dürften dabei eine Rolle spielen.

Gemeinsam war den Kindern der Gewalt, dass sie sich für ihre Lebensverhältnisse schämten und oft auch als Schandfleck betrachtet wurden. Eleonore S. sollte ihren leiblichen Vater, der ihre Mutter verlassen hatte, in der Öffentlichkeit mit dem Nachnamen ansprechen. Besonders schmerzhaft war für sie, dass ihr von einem Tag auf den anderen ein anderer Nachname als der ihrer Mutter verpasst wurde, wodurch ihre unkonventionellen Familienverhältnisse für jedermann auf Anhieb erkennbar wurden. Sie musste zudem erleben, dass sich die erweiterte Verwandtschaft von ihrer Mutter und damit auch von ihr selbst abwandte und es in Kauf nahm, dass sie hungerte.

Die Kinder der Gewalt erfuhren hautnah, dass ein Unglück, das ihren Müttern unverschuldet zugestoßen war, ganze Familienverbände sprengen konnte und das gesellschaftliche Umfeld abrücken ließ. Aber es gab auch die gegensätzliche Erfahrung: dass sich andere Menschen ihrer liebevoll annahmen, dass sie Unterstützung von Lehrern erhielten, dass es ihnen gelang, sich in einer neuen Gemeinschaft wie etwa der Klostergemeinschaft geborgen zu fühlen. Maria K. verdankt es ihrer Tante, die sie damals an Kindes statt annahm, vor nachhaltigen Schäden bewahrt worden zu sein, und den Armen Schulschwestern, dass sie trotz ihres schwierigen Starts ins Leben gefördert und gut ausgebildet wurde.

Materielle Diskriminierung

Kinder der Gewalt mussten aufgrund ihrer prekären Familiensituation oftmals mehr materielle Not leiden als »normale« Kriegskinder und Kriegswaisen. Ihre rechtliche und finanzielle Diskriminierung als Kinder von Vergewaltigungsopfern hat sich in den Lebenserinnerungen meiner Interviewpartner allerdings mit den individuellen Schicksalen verschränkt. Ihnen war gar nicht bewusst, dass sie unter einer systematischen gesellschaftlichen Schlechterstellung gelitten hatten. Die Frage der Historikerin nach den Rechtsansprüchen der vergewaltigten Mütter stieß bei den Interviewten auf Unkenntnis und Gleichgültigkeit. Sie wussten nicht einmal, ob sich ihre Mütter, die Vergewaltigungsopfer, damals mit der Rechtslage und mit dem etwaigen Anspruch auf eine Rente für Kinder aus Vergewaltigungen auseinandergesetzt hatten.

Das kann nicht verwundern, denn die Prozedur, sich vom deutschen Staat für erfahrene kriegsbedingte sexuelle Gewalt entschädigen zu lassen, war höchst demütigend und wenig erfolgversprechend. Da ich in meinem Buch »Als die Soldaten kamen« auf die rechtliche und finanzielle Seite der Kriegsvergewaltigungen und die politische Debatte darüber ausführlich eingegangen bin, werde ich die Erkenntnisse hier nur kurz zusammenfassen.

Politische Initiativen zur Entschädigung von Frauen, die am Ende des Krieges sexuelle Gewalt erlitten hatten, waren rar und zunächst chancenlos. Der Vorstoß von Betroffenen und Politikern, die Vergewaltigungen der Frauen in Deutschland mit der Kriegsversehrung der Soldaten gleichzustellen, lief ins Leere, denn der deutsche Staat stellte sich schnell auf den Standpunkt, eine Vergewaltigung verursache in aller Regel keine bleibenden körperlichen Schäden und sei mithin mit dem Verlust eines Beines oder einer anderen dauerhaften Kriegsverletzung nicht gleichzusetzen. Seelische Folgen wurden wiederum auch bei traumatisierten Soldaten nicht als Rechtfertigung für staatliche Unterstützung akzeptiert. Nicht nur gab es über die Diagnose eines Kriegstraumas kein Einvernehmen unter Fachleuten – Psychiater glaubten nicht an die Möglichkeit einer psychischen Traumatisierung durch ein äußeres Ereignis –, auch scheute der Staat die immensen Kosten, die bei entsprechenden Entschädigungsansprüchen entstanden wären.

Etwas anders stellte sich die Situation der Kinder dar, die bei Vergewaltigungen durch Besatzungssoldaten gezeugt worden waren. In zähen Verhandlungen verständigte man sich in der jungen Bundesrepublik darauf, dass sie für Frauen und Familien unvorhergesehene finanzielle Probleme bedeuteten. Zum Meinungsumschwung führten verschiedene Überlegungen: Zum einen die, dass man »unverschuldet« schwanger gewordene Frauen nicht auf dieselbe Stufe stellen dürfe wie ledige Mütter, die »verschuldet« schwanger geworden waren. Die bürgerliche Familienordnung sollte wieder in ihr altes Recht gesetzt werden. Zum anderen, und das hing mit demselben Interesse zusammen, sollten Ehemänner, die aus dem Krieg zurückkamen, nicht finanziell durch Kinder von Besatzungssoldaten belastet werden. Nicht nur schien es ungerecht, dass sie für Kinder zahlen sollten, die sie nicht gezeugt hatten, der Staat wollte durch die Aussicht auf finanzielle Kompensation die Männer auch davon abhalten, ihre vergewaltigten Ehefrauen zu verlassen. Frauen, die als Alleinerziehende versuchten, ihre Kinder in »unvollständigen« Familien großzuziehen, hätten womöglich neue soziale Probleme produziert. Mit dem »Gesetz zur Abgeltung von Besatzungsschäden« verständigte man sich schließlich ab 1955 darauf, nach und nach immer mehr Fälle von kriegsbedingt in Vergewaltigungen gezeugten Kindern mit einer Rente auszustatten.

Allerdings waren die Hürden, tatsächlich eine Rente aus dem »Fonds für Besatzungsschäden« für das aus einer Vergewaltigung entstandene Kind zu bekommen, für die betroffenen Frauen und Familien sehr hoch, fast immer zu hoch. Denn die Antragstellerinnen mussten beweisen, dass es sich wirklich um eine gewaltsame (also keine einvernehmliche) Zeugung gehandelt hatte. Dafür sollten sie Zeugen beibringen, was, wie sich denken lässt, schwierig war.

Konnten keine Augenzeugen der Vergewaltigung genannt werden, mussten die Frauen zumindest sofort nach der Tat jemanden ins Vertrauen gezogen haben, zum Beispiel den Beichtvater, einen Arzt oder eine Freundin, und von diesen eine schriftliche Bestätigung vorlegen. Aber genau solch ein Gespräch mit einer Vertrauensperson hatten die Frauen meist vermieden. Viele Frauen, vermutlich sogar die meisten, versuchten aus Scham, die Vergewaltigung zu verheimlichen, und sprachen, wenn überhaupt, erst darüber, wenn die Monatsblutung ausblieb und sie sich mit der ungewollten Schwangerschaft auseinandersetzen mussten.

Im Freiburger Staatsarchiv sind Hunderte von abgelehnten Rentenanträgen erhalten geblieben. Sie führen uns vor Augen, wie groß die Dilemmata der Frauen angesichts der strengen Kriterien der Behörden waren. In einem Fall hieß es in der Begründung für die Ablehnung des Antrags, die vergewaltigte Frau habe zunächst behauptet, das Kind sei einvernehmlich gezeugt worden. Auf diesen Widerspruch angesprochen, antwortete die Betroffene bei der Anhörung ihres Falles:

»… zunächst erwähnte ich gar nichts, und als ich wusste, dass ich ein Kind bekommen würde, stellte ich es so hin, als hätte ich das aus freiem Willen getan. Und so handele ich auch heute noch, weil auf jeden Fall vermieden werden muss, dass meine Tochter erfährt, auf welche Weise sie zum Leben kam. Das Mädel hat es ja ohnehin nicht leicht, mit ihrem ›Anders-sein‹ fertigzuwerden, und es braucht viel Kraft, aber auch viel Liebe, um zu begreifen und darüber wegzukommen.«[108]

In diesem Fall hinderte also nicht nur die Scham, sondern die Rücksicht auf das Kind die Frau daran, von Anfang an die Wahrheit zu erzählen.

Eine andere Frau, deren Antrag ebenfalls mit der Begründung abgewiesen wurde, sie habe ihre Vergewaltigung nicht sofort allgemein bekanntgegeben, listete gleich mehrere Gründe auf, warum sie über die Tat geschwiegen hatte, und erwiderte in scharfem Ton:

»… so dürfte dies bedeutungslos sein, da es m. E. doch gegen den guten Geschmack verstoßen würde, mit solch einem peinlichen Vorfall überall hausieren zu gehen. Hinzu kommt, dass der Adoptionsvertrag und auch die Vormundschaftsakten dem Kinde nach Erreichen der Volljährigkeit zugänglich sind, so dass man schon aus diesem Grunde die Tatsache der Vergewaltigung nicht überall aktenkundig machen sollte, weil dies in einem Kinde Minderwertigkeitsgefühle hervorrufen könnte und ihm seelisch einen Schock versetzen könnte. Somit kann die Nichterwähnung der Vergewaltigung in den genannten Akten bzw. Urkunden nicht als Indiz gegen meinen vorliegenden Antrag gewertet werden.«

Im Übrigen, führte sie aus, habe sich aufgrund der Vergewaltigung ihre Verlobung zerschlagen:

»… weil sich der betreffende Herr von mir zurückgezogen hat, nachdem ich ihm den Vorfall (Vergewaltigung) mitgeteilt hatte. Für mich standen die Zerschlagung der Heiratspläne und die Vergewaltigung in einem inneren Zusammenhang, denn eins war doch die Folge des anderen.«[109]

Diese beiden Beispiele illustrieren neben dem schikanösen Umgang der Behörden mit den Antragstellerinnen – die mit einer Rente von 60 bis 100 Mark im Monat ohnehin nur gering entlastet worden wären – noch einmal, in welcher frauenfeindlichen Schamkultur die Kinder großgezogen werden mussten. Die zuständigen Behörden stellten sogar Nachforschungen an, um den Leumund der Frauen, die ihr Recht auf eine Rente für ihre Kinder wahrnehmen wollten, zu überprüfen und oft genug zu beschädigen. Es gab Ämter, die Fürsorgerinnen ausschickten, um den Frauen hinterherzuschnüffeln. Stellte sich heraus, dass die Betreffende schon einmal ein uneheliches Kind bekommen hatte, dass sie in ihrem Lebenszuschnitt nicht den bürgerlichen Vorstellungen entsprach – wofür manchmal schon ein nachlässig geführter Haushalt reichte – oder dass sie auch nur von Nachbarn im Gespräch mit einem Besatzungssoldaten gesehen worden war, wurden ihre Aussagen zum Hergang der Tat als unglaubwürdig abgewiesen.

Die bürokratischen Schikanen nahmen zum Teil absurde Züge an. So sollten Antragstellerinnen mitunter nachweisen, dass sie versucht hatten, ihr Kind abtreiben zu lassen. Obwohl die zuständigen Behörden natürlich nur zu gut wussten, dass Abtreibungen in der ländlichen Bevölkerung aus religiösen Gründen oft abgelehnt wurden und nach Kriegsende im Übrigen in allen Besatzungszonen mit wenigen Ausnahmen verboten gewesen waren.

Nach meinen Recherchen dürfte kaum jede hundertste vergewaltigte Frau, die um eine Rente für ihr Kind ersuchte, einen positiven Bescheid erhalten haben. Ihr Recht zugesprochen bekamen noch am ehesten diejenigen Mütter, die ein farbiges Kind bekommen hatten. Nach der damaligen rassistischen Logik der deutschen Bürokraten legte das den Tatbestand einer Vergewaltigung schon eher nahe. Deutlich wird das zum Beispiel bei einem Fall aus Bayern, in dem der Rentenantrag für ein Kind eines afroamerikanischen Besatzungssoldaten positiv beschieden wurde. Im Begründungsbescheid führte der Bürokrat aus:

> *»Es ist unwahrscheinlich, dass sich die Antragstellerin dem Neger freiwillig hingegeben hat. Gegen eine solche Annahme spricht vor allen Dingen der Ruf der Antragstellerin und ihrer Familie.«*[110]

Die deutsche Nachkriegsgesellschaft behandelte die Kinder der Gewalt sogar noch schlechter als uneheliche Kinder, die gegenüber ihrem leiblichen Vater immerhin Unterhaltsansprüche geltend machen konnten. Die besonders prekäre finanzielle Situation der Kinder der Gewalt führte oft zu extremer Armut mit den üblichen Konsequenzen: schlechtere Gesundheit, schlechtere Bildungs- und Berufsmöglichkeiten. Mit dieser Diskriminierung signalisierte der Staat den Kindern der Gewalt, dass ihm ihr Schicksal gleichgültig war und sie es nicht wert waren, besondere Hilfe zu erfahren.

Längerfristige psychische Folgen

Der Psychoanalytiker Hartmut Radebold, eine maßgebliche Stimme in der Diskussion um das besondere Schicksal der Kriegskinder, hat darauf hingewiesen, dass die persönlichen Erfolge und Leistungen der Männer und Frauen, die zur Generation der Kriegskinder zählen, diese dazu verleitet hätten, ihre spezifischen Probleme für lange Zeit zu übersehen. Viele von ihnen lebten nach dem Motto: »Was uns nicht umbringt, macht uns härter«, und das deutsche Wirtschaftswunder, zu dem sie beitrugen, schien ihnen recht zu geben.

Auch in historischen Studien zur Nachkriegszeit wurde die These vertreten, die Sozialisation der Kriegskindergeneration sei zwar hart gewesen, habe aber immerhin sehr erfolgreiche Menschen hervorgebracht. In einem meiner früheren Forschungsprojekte stieß ich auch auf manche entsprechende Selbsteinschätzung von Zeitgenossen. Kriegskinder, die ich nach ihrer Haltung zum Erziehungsstil der Abhärtung befragte, antworteten mir zumeist: Als Kind hart herangenommen worden zu sein und früh gelernt zu haben, Bedürfnisse zu unterdrücken, habe ihnen nicht nur nicht geschadet, sondern zu ihrer Lebenstüchtigkeit beigetragen.[111] Es ist ein menschliches Grundbedürfnis, mit der eigenen Erziehung der Eltern nicht allzu hart ins Gericht zu gehen, da ein allzu negatives Urteil das Selbstbild und die Bilanzfrage nachhaltig erschüttern könnte.

Dieser Auffassung stehen allerdings heutige Annahmen zur psychischen Entwicklung entgegen, die, ganz allgemein gesagt, davon ausgehen, dass die Generation der Kriegskinder und besonders die sogenannten Besatzungskinder und die Kinder der Gewalt aufgrund ihrer eigenen Hilflosigkeit und Abhängigkeit von fehlenden oder dysfunktionalen Bindungspersonen besonders gefährdet für psychische Beeinträchtigungen waren. Hartmut Radebold hat zusammenfassend folgende Auffälligkeiten bei Kriegskindern beschrieben, die sich auf die Kinder der Gewalt übertragen lassen: Sie blieben häufig ihr Leben lang misstrauisch, weil ihnen in der Kindheit das Vertrauen in die Sicherheit ihrer Umgebung gefehlt habe. Die Skepsis konnte auch noch im mittleren Alter verhindern, dass neuen Beziehungen vertraut wurde. Ein weiteres Persönlichkeitsmerkmal der Kriegskinder sei ihr forciertes Streben nach Unabhängigkeit, um künftig das Gefühl des Ausgeliefertseins zu vermeiden. Dazu trete ein übersteigertes Leistungsstreben, das der frühen Verantwortlichkeit der restlichen Familie gegenüber geschuldet sei, was im Fall einer Berufsunfähigkeit oder nach Austritt aus dem Berufsleben zu größeren Schwierigkeiten führen könne. Ferner seien häufiger Beziehungsstörungen zu beobachten, auch Beziehungsabbrüche zum Beispiel bei Söhnen, die ihren Müttern hatten beistehen müssen, sowie die Verweigerung, eine eigene Familie zu gründen.[112] Alle diese Befunde lassen sich anhand der geschilderten Fallbeispiele bestätigen. Dennoch muss Radebolds Bilanz relativiert werden, denn sie wurde aus Patientengeschichten gewonnen, das heißt, die Ergebnisse sind womöglich repräsentativ für Kriegskinder, die eine Psychoanalyse gemacht haben, aber nicht für die gesamte Geburtenkohorte.[113]

Die Idee, dass nicht bewältigte Erlebnisse, aber auch Haltungen einer Generation auf die Nachkommen übertragen werden und bei diesen Leiden und Übernahmen unreflektierter Haltungen bewirken könnten, sollte nicht dazu verführen, darin eine Zwangsläufigkeit zu sehen und einer ganzen Generation ein Trauma zuzuschreiben. Es gibt keinen Automatismus, keine »Mechanik« der Weitergabe, wie es gerne heißt. Vielmehr hängt solch eine Transmission auch von der Interaktion der jeweiligen Akteure, von individuellen Lebensumständen und persönlichen Ressourcen der Bewältigung ab. Mit anderen Worten, Kinder und spätere Nachkommen einer durch Kriegsereignisse traumatisierten Generation sind nicht dazu verdammt, das Leid weiterzutragen. Sie haben grundsätzlich die Möglichkeit, das psychische Erbe umzuformen, abzuschwächen und sogar zurückzuweisen.[114]

Leistungsdenken und Berufsorientierung

Wenn wir die These überprüfen, ob die Alterskohorten der Kriegskinder besonders leistungs- und berufsorientiert sind, müssen wir auch berücksichtigen, dass es in der deutschen Ökonomie der Nachkriegsjahre besonders viele Möglichkeiten gab, seine persönlichen Lebensumstände durch Arbeit zu verbessern oder sogar Karriere zu machen und gesellschaftlich aufzusteigen. Das Wirtschaftswachstum, der Arbeitskräftebedarf, die besseren Bildungs- und Beschäftigungsmöglichkeiten für Frauen kamen den jungen Leuten entgegen. Doch wo verläuft die Linie zwischen der allgemeinen deutschen Nachkriegsmentalität des Ärmelhochkrempelns und dem individuell übertriebenen, »pathologischen« Leistungswillen aufgrund schwieriger Bedingungen in der Kindheit?

Wo auch immer wir die Grenzen zwischen den kollektiven und den individuellen Faktoren ziehen wollen, kann jedenfalls auch für die hier Befragten festgehalten werden, dass alle auf mindestens einem Gebiet besonders ehrgeizig waren beziehungsweise sind und alle ihre Berufe als wichtige Anteile ihres Selbstwertes betrachten. Ob als engagierte Lehrerin, als Zahnärztin, als Fremdsprachensekretärin, ob in der Kommunalpolitik oder im Leistungssport – alle Interviewpartner haben sich beruflich und in ihrer Freizeit ins Zeug gelegt, haben ihre

Arbeit, ihr soziales Engagement, ihren Sport zu einem wichtigen Stützpfeiler ihres Lebens gemacht. Manchmal sogar mehr als ihnen guttat. Zwei der fünf Befragten gaben zu, dass sie im Laufe ihres Lebens eine Burnout-Krise hatten durchstehen müssen.

Die beruflichen Anstrengungen scheinen sich bis auf den Fall von Eleonore S., die ihre heutige finanzielle Situation bedrückt, für alle buchstäblich ausgezahlt zu haben. Und auch Eleonore S. sagt, dass für sie der Beruf lebensrettend war. Das große Engagement im sozialen und politischen Bereich, das Marianne K. noch im Rentenalter leistet, spricht außerdem für einen besonderen Stellenwert gemeinschaftlichen Engagements.

Es fiel mir auch auf, dass alle befragten Frauen sehr energisch gearbeitet oder sich gesellschaftlich eingebracht haben, auch dann, wenn sie nicht für sich oder Angehörige allein den Lebensunterhalt sichern mussten. Das ist für diese Frauengeneration eher ungewöhnlich. Das Bedürfnis nach Autonomie, oder anders gesagt, die Angst vor Abhängigkeit, war offenbar tatsächlich ausgeprägt und ging über das, was in einer ohnehin leistungsorientierten Generation erwartbar ist, hinaus.

Liebe und Bindung

Neben der Arbeit gilt gemeinhin die Liebe als Gradmesser für ein geglücktes, psychisch gesundes Leben. Auch in diesem Punkt gilt es in der Generation der Kriegskinder und bei den Kindern der Gewalt genau hinzuschauen. In den neunziger Jahren stieg in Deutschland die Scheidungsrate an, die Demografen sprechen von einem »zweiten späten Scheidungsgipfel«. Spät, weil es statistisch häufig ältere Menschen jenseits der Lebensmitte waren, die sich nach langjährigen Ehen von ihren Partnern trennten. Mit Hilfe von schriftlichen Fragen und mündlichen Interviews hat eine Studie an der Universität Gießen versucht herauszufinden, was hinter diesem Phänomen steckte, genau gesagt, ob sich ein zeithistorischer Zusammenhang für das Scheitern der Ehen finden lässt.

Die theoretische Prämisse der Psychologen war die Bindungstheorie, die besagt, dass Menschen abhängig von ihren frühkindlichen Beziehungserfahrungen mit der Mutter oder der relevanten Bezugsperson unterschiedliche Bindungsmuster entwickeln. Die Grundannahme war weiterhin, dass Menschen mit überforderten Müttern und abwesenden Vätern »internale Arbeitsmodelle«, also eine Art Blaupause für Beziehungen, haben, die späteren Bindungen hinderlich sein können. Daraus kann sich ein unsicheres, unterwürfiges oder auch vermeidend-ängstliches Bindungsverhalten in Liebesbeziehungen ableiten, so die Annahme.

Seit den Pionierarbeiten der Psychoanalytiker und Bindungstheoretiker John Bowlby und Rita Ainsworth in den vierziger Jahren haben Forschungen immer wieder gezeigt, dass diese inneren Arbeitsmodelle für Beziehungen im Lebenslauf relativ stabil bleiben, auch wenn es theoretisch die Möglichkeit der Veränderung gibt. Zusammengefasst heißt das: Wenn sich eine Bezugsperson in der Kriegs- und Nachkriegszeit nicht ausreichend um die Bedürfnisse eines Kleinkinds gekümmert beziehungsweise widersprüchlich und unberechenbar reagiert hat, könnte dies die Fähigkeit des nun erwachsenen Kindes, eine sichere Bindung einzugehen, noch im späten 20. Jahrhundert einschränken. Dazu kommt, so die Ausgangshypothese der Studie in Gießen, dass Menschen der Alterskohorten, die den Kriegskindern zugezählt werden, kulturell bedingt über weniger Ressourcen zur Bewältigung von Beziehungsproblemen verfügten und dass ihnen aufgrund ihrer Kindheiten Erfahrungen mit

Intimität, Austausch und Reflexion mit einem Partner oder einer Partnerin fehlten.[115]

In einer Stichprobe mit 24 Probanden fand die Forscherin Insa Fooken heraus: Die Vaterlosigkeit, ein weitverbreitetes Phänomen bei Kriegskindern und natürlich auch bei unseren Kindern der Gewalt, scheint tatsächlich Folgen für ihr späteres Liebesleben gehabt zu haben. Bei stark muttergebundenen Männern traten in den Ehen häufig Beziehungsprobleme zutage, da sie mit den Bedürfnissen ihrer Partnerinnen schlecht zurechtkamen. Bei vaterlosen Töchtern, die häufiger auf ungute Weise mit ihren Müttern verstrickt waren, setzten sich Probleme ebenfalls in der Ehe fort und konnten offenbar manches Mal nur durch einen »Befreiungsschlag«, die Trennung, gelöst werden. Fooken bilanziert, dass die spät geschiedenen Kriegskinder relativ häufig unter dem Einfluss ambivalenter und verstrickter Beziehungserfahrungen aus ihrer Kindheit standen.

Mit der Vaterlosigkeit und der ambivalenten Beziehungsqualität zur Mutter gingen eine höhere psychische Verletzlichkeit und ein labiles Selbstwertgefühl einher, was sich auf die Ehen auswirkte. Zusätzlich fiel den Forschern auf, dass sich die Probanden in ihren Vorstellungen zu den Geschlechterrollen vergleichsweise starr verhielten:

> *»So scheinen die Erkenntnisse aus den Emanzipationsbewegungen der frühen 70er-Jahre die hier befragten ›Kriegskinder‹ oft erst 20 Jahre später eingeholt zu haben. Bei einem Teil der Männer hat das eher zu einem Traditionalisierungsschub geführt […], bei einem Teil der Frauen zu einem Modernisierungsschub […].*[116]

Das heißt, Männer reagierten abwehrend oder verhindernd auf die Emanzipation der Frauen, wohingegen Frauen erst spät die Möglichkeiten eines selbstbestimmten Lebens erkannten und nutzen wollten.

Auch andere Studien haben sich mit den Auswirkungen der Kriegskindheit auf spätere Paarbeziehungen auseinandergesetzt. So gelangte die Psychotherapeutin Herta Betzendahl aufgrund von Erfahrungen mit Patientinnen und Patienten zu dem Schluss, dass die damals ungewöhnlich große Zahl von besonders früh geschlossenen Ehen nicht nur auf Schwangerschaften infolge der mangelnden Verhütung, sondern auch auf »das große Defizit der Kriegskinder an entgangener Zärtlichkeit [sic]« zurückzuführen sei.

Während also schon die Motive der Eheschließung besondere waren, sei die Scheidungsziffer in dieser Generation außerdem auf eine geringere Frustrationstoleranz der Beteiligten zurückzuführen, »die üblich ist bei früh gestörten Kindern«. Die Generation bringe keine Geduld auf, sondern handele in Liebesangelegenheiten nach dem »Alles-oder-nichts-Prinzip«. Grundsätzlich bestünden großes Misstrauen und große Vorsicht gegenüber Beziehungen. Sogar eine Häufigkeit sadomasochistischer Spielarten im Eheleben »bei gleichzeitiger Verklammerung der Partner, die unfähig erschienen, sich aus unerträglichen Konstellationen zu lösen«, will die Psychologin entdeckt haben. Wie die Studie aus Gießen identifiziert auch Betzendahl in der Generation der Kriegskinder eine stark stereotype Geschlechterrollenvorstellung und die Parentifizierung vor allem von vaterlos aufgewachsenen Männern als Gründe für die gehäuft auftretenden Eheschwierigkeiten.[117]

Bei »Besatzungskindern«, die durch freiwillige oder unfreiwillige sexuelle Kontakte gezeugt worden waren, stellt sich die Frage nach dem späteren Beziehungserleben noch dringlicher als bei Kriegskindern allgemein. Auch diese enger definierte Gruppe wurde mit Hilfe der Bindungstheorie erforscht. In einer Stichprobe eines Forscherteams der Universität Greifswald erlebten nur zwei von 146 sogenannten Besatzungskindern, die zwischen 1945 und 1966 geboren wurden, ihre Kindheit mit einem biologischen Vater, die Mehrheit kannte ihn nicht und musste mit einer Mutter aufwachsen, die verlassen worden beziehungsweise durch eine Vergewaltigung schwanger geworden war. Diese Kinder hatten, so die Studie, ein statistisch deutlich höheres Risiko, in jungen Jahren misshandelt zu werden, und litten im Laufe ihres Lebens häufiger an psychischen Problemen wie Depression, psychosomatischen Beschwerden oder einer posttraumatischen Folgestörung.

Die Mehrheit der Probanden hatte irgendwann in der Kindheit oder Jugend erfahren, dass ihr Vater ein Besatzungssoldat war, jedoch sei das Thema generell tabuisiert oder selten besprochen worden. Ein Viertel der Probanden musste als Kind einen Wechsel der Bezugspersonen hinnehmen, ein geringer Anteil hatte Phasen im Heim zu überstehen. Insgesamt waren die internen Arbeitsmodelle für Bindung bei der Gruppe der untersuchten »Besatzungskinder« häufiger problematisch. Die schlummernde Wahrheit über den Erzeuger und die als negativ oder zumindest problematisch empfundene Rolle der eigenen Eltern hatten wohl dazu beigetragen.

Obwohl der Erziehungsstil in dieser Generation im Ganzen gesehen häufiger autoritär und gefühlskalt war, hatten »Besatzungskinder« noch weniger körperliche Nähe und Zuneigung erfahren als der statistische Durchschnitt ihrer Altersgruppe. Zehn Prozent, verglichen mit 1,7 Prozent in der Durchschnittsbevölkerung, habe in der Untersuchung Zeichen schwerer Depressivität gezeigt sowie ein ängstliches und weniger vertrauensvolles Bindungsverhalten im Erwachsenenalter. Allerdings betonen die Psychologen der Studie auch, dass ein hoher Prozentsatz der »Besatzungskinder« resilient, das heißt psychisch unverwundbar, geblieben sei.[118]

Das alles spricht dafür, dass Kinder der Gewalt später im Leben in Partnerschaft und Liebe mit größeren Problemen zu kämpfen hatten. Unsere Beispiele unterstützen diese Vermutung. Klara M. beispielsweise heiratete das erste Mal aus der Situation einer parentifizierten Tochter heraus, die auch noch von Amts wegen in eine Ehe gedrängt wurde, weil sie anderenfalls in ein Heim gemusst hätte. Nachdem die erste Ehe gescheitert war, hat sie jahrelang versucht, einen Mann zu finden, und dabei, wie sie selbst sagt, immer wieder Liebe mit Sexualität verwechselt. Sie dachte, Sex gehöre dazu, wenn sie Liebe wolle. Eleonore S. betrachtet ihre erste Ehe ebenfalls als gescheitert. Auch sie hat für das Gefühl, geliebt zu werden, viel in Kauf genommen – bis hin zu Gewalt. Beide Frauen haben erst durch Psychotherapien erfahren, dass sie einem destruktiven Beziehungsmuster folgten. Auch die Ehe von Karl T. ist gescheitert; er berichtet ebenfalls von einer gewaltsamen Episode in seinem Leben.

Beeinträchtigte Eltern-Kind-Beziehung?

Die Beziehungen, die die Kinder der Gewalt zu ihren eigenen Kindern haben, sind noch nicht ausreichend erforscht, jedoch legen die oben genannten Bindungsbeeinträchtigungen nahe, dass sie sich auch auf diesem Gebiet schwerer tun, denn unsicher gebundene Kinder werden häufiger auch wieder Eltern mit Schwierigkeiten beim Bindungsverhalten mit ihren Kindern. Die Psychoanalytikerin Marianne Leuzinger-Bohleber hat der Generation der Kriegskinder allgemein ein schwieriges Verhältnis zu den eigenen Kindern attestiert und glaubt sogar, eine vaterlose Kriegskindheit habe häufiger dazu geführt, dass diese Generation sich der Fortpflanzung komplett verweigert habe.[119] Naheliegender Hintergrund könnte die eigene Parentifizierung als Kind gewesen sein, die ein Ergebnis der besonderen Hilfsbedürftigkeit der Mütter war, aber auch fehlende Vorbilder für Mütterlichkeit und Väterlichkeit. Die Erinnerung daran, wie schwer es war, das Leid der Eltern heilen zu müssen, immer ein Musterkind gewesen sein zu müssen, immer auf die Eltern aufgepasst zu haben, könnte die Neigung, selbst ein Kind in die Welt zu setzen, bremsen.

Klara M. erzählte mir, dass ihr ein Stein vom Herzen gefallen sei, als sie sich sterilisieren ließ, denn sie habe sich nicht zugetraut, für ein Kind zu sorgen. Marianne S. ließ durchblicken, dass sie mit der Geburt der Erstgeborenen überfordert gewesen war und ihre Mütterlichkeit infrage gestellt habe.

Eleonore S. schilderte ihre Beziehung zu ihrer Tochter ebenfalls als krisenanfällig. Nicht zuletzt habe es ihr an Unterstützung durch ihre eigene Mutter gefehlt. Sie fand es schwierig, sich an den Gedanken zu gewöhnen, dass ihre Tochter Yvonne weit weg in Australien lebt und offenbar eine Zeit lang ebenfalls unter Beziehungsproblemen litt. Sie glaubt, ihre eigene Vorbelastung mit Männern, die turbulenten Szenen, die ihre Tochter miterleben musste, seien dafür verantwortlich.

Yvonne litt nicht nur an Legasthenie und wäre als Kind beinahe an einer Überdosis Schlafmittel gestorben, sondern hatte als junge Frau auch eine große Operation, bei der eine zweieinhalb Kilo schwere Wucherung aus dem Bauchraum entfernt werden musste. Ihre Tochter sei immer durch ihre Lebensumstände belastet gewesen, deshalb habe sie mit ihr nie offen über das Schicksal ihrer Mutter und Großmutter sprechen wollen:

»Sie hat Jahre gebraucht, bis sie vor circa zwei Jahren mir gegenüber offener wurde. Verständnis für mich hat sie allerdings nie aufbringen können.«

Trotzdem, sagt Eleonore S., sei sie stolz darauf, ihre Tochter großgezogen zu haben. Neben der Arbeit habe ihr diese Aufgabe Halt im Leben gegeben.

Bei Maria K. wirkt die Beziehung zu den Kindern harmonisch. Die beim Interview anwesende Tochter betonte, dass sie sich keine bessere Mutter hätte wünschen können, und auch bei Marianne S. ließen sich die anfänglichen Schwierigkeiten mit der erstgeborenen Tochter lösen. In beiden Fällen wirken die Töchter heute empathisch und interessiert an den Lebensgeschichten ihrer Mütter. Wie gesagt: Es ist keinesfalls zwingend, dass die Hypothek aus der Familiengeschichte weitergetragen wird.

Individueller Leidensdruck

Einer Historikerin steht es weder zu, über die psychischen Belastungen und die Lebenszufriedenheit ihrer Interviewpartner zu spekulieren, noch hat sie das nötige fachliche Werkzeug dafür. Zur Frage nach den psychischen Langzeitfolgen für die Kinder der Gewalt bleibt mir nur übrig, die Selbsteinschätzung der Betreffenden zu referieren. Haben sie in ihrem Leben Leidensdruck erlebt? Und wie beschreiben sie selbst ihre psychische Situation heute?

Nach eigenem Bekunden haben vier der fünf intensiv Befragten mehr oder weniger lange, manchmal mehrfach Therapien in Anspruch genommen. Das zeigt zunächst einmal, dass die Interviewpartner vom »Psychoboom« der siebziger Jahre und danach profitiert haben. Sie sind in eine Zeit hineingewachsen, in der es zunehmend möglich war und ist, über die eigenen Gefühle zu sprechen, und in der man es auch nicht mehr peinlich finden muss, einen Therapeuten oder eine Therapeutin aufzusuchen. Es zeigt sich aber auch, dass die Befragten Leidensdruck spürten oder zumindest Probleme wahrnahmen und sich bemühten – vielleicht auch erst mit Hilfe der Therapien –, vor dem Hintergrund der Vergewaltigung der Mütter über ihr eigenes Leben und ihre eigene Lage zu reflektieren.

Doch auch wenn die von mir befragten Kinder der Gewalt im Laufe ihres Lebens (teilweise massive) psychische Probleme bei sich entdeckten und professionelle Hilfe in Anspruch nahmen, ist das natürlich noch kein Beleg für einen Zusammenhang zwischen dem historischen Ereignis der Nachkriegsvergewaltigungen und ihren Beschwerden. Nur sie selbst können eine Verbindungslinie ziehen zwischen ihren Problemen und den Gewalterfahrungen ihrer Mütter.

Alle waren jedoch überzeugt, dass ihren Müttern das Hilfsangebot, das sie selbst nutzen konnten, gefehlt habe. Ob traumatisiert oder nicht, die Frauen, die am Ende des Krieges Opfer sexueller Gewalt wurden, konnten sich nach der Tat kaum psychologische Unterstützung suchen. Das legen nicht nur die von mir geführten Interviews und zahlreiche andere autobiografische Quellen nahe, zu diesem Ergebnis kommt auch eine Studie an der Universität Greifswald. Die befragten Frauen der Erlebnisgeneration entschieden sich mehrheitlich dafür, das düstere Kapitel in ihrem Leben zu verdrängen:

> *»Das Sprechen über die Ereignisse nannte nur jede vierte Frau als persönliche Bewältigungsform. Dieser Befund ergibt sich wahrscheinlich aus der damaligen und bis heute währenden gesellschaftlichen Tabuisierung der beschriebenen Kriegsvergewaltigungen. Der […] notwendige Wiederaufbau*

half vermutlich vielen Frauen in der damaligen Zeit, Abstand zu dem Erlittenen zu gewinnen. Hinzu kam, dass besonders in der späteren sowjetischen Besatzungszone nicht über die Ereignisse gesprochen werden durfte.«

Die Befragten hätten außerdem insgesamt wenig Unterstützung im Umfeld erfahren, was mit der Neigung und Intensität ihrer posttraumatischen Belastung korreliert habe, so die Autoren der Greifswalder Studie.[120]

In dieser Hinsicht waren die Kinder der Opfer bereits wesentlich besser dran: Sie hatten wenigstens die Möglichkeit, sich professionelle Hilfe zu suchen. Anlass und Intensität der psychotherapeutischen Interventionen waren dabei durchaus unterschiedlich. Während Maria K. die Gespräche mit einem Psychologen während ihrer Zeit bei den Armen Schulschwestern als eher allgemeine Beratung bezeichnet – es sei unter anderem darum gegangen, die schwerwiegende Entscheidung zu begleiten, ob sie im Orden bleibt oder ihn verlässt, um eine eigene Familie zu gründen –, suchte Eleonore S. therapeutische Hilfe vor allem wegen ihrer Schwierigkeiten mit Männern und der eigenen Sexualität. Klara M. haben vordergründig gesundheitliche Probleme in ärztliche Behandlung gebracht. Aufgrund ihrer Abhängigkeit von Abführmitteln wurde ihr schließlich eine Therapie empfohlen. Bei Marianne F. gaben Schwierigkeiten im Umgang mit dem ersten Kind den Ausschlag, sich in therapeutische Behandlung zu begeben. Karl T. wiederum nutzte aufgrund einer schwierigen Ehe vorübergehend das Angebot einer Paartherapie.

Diese Motive, psychologische Hilfe zu suchen, zeigen, dass die Beziehungsgestaltung, sei es zum Kind, sei es zum Partner, als Problem wahrgenommen wurde. Von den fünf Interviewpartnern war nur eine Person nicht getrennt oder geschieden:

Maria K., die bis zu ihrem dreißigsten Lebensjahr die Frage, ob sie eine Familie gründen oder im Kloster leben wollte, offen gelassen hatte.

Besondere Problemfelder in den Beziehungen der von mir Befragten waren Sexualität und Gewalt. Alle vier Frauen erzählten, dass sie eine späte und schwierige Entwicklung hin zur sexuellen Aktivität durchgemacht hätten, eine Interviewpartnerin sagte, dass Missbrauch in einer ihrer Beziehungen ein Thema gewesen sei. Sie habe gedacht, erklärte sie, dass sie sexuell immer zur Verfügung stehen müsse, um Liebe zu bekommen. Dem Sohn des Vergewaltigungsopfers war es wichtig, mich darauf hinzuweisen, dass für ihn Sex nur als Zärtlichkeit infrage komme, gleichzeitig bekannte er, in einer Beziehung gewalttätig geworden zu sein.

Gemessen am Leidensdruck, den die von mir befragten Kinder der Gewalt nach eigener Einschätzung in ihrem Leben empfunden haben, waren die Unterschiede zwischen den Kindern, die aus Vergewaltigungen hervorgingen, und den Kindern von vergewaltigten Müttern höchstens graduell. Die in Gewalt gezeugten Kinder nannten aus offensichtlichen Gründen die Frage nach ihrer Herkunft und Identität als größeres Problem, aber im Gesamtbild ähnelten sich die Einschätzungen. Das führt zu dem naheliegenden Schluss: Nicht die eigene gewaltsame Entstehungsgeschichte, sondern das Aufwachsen mit einer verstörten Mutter, mit einem Vergewaltigungsopfer, war die Hauptbelastung.

Ein weitreichendes Erbe, aber keine Pflicht zur Wahrheit

Die in diesem Buch ausführlich geschilderten Fallgeschichten, aber auch zahlreiche kurze Interviews und Briefwechsel mit Kindern der Gewalt haben mir gezeigt, dass die individuellen Folgen der Massenvergewaltigung bei Kriegsende für die Nachkommen bis in die Gegenwart reichen. Für die weitere Forschung erscheint mir das ein wichtiger Befund zu sein. Wenn wir die lange Wirkung des Zweiten Weltkriegs wirklich verstehen wollen, müssen wir einrechnen, dass die Spuren der Gewalt in den Elternhäusern weitergegeben wurden, und das konnte, wie etwa die Geschichte von Eleonore S. zeigt, auch noch beim Geburtsjahrgang 1965 der Fall sein. Mithin gehören nicht nur »Achtundsechziger«, sondern auch noch manche »Babyboomer« zur Generation der »Kriegskindheit«.

Dennoch würde ich, was die Frage der transgenerationalen Traumatisierung angeht, für Zurückhaltung plädieren. Das heute inflationär angebotene Passepartout der Kriegskind- und Kriegsenkel-Traumatisierung scheint mir weder angemessen noch für die Betreffenden hilfreich zu sein. Zum einen zeigten sich Befragte in der Gegenwart zufrieden und von ihrer Belastung »geheilt«. Zum anderen kann die Rede von der transgenerationalen Traumatisierung kontraproduktive Folgen haben. So hörte ich immer wieder Sätze des Bedauerns bei den Kindern der Gewalt, dass sie nicht stärker in ihre Mütter gedrungen seien, um »die Wahrheit« zu erfahren. Es scheint, als fühlten sie eine Art Pflicht, das Schweigen zu brechen – die Folge allzu vereinfachter Theorien darüber, dass Traumata besprochen und »durchgearbeitet« werden müssen.

Doch diese Idee darf weder zum Imperativ noch zur Leistungsbemessung werden. Denn sie lässt völlig außer Acht, dass es für die vergewaltigten Mütter besser gewesen sein konnte, über ihr Schicksal nicht sprechen zu müssen, und dass es für ihre Kinder auch eine wohlbegründete Frage des Taktes und der Vorsicht gewesen sein konnte, das Thema nicht zu berühren. Sich daraus im Nachhinein einen Vorwurf machen zu lassen oder ihn sich selbst zu machen, ist nicht nur falsch, sondern gefährlich. Belastungen wurden beschrieben, psychotherapeutische Hilfe wurde gesucht, was aber am Ende zählt, ist das subjektive Gefühl, das Leben nicht nur gemeistert, sondern sogar sinnhaft und genussvoll gelebt zu haben. Auch jene von mir Befragten, die sehr steinige Pfade zurücklegen mussten, scheinen zum jetzigen Zeitpunkt mit ihren Lebensbilanzen ganz zufrieden zu sein. Sie sollten sich die Freude über das Erreichte nicht dadurch schmälern lassen, dass es in ihrer Familiengeschichte Nicht-Gesagtes und Unbesprochenes gibt. Stattdessen können die Kinder der Gewalt auch zufrieden mit sich sein, wenn sie es ihren Müttern überlassen haben, wie viel sie von ihrem Geheimnis preisgeben.

SEX UND ANGST UND DIE FOLGEN BIS HEUTE

Während die Konsequenzen der Massenvergewaltigung in Deutschland durch die Besatzungstruppen für individuelle Opfer und ihre Familien noch relativ leicht zu benennen sind, ist die Frage nach den gesamtgesellschaftlichen Auswirkungen schon schwieriger zu beantworten. Wo es um kollektive Phänomene und Dispositionen geht, sind kausale Beziehungen zu historischen Ereignissen nur schwer zu belegen. Wir können höchstens Korrelationen feststellen und plausible Schlüsse daraus ziehen. In unserem Fall liegt es nahe, die omnipräsente sexuelle Gewalt und Gefährdung in Beziehung zu setzen mit dem Umgang der Deutschen mit den Themen Sexualität, Moral, Familie, Ehe und Jugend in der langen Nachkriegszeit.

Die Dominanz dieser kritischen Punkte in den gesellschaftlichen Diskussionen nach dem Zweiten Weltkrieg gibt jedenfalls zu denken. Bislang hatte die Geschichtswissenschaft dafür zwei Erklärungen: Der Sex- und Moraldiskurs der fünfziger Jahre wurde symbolisch gedeutet als Symptom eines Abwehrkampfes gegen die Moderne oder als eine Form der Verarbeitung des nationalsozialistischen Erbes. Der naheliegende Gedanke, darin auch eine Reaktion auf die *Erfahrungsgeschichte* der Deutschen im Krieg und danach zu suchen, ist dagegen unterbelichtet geblieben. Sexualität nach 1945 war aber nicht nur in Hinblick auf die Aufarbeitung des Nationalsozialismus von Bedeutung, reflektierte nicht nur Fantasien über die Vorkriegszeit und eine angeblich sexuell libertäre Haltung im Hitlerregime, wie beispielsweise Dagmar Herzog meint, war auch nicht nur Verhandlungsmasse konservativer und fortschrittlicher Kräfte beim gesellschaftlichen Wiederaufbau, wie Sybille Steinbacher argumentiert hat – Sexualität hatte vorrangig eine *reale* Bedeutung für die Menschen nach dem Krieg.[121]

Mit Sexualität im weitesten Sinne verbanden sich kollektive Gefühle wie die Demütigung der militärischen Niederlage oder das männliche Versagen beim Schutz der Frauen, aber auch ganz konkrete Missbrauchshandlungen von fremden Soldaten, die sich in den Körpern und Herzen Hunderttausender von Frauen, Männern und Familien festsetzen konnten. Deutsche Männer (und Frauen) hatten im Krieg selbst das sexuelle Selbstbestimmungsrecht anderer Menschen massenhaft verletzt und waren darin verletzt worden. Deutschland war nach dem Krieg ein sexuell beschädigtes Land. Diese Feststellung scheint mir wesentlich zu sein, nicht nur, damit wir die Probleme einordnen können, von denen viele Kinder der Gewalt in Hinblick auf Intimität und Sexualität berichten, sondern auch, damit wir den allgemeinen zeithistorischen Hintergrund verstehen, vor dem wir noch heute leben. Die mittelbaren Auswirkungen der massiven Gewalterfahrung bei Kriegsende bestanden in einer Vermischung der Sexualgewalt mit moralischen Diskursen, mit der gesellschaftspolitischen Neuordnung nach Kriegsende, mit Geschlechterpolitik und nicht zuletzt mit der fortdauernden Sorge um die Reinhaltung des »Volkskörpers«.

Reinheit und Moral

Die geschlechterpolitische Diskussion um Frauen, denen Fraternisierung unterstellt wurde, habe ich andernorts ausführlich dargestellt. Ich habe gezeigt, dass es dabei zu einer Hierarchie von Opfern kam: Oben standen die bürgerlich-ehrbaren »unschuldigen« Frauen, die Töchter und die Ehefrauen respektierter Männer, die womöglich auch noch von einem farbigen oder einem sowjetischen Soldaten vergewaltigt worden waren. Aufgrund der zeitgenössischen Moralvorstellungen und rassistischen Grundhaltung der Gesellschaft wurde diesen Opfern am ehesten Glaubwürdigkeit und Mitgefühl zugestanden. Am untersten Ende der gesellschaftlichen Achtbarkeit standen diejenigen Vergewaltigungsopfer, die sich angeblich gewissenlos, illoyal und unzuverlässig verhalten hatten. Das betraf vor allem »Asoziale«, Arme, Zugewanderte und die sogenannten Ami-Liebchen. Die Massenvergewaltigung wirkte also auf die Gesellschaft wie eine soziale Neuordnung – es kam zur Ausgrenzung der nicht bürgerlichen und missliebigen Frauen im Auftrag der bürgerlichen Erneuerung und Wiederauferstehung der Gesellschaft nach dem Nationalsozialismus.

Ein zweites Element der unmittelbaren gesellschaftlichen Auswirkung der sexualisierten Gewalt der Siegerarmeen war der aufgeheizte Diskurs um die sogenannte Volksgesundheit. Auch darin wurden Argumente der »Sittlichkeit« mitverhandelt, wie ja der Gesundheitsdiskurs grundsätzlich auch heute noch dazu neigt, mit Vorstellungen des richtigen und des falschen Lebens verknüpft zu werden.

Sowohl die deutsche Nachkriegsgesellschaft als auch die Besatzungsarmeen waren besessen vom Thema Geschlechtskrankheiten. Das hatte natürlich einen realen Hintergrund: Nach dem Krieg war die Infektionsrate mit Geschlechtskrankheiten stark gestiegen. 0,5 Prozent aller Deutschen sollen im Jahr 1946 mit Gonorrhö (Tripper) und 0,2 Prozent mit Syphilis infiziert gewesen sein, was eine Verdopplung beziehungsweise Verdreifachung gegenüber 1934 war. Neben dem medizinischen Problem der erhöhten Infektionsraten dienten Geschlechtskrankheiten als Anlass, über die »Volksgesundheit« und die »Reinhaltung« des Volkes zu diskutieren.

Der Kampf gegen die um sich greifenden Geschlechtskrankheiten wurde in allen Besatzungszonen ausgetragen, deutsche Behörden arbeiteten Hand in Hand mit den Armeen der Besatzungskräfte. In der sowjetisch besetzten Zone listeten Psychiater und Neurologen bei einer Arbeitsbesprechung zur Bekämpfung der Ansteckungen im November 1946 »Notstandsgebiete« auf, wo Untersuchungsstellen rund um die Uhr geöffnet bleiben müssten. Auch bei den amerikanischen Soldaten erhöhten sich die Infektionsraten in einem Maße, dass befürchtet wurde, zum Jahresende 1946 könnte ein Drittel der GIs angesteckt sein. Die Amerikaner begannen gemeinsam mit den Sowjets, nicht nur die eigenen Soldaten, sondern auch die deutschen Frauen zu untersuchen und zu behandeln. Streifen gingen gegen Animierlokale, Bars, verdächtige Pensionen und andere einschlägige Orte vor. Bestimmte Personenkreise wurden vorbeugend untersucht, unter anderem das Pflegepersonal von Säuglings- und Kinderkrankenhäusern, der Prostitution verdächtige Personen, Aussiedlerinnen. Dem Problem der sexualisierten Gewalt der eigenen Soldaten gegen Zivilistinnen wurde hingegen mit deutlich weniger Einsatz begegnet.

Der Blick in die Quellen zeigt, wie unverhältnismäßig und unausgewogen das Thema behandelt wurde im Vergleich zu den eigentlich wichtigen moralischen Themen der Zeit, allen voran den Verbrechen der Deutschen im Nationalsozialismus. Nur ein Beispiel: Der sexuelle Umgang deutscher Soldaten mit Zivilistinnen in den überfallenen Ländern wurde auf ein Gesundheitsproblem reduziert. In einer amtlichen Bekanntmachung in der Nord-Rheinprovinz im November 1945 hieß es:

> *»Männer und Frauen der Wehrmacht! Wenn sie [sic] während des Krieges sich eine Geschlechtskrankheit zugezogen haben, müssen sie sich sofort zur Untersuchung melden, um festzustellen, daß die Seuche vollkommen ausgeheilt ist. Sonst können Sie Ihre Frau oder Ihren Mann sowie Ihre Kinder anstecken.«*[122]

Die oftmals gewalttätigen Akte, mit denen sich die deutschen Militärangehörigen in den eroberten und besetzten Gebieten solch eine Infektion zugezogen haben könnten, blieben wohlweislich unausgesprochen.

Die Beschäftigung mit den Infektionen der deutschen Frauen nach Kontakt mit Besatzungssoldaten erscheint hingegen vergleichsweise überdimensioniert: Frauen wurden als mögliche Krankheitsträger herabgewürdigt (als gingen Geschlechtskrankheiten immer nur von Frauen aus), und der Abwehrkampf galt weniger den Keimen als dem angeblich zügellosen Verhalten der Frauen. Überall im Lande begannen Razzien gegen weibliche Jugendliche und Erwachsene. Die oft bei helllichtem Tag im öffentlichen Raum Aufgegriffenen wurden zu Ärzten geschafft und zwangsweise untersucht. Infizierte hatten mit Polizeimaßnahmen zu rechnen, die bis zur Inhaftierung gingen. Wie eng der Moralbegriff mit einer geschlechterpolitischen Doktrin verknüpft war, zeigt die Tatsache, dass sich die Disziplinarmacht die Frauen und Mädchen herauspickte.[123]

Die Landpolizei Traunstein meldete beispielsweise am 27. Oktober 1947, aus dem Krankenhaus Traunstein sei ein hochinfektiös syphiliskrankes Mädchen entkommen. Sie war um sechs Uhr morgens aus dem Fenster der Männertoilette geklettert und in den Wald gerannt, ihre Krankenhauskleidung warf sie unterwegs ab. Als das Mädchen wieder eingefangen war, hieß es, sie sei »eine Gefahr für die Volksgesundheit«. Da das örtliche Krankenhaus keine Garantie für sie übernehmen wollte und die Polizei die Patientin für ein »leicht beeinflussbares Geschöpf« hielt, wurde sie in die Krankenabteilung des Münchner Gefängnisses Stadelheim überstellt.[124]

Wie hoch der Anteil der Vergewaltigten unter den Infizierten war, können wir heute nicht sagen. Die meterdicken Aktenbestände allein im Bundesarchiv in Berlin-Lichterfelde mit Anordnungen, Tabellen und Durchführungsvorschriften legen jedoch nahe, dass die deutschen Behörden dem Kampf gegen Geschlechtskrankheiten weit mehr Aufmerksamkeit schenkten als den oftmals gewalttätigen Umständen, die zu den Infektionen geführt hatten; Vergewaltigungen ließen sich eben auch nicht mit Spritzen und Tabletten bekämpfen.

Es ist offensichtlich, dass diese staatlichen Anstrengungen, die sich vor allem gegen Frauen und Mädchen richteten, nicht nur den Gefahren sexuell übertragbarer Krankheiten, sondern einem unterstellten Sittenverfall galten, allen voran den Grauzonen der Prostitution, der »heimlichen Prostitution« aus materieller Not, der professionellen Prostitution, aber auch dem »häufig wechselnden Geschlechtsverkehr«, wie man das nannte. Zur Diskussion stand nicht die individuelle Notlage der Frauen, sondern die »Reinheit« des »gemeinsamen Blutes«. Die Nachkriegsgesellschaft war nicht bereit zu differenzieren zwischen freiwilligen und mit Gewalt oder auch durch Not erzwungenen sexuellen Kontakten. Insofern trug die Massenvergewaltigung indirekt dazu bei, dass überkommene Vorstellungen von einem gesunden »Volkskörper« sowie autoritäre gesundheitspolizeiliche Traditionen aus der Zeit vor 1945 am Leben blieben.

Gefühlserbschaften

Neben solchen unmittelbaren und direkten gesellschaftlichen Folgen der Massenvergewaltigung müssen wir auch von indirekten Folgen ausgehen, die sich in weniger fasslichen mentalen und emotionalen Bereichen abspielen. Einstellungen und Ängste halten sich in der nächsten Generation, ohne dass der Bezugspunkt eines historischen Ereignisses bekannt oder bewusst sein muss. (Ein oft genanntes Beispiel für eine derartige unbewusste mentale Erbschaft über Generationen hinweg ist die in der Nachkriegsgeneration und teilweise bis heute in Deutschland häufig anzutreffende Überzeugung, es sei vorteilhaft, wenn ein Mensch Schmerzen erduldet und sie nicht mit Medikamenten abmildert. Den wenigsten ist dabei bewusst, dass diese Einstellung Teil einer überlieferten Abhärtungsideologie sein könnte.)

Es erscheint plausibel, dass bei den Nachfahren der Generation der Vergewaltigungsopfer eine Botschaft angekommen ist, ohne dass sie sich selbst erklären konnten, woher sie stammt. Denn transgenerationelle Traumafolgen werden, wie vieles andere auch in der Sozialisation, unbewusst weitergegeben, zum Beispiel durch nebulöse Andeutungen. Sie schaffen eine Atmosphäre, die nicht greifbar, nicht durchdringbar ist, in der nichtsdestotrotz allen Beteiligten klar wird, dass es da etwas gibt, das schrecklich war, das aber nicht berührt, nicht angesprochen werden darf.[125]

Für die Undurchsichtigkeit der mentalen und emotionalen Erbschaften der Massenvergewaltigung spricht auch, dass sie als Strafe für das Handeln der Deutschen aufgefasst werden konnte. Selbstzeugnisse von Vergewaltigungsopfern zitieren immer wieder die weitverbreitete Haltung damals, die Frauen dürften sich nicht beklagen über das, was ihnen geschehen ist, angesichts des Leids, das ihre Männer im Krieg über andere gebracht hätten. Die Angst vor Rache für beschämende Taten, die schon während des Krieges Propagandaminister Joseph Goebbels geschürt hatte, war ein zusätzlicher Grund, warum man über die Vergewaltigungen durch Besatzungssoldaten schwieg.

Zudem hatte die deutsche Nachkriegsgesellschaft eine Gefühlskultur geerbt, die auf mannhafte Unterdrückung von Emotionen baute. In zwei Weltkriegen und besonders in der Zeit des Nationalsozialismus, die erst recht durch den Ethos der Härte geprägt gewesen war, hatte man gelernt, keine Angst zu haben oder jedenfalls zu zeigen.[126] Natürlich konnte Angst nicht per Dekret abgeschafft werden, aber die Möglichkeit, sie wahrzunehmen und zu benennen, war eingeschränkt.

Das emotionale Klima der Nachkriegszeit sollte zudem nach den Propagandaräuschen der NS-Zeit betont nüchtern sein. Umso schwieriger ist es heute, die Gefühlsaltlasten, die mit der kriegsbedingten sexuellen Gewalt zusammenhängen, aufzuspüren. Das kontrollierte, bürgerliche Gefühlsmanagement hat sich, wenn wir der relativ neuen Disziplin der Emotionengeschichte glauben dürfen, erst ab Ende der fünfziger Jahre gelockert – Ängste konnten nur allmählich im öffentlichen und politischen Raum stärker ausgedrückt werden, galten nur allmählich auch in der Fachwelt nicht mehr als Zeichen von Schwäche.[127]

Eine deutsche Disposition für Ängstlichkeit?

Der Historiker Frank Biess hat eine ganze Liste punktueller und spontaner Angstausbrüche der Deutschen nach dem Krieg identifiziert, die für ihn Punkte zeigt, an denen sich die mühsam unterdrückten Emotionen schlussendlich doch Bahn gebrochen haben. Als hätten sich die unterdrückten Gefühle unterirdisch gesammelt, um an unerwarteter Stelle zu entweichen, kochten nach seinem Dafürhalten in der Nachkriegszeit in der Bundesrepublik aufgrund verschiedenster Auslöser plötzlich kollektive Angstzustände hoch (für die DDR gibt es dazu leider noch keine analogen Forschungsergebnisse). Dabei handelte es sich nicht um spezifisch deutsche Ängste – sie traten auch in anderen Ländern auf –, sondern vielmehr um eine spezifisch deutsche Intensität, mit der die Gefühle plötzlich wahrgenommen und geäußert worden seien, sobald das kontrollierte bürgerliche Gefühlsregime sie nicht mehr unter dem Deckel halten konnte.

Ein Beispiel aus den frühen fünfziger Jahren sei, so Biess, etwa die Angst in Deutschland gewesen, dass die französische Fremdenlegion massenweise junge Männer entführen könnte. Tatsächlich hatten sich einige Tausend Deutsche in dieser Zeit bei der Fremdenlegion verpflichtet, auch aus Gründen der Existenzsicherung, doch das habe in keinem Verhältnis zu den von Medien, aber auch von Landesregierungen lancierten Verschwörungstheorien gestanden, die in der Bevölkerung Ängste vor vermeintlichen Rattenfängern der Fremdenlegion schürten. Dass ein Zusammenhang bestanden habe mit dem Ohnmachtsgefühl der Deutschen im Angesicht der französischen Besatzungsmacht im Land, liegt für den Historiker auf der Hand. Biess schlägt vor, die übertriebenen Reaktionen auf eigentlich harmlose Anlässe als »moralische Panik«, als Ausdruck einer generalisierten Angst der Deutschen nach dem Krieg um das kostbarste Gut der Gesellschaft – die Jugend des Landes – zu deuten. Nährboden dafür sei das Unbehagen über die erniedrigende Situation des Kriegsverlierers gewesen.[128]

Als ein weiteres Beispiel übersteigerter Reaktion könne die kollektive Angst vor dem wirtschaftlichen Niedergang und vor schwindenden Energieressourcen gewertet werden. Ältere Zeitgenossen erinnern sich noch an den »Ölschock« im Jahr 1973. Als Antwort auf gestiegene Rohölpreise verhängte die Bundesregierung damals an vier Sonntagen ein Fahrverbot und an anderen Tagen ein Tempolimit, auch wenn das den Energiebedarf natürlich nicht nennenswert drosseln konnte. Obwohl die Benzineinsparungen dieser Aktionen gering waren, wollte die Politik mit ihnen ein Bewusstsein dafür schaffen, wie sehr das Leben in der reichen Industrienation vom Öl abhängt. Kombiniert mit dem 1972 vorgelegten Bericht des Club of Rome über die »Grenzen des Wachstums«, kochten daraufhin apokalyptische Zukunftsängste hoch, die, bei allem Ernst der Lage, die realen Gefahren zum damaligen Zeitpunkt doch stark dramatisierten. Auch in den achtziger Jahren bündelten sich, so Biess, die frei flottierenden Ängste immer wieder. Er nennt als Beispiele zwei Großängste der Deutschen, die in der Friedens- und in der Umweltbewegung ihren Ausdruck gefunden hätten.[129]

Übersteigerte Sorge um die Sexualität der Jugend

Die Frage wäre, ob sich analog dazu infolge der kriegsbedingten Massenvergewaltigung in Deutschland ähnliche übersteigerte Angstreaktionen in der Gesellschaft nach 1945 fassen lassen. Ein Symptom der kollektiven Angst scheint mir tatsächlich darauf hinzudeuten, nämlich die bereits erwähnte übergroße Konzentration der Deutschen auf die angeblich deviante und gefährdete jugendliche Sexualität in den fünfziger Jahren.

Nach dem katastrophalen Ende des von den allermeisten Deutschen mitgetragenen (wenn nicht gar unterstützten) nationalsozialistischen Wertesystems, nach dem Verlust vermeintlicher nationaler Größe, der moralischen Entblößung der als »Volksgemeinschaft« idealisierten deutschen Gesellschaft starrte das ganze Land mit schreckensgeweitetem Blick auf die Lage der Jugend. Die eigenen Nachkommen verkörperten in den Augen der Erwachsenen alle Sorgen um die Zukunft; an ihnen würde sich erweisen, ob sich das Land von der Vergangenheit erholen oder für immer moralisch korrumpiert bleiben würde. Nie wieder in der Geschichte der Bundesrepublik wurde der Jugendschutz als jugendpolitisches und pädagogisches Programm so vehement propagiert und praktiziert wie in diesen Jahren, schreibt die Historikerin Julia Ubbelohde über die Nachkriegszeit.[130]

Im Mittelpunkt der »Schutzvorsorge« der Jugend stand

aber die Sexualität. Das Thema der sexuellen Gefährdung und der sexuellen Devianz Jugendlicher spielte in den fünfziger Jahren eine ganz und gar überproportionale Rolle. Dabei drehte sich der Diskurs um den sittlichen Verfall der Jugend immer wieder um die Figur des »fremden Mannes«, um den Verführer, der mit falschen Versprechungen Kinder lockte, ihnen die Unschuld raubte – und in dem unschwer der Besatzungssoldat zu erkennen ist. Die Angst vor dem fremden Mann vergrößerte symbolisch die gefürchtete Potenz der Besatzungsmächte. Sie war ein Katalysator für Gefühle, die ansonsten unausgesprochen bleiben mussten, für Gefühle der verlorenen sexuellen Selbstbestimmung und der Abhängigkeit von der Gnade fremder Mächte sowie der Angst um die eigene Sicherheit und Integrität.[131]

Dabei entwarfen die Erwachsenen ein verzerrtes Bild von den Gefahren, die Kindern und Jugendlichen angeblich an allen Ecken und Enden drohten. Selbstverständlich gab es reale Anlässe, sich zu sorgen, die ich weiter oben geschildert habe. Doch nach einer zeitgenössischen apokalyptischen Schätzung waren sage und schreibe vierzig Prozent der Jugendlichen moralisch unmittelbar gefährdet! Wurde die Jugend selbst gefragt, wie das Meinungsforscher regelmäßig taten, dann ergab sich indes ein ganz anderes Bild, nämlich das einer äußerst braven, familien- und leistungsorientierten Generation. Der Furor der Sittenwächter und Sozialtechniker war offensichtlich für die realen Verhältnisse blind und schrieb der Jugend eine eingebildete Gefährdung zu, der nur mit strikter Kontrolle und prompten Strafmaßnahmen beizukommen sei.

Von der moralischen Angst bis zu #MeToo

Wenn es stimmt, dass Kinder von Kriegsgeschädigten durch transgenerationale Identifizierung die Ängste ihrer Vorfahren übernehmen können und für Retraumatisierungen anfälliger sind, ist es naheliegend, dass der Umgang mit Sexualität und sexueller Gewalt in Deutschland nach dem Krieg noch lange eine eigene und besondere Dramatik behalten hat. Selbstverständlich wird sexuelle Gewalt in jeder Gesellschaft gefürchtet, dennoch gibt es Unterschiede bei der Wahrnehmung und Deutung, die kulturell und historisch geprägt sind.

Bis heute scheint das Thema hierzulande besonders aufgeladen zu sein. Die nach dem Krieg, in den fünfziger und noch in den sechziger Jahren Geborenen erinnern sich daran, wie sie ständig gewarnt wurden vor dem bösen Mann, der hinter jedem Gebüsch zu lauern schien. Doch noch immer wird sexuellen Nötigungen und Vergewaltigungen im öffentlichen Raum durch fremde männliche Täter medial eine viel zu große Bedeutung zugeschrieben. Bekanntlich passieren weit mehr sexuelle Übergriffe innerhalb der Familie und des engen persönlichen Umfeldes. Im Jahr 2003 geschahen beispielsweise in Bayern nur 4,3 Prozent der Vergewaltigungen überfallsartig im öffentlichen Raum.[132] Und bekanntlich sind es nicht nur Mädchen und Frauen, die Opfer werden, dennoch richtet sich das Augenmerk nach wie vor hauptsächlich auf den »fremden« Mann als Täter und die Frau als Opfer, da können noch so viele Missbrauchsfälle in Internaten, Chören, Heimen oder Familien bekannt werden.[133] Das Szenario »Fremder, womöglich dunkelhäutiger Mann vergewaltigt deutsche Frau in dunkler Gasse« hat sich tief im allgemeinen Bewusstsein eingenistet.

Die #MeToo-Aktion, aber auch die vorangegangenen

Online-Kampagnen wie #Aufschrei im Jahr 2013 zeigen, dass sich mit dem Thema weibliche sexuelle Selbstbestimmung über Nacht Hunderttausende von Menschen mobilisieren lassen. Die Internetaktionen sind weltweit in vielen Ländern auf großes Mobilisierungspotential gestoßen, dennoch möchte ich behaupten, dass sich das sexualpolitische Thema in Deutschland in besonderem Maße zum Kern der Frauenfrage, zur Frage der Geschlechtergerechtigkeit, aber auch der politischen Debatte um öffentliche Sicherheit und nicht zuletzt zur Integrationsfähigkeit von (männlichen) Migranten entwickelt hat.

Das wird deutlich, wenn wir uns vor Augen führen, wie dominierend das Problem der sexuellen Selbstbestimmung der Frau in der deutschen Frauenbewegung seit dem Kriegsende gewesen ist. In keinem anderen Thema hat sich der deutsche Feminismus nach 1945 so selbst gefunden wie in der Sexualpolitik. Das begann mit der Abtreibungsdebatte, die primär als Frage der sexuellen Selbstbestimmung der Frauen gedeutet wurde (und nicht etwa als eine Frage des Mitbestimmungsrechtes des Mannes oder eine Frage der Chancengleichheit bei der Aufgabenverteilung der Familienaufgaben). Das setzte sich fort mit den Kampagnen gegen sexualisierten Missbrauch von Frauenkörpern in der Werbung (»Stern-Kampagne«) und mit dem über Jahre andauernden Kampf gegen sexuelle Gewalt in der Beziehung, der schlussendlich im Jahr 1997 zum Straftatbestand der Vergewaltigung in der Ehe führte.[134]

Allen Kampagnen zur Sexualpolitik lagen zweifellos reale und ernsthafte Probleme zugrunde. Es fällt jedoch auf, dass der deutsche Feminismus in diesem Feld seine größten Schlachten geschlagen hat und offenbar das Mobilisierungs- und Empörungspotential beim Thema Sexualgewalt und sexuelle Selbstbestimmung am stärksten ausgeprägt war. Andere Themen der Geschlechtergerechtigkeit, die kulturellen Machtfragen, aber auch die konkreten Ungerechtigkeiten bei der Bezahlung, bei den Aufstiegsmöglichkeiten und der politischen Teilhabe von Frauen, erzielten nie einen ähnlich hohen Aufmerksamkeitswert.

Im internationalen Vergleich ließe sich zugespitzt sagen: Während sich die US-Amerikanerinnen auf die Karriere konzentrierten, die Französinnen auf die Geschlechtsidentität, die Skandinavierinnen auf die Gerechtigkeit bei der Verteilung der Familienrollen, verlegte sich der deutsche Feminismus vor allem auf den Kampf gegen sexuelle Gewalt. Das wirft für mich die Frage auf, ob sich hinter dieser Betonung nicht auch das geschichtliche Erbe einer kollektiven Angst verbirgt und ob nicht mit jeder neuen Kampagne die alten Ängste reaktiviert werden.

Zuletzt hat die Autorin Svenja Flaßpöhler in ihrer Streitschrift »Die potente Frau« gegen die ihrer Meinung nach einseitige und schädliche Perspektive der #MeToo-Kampagne in Deutschland argumentiert. Sie lehnt diese Form der feministischen Aktion vehement ab: Frauen müssten aus ihrer Opferrolle herauskommen, sonst schrieben sie die alte Ordnung weiter. Alltagssexismus könnten Frauen nur selbst ändern, indem sie sich gegen jede Belästigung und jeden Übergriff sofort selbst zur Wehr setzten, anstatt sich Jahre später darüber zu beklagen. Online geführte Kampagnen wie #MeToo oder #Aufschrei trügen zudem dazu bei, dass Männer verdinglicht würden, da sie sich nicht wehren könnten, die öffentliche Klage gegen sie erinnere an den Pranger früherer Zeiten und habe in einem Rechtsstaat nichts verloren. Schlimmer noch: Die Abrechnungen im Internet festigten, so Flaßpöhler, eine bestimmte Sicht auf die weibliche Sexualität, die von Passivität und Negativität geprägt sei. Denn in dem immer gleichen Drehbuch sexueller Gewalt bekomme die Frau keine

Chance, selbst die aktive Rolle des Begehrens zu übernehmen. So wie der Sexualaufklärer der fünfziger Jahre poche die junge Feministin heute auf die Position der Passivität, die im Zweifelsfall zur Vergewaltigung führen könne.

Das Manifest Flaßpöhlers gipfelt in der Kantianischen Forderung, Frauen müssten sich aus der selbstverschuldeten Unmündigkeit befreien und die ihnen durch jahrhundertelangen Emanzipationskampf eröffnete Möglichkeit zu einer selbstbestimmten Existenz ergreifen oder es zumindest versuchen. Ihr konkreter Vorschlag lautet, Frauen sollten mit Männern über die ihnen eigenen exklusiven leiblichen Erfahrungen ins Gespräch kommen. Am Ende stehe die Erkenntnis, dass auch die weibliche Sexualität das Potential der Aktivität habe.[135]

Diese Position hat einiges für sich, übersieht jedoch das historische Erbe in Deutschland. Wenn wir davon ausgehen, dass Frauen in Deutschland bis heute die unaufgelösten Familiengeheimnisse ihrer Mütter, Großmütter und Urgroßmütter in sich tragen, ist die Gefahr, dass durch die sexualpolitischen Kampagnen ein bestimmtes Schema weiblicher sexueller Ohnmacht immer wieder reaktiviert und verfestigt wird, tatsächlich nicht von der Hand zu weisen. Problematisch erscheint mir, dass Flaßpöhler zu glauben scheint, der Mensch könne Hypotheken aus der Vergangenheit – wozu die sexuelle Gewalt gegen Frauen unzweifelhaft gehört – einfach so abstreifen. Menschen können aber nicht qua Entschluss aus ihrer Geschichte und Sozialisation heraustreten. Dafür müssen sie sich erst damit beschäftigen. Daher ist es so wichtig, sich den Ängsten, die aus der deutschen Geschichte herrühren mögen, zu stellen.

Das historische Faktum, also die Erfahrung der Massenvergewaltigung der Mütter und Großmütter, blieb bei den Protagonistinnen der Neuen Frauenbewegung der siebziger Jahre noch ausgeblendet. Besonders augenfällig wird das an der Biografie der bekanntesten deutschen Feministin, Alice Schwarzer, der ein besonders großer Anteil daran zukommt, dass die Frage sexualisierter Gewalt gegen Frauen in den siebziger Jahren zu einem der wichtigsten Themen der Frauenbewegung in Deutschland wurde. Sie war es, die ganz maßgeblich dazu beigetragen hat, dass die Ur-Anklage gegen sexuelle Gewalt von Männern, Susan Brownmillers Buch »Gegen unseren Willen« (»Against Our Will«, 1975), in Deutschland popularisiert wurde. Auch ihre wirkungsmächtige Selbstbezichtigungskampagne von Frauen, die abgetrieben hatten, im Kampf gegen den Paragrafen 218 im Jahr 1973, sowie ihre Kampagne gegen die sexistischen Fotografien von Helmut Newton im »Stern« waren Meilensteine der Mobilisierung der Neuen Frauenbewegung.

Was bislang kaum jemand zur Kenntnis genommen hat: Alice Schwarzer, geboren 1943, ist selbst ein Kind der Gewalt. Sie beschreibt in ihrer Autobiografie, dass ihre Mutter beinahe einer Vergewaltigung eines amerikanischen Besatzungssoldaten zum Opfer gefallen wäre. Hier die Originalstelle in ihrem Buch:

> *»Ich erinnere mich nicht an den Einzug der Amerikaner, aber es ist mir oft erzählt worden. Am 8. April 1945 rollen die amerikanischen Panzer über die Schweinfurter Straße, von meiner Familie sehnsüchtig erwartet. […] Es sind nette Boys. Wenn auch nicht alle. Einer hatte kurz nach dem Einmarsch versucht, mit meiner Mutter, die gerade mal wieder zu Besuch war, zu flirten. Die wies ihn ab. Am Abend klopft es an unserem Fenster. Ein junger GI kommt, um meine Mutter zu warnen. Sein Kamerad sei stark betrunken und hätte angekündigt, dass er sich ›das Fräulein‹ jetzt holen wolle. Meine*

Mutter verlässt das Haus und in der Tat: Wenig später kommt der GI angetaumelt, volltrunken, und fordert die Herausgabe der ›Daughter‹. Mit der Pistole in der Hand. Am nächsten Tag wird der Soldat von der MP, der amerikanischen Militärpolizei, wegen des Vergewaltigungsversuchs standrechtlich erschossen.«[136]

An der Erinnerung Alice Schwarzers, dass der Amerikaner sofort hingerichtet worden sei, sind Zweifel angebracht, da sehr wenige weiße Soldaten nach sexuellen Übergriffen gegen deutsche Zivilistinnen die Todesstrafe befürchten mussten. Die überführten Täter wurden, wenn überhaupt, vor dem Militärgericht zu langjährigen Zuchthaus- und Arbeitslagerstrafen verurteilt, meines Wissens jedoch nie auf der Grundlage eines nur beabsichtigten Gewaltaktes.

Schwarzer führt weiterhin aus, ihre Mutter habe ihr erst Jahrzehnte später erzählt, dass sie nach dem Krieg viele schlimme Bilder gesehen habe. Dazu gehörten Szenen, die sich in Frankfurt abgespielt haben sollen: Da hätten sich junge Frauen, fast noch Kinder, in den Trümmern prostituiert, und, wenn sie schwanger geworden wären, hätten sie ihre »Kinder in Hauseingängen und Kellern zur Welt [gebracht] – und so manche hat das Neugeborene in ihrer Verzweiflung gleich umgebracht«.[137]

Dieses Bild liest sich wie die übersteigerte Angstfantasie eines Kindes der Gewalt. Die autobiografische Erinnerung Alice Schwarzers zeigt, welche große Rolle vage Überlieferungen und unbewusste Schreckensbilder der Massenvergewaltigung in Deutschland durch Besatzungssoldaten noch heute spielen. Schwarzer hat diese kollektive Angst in konkrete sexualpolitische Aktionen übersetzt. Ihr Fall, und vermutlich die Geschichte etlicher deutscher Feministinnen, legt tatsächlich nahe, dass hier, wie die Traumapsychologie sagt, traumatische Affekte und Erinnerungsbilder getrennt geblieben sind und an die Nachkommen, an die jüngeren Generationen, zusammenhangslos weitergegeben wurden. Kurz: Die Angst vor sexualisierter Gewalt blieb über Generationen hinweg erhalten, ohne dass sie mit dem konkreten, historischen Auslöser in Verbindung gebracht werden kann. Auch deshalb ist es nach wie vor wichtig, sich sowohl individuell als auch gesellschaftlich mit dem zu beschäftigen, was nach der Einnahme Deutschlands durch die Siegerarmeen geschehen ist.

Die lange Dauer eines historischen Traumas – Schlussbetrachtung

Krieg verdunkelt das Leben der Menschen – nicht nur ein Menschenleben lang, sondern über Generationen hinweg. Manche Nachwirkungen des Zweiten Weltkriegs können erst heute beleuchtet werden, denn Schuld und Leiden waren damals so eng miteinander verknüpft, dass erst, nachdem sich die Deutschen der historischen Verantwortung für den Zivilisationsbruch gestellt hatten, das professionelle und kollektive Erinnern und Betrauern der eigenen Gewalterfahrung einsetzen konnten. Das Trauma der Bombennächte, die Schrecken der Vertreibung und Flucht, der Verlust von Familienangehörigen werden erst seit der Wiedervereinigung systematisch aufgearbeitet. Seitdem die Generation der »Kriegskinder« in die Lebensphase gekommen ist, in der biografisch Bilanz gezogen wird, macht sich die Geschichtswissenschaft zunehmend Gedanken über die psychischen Kosten des Krieges für die Erlebnisgeneration und seit Kurzem auch verstärkt für deren Nachkommen.

Inzwischen riskiert die Erforschung der lang anhaltenden

»Eindrücke, die im Nachkrieg aus Kopf und Körper herausgearbeitet werden wollen«, nicht mehr den Vorwurf des politischen Selbstmitleids, und es ist Allgemeingut geworden, dass die oftmals traumatischen Erlebnisse an die Nachgeborenen weitergegeben wurden.[138] Die Fackel der Erinnerung an den Zweiten Weltkrieg wandert nun wie beim Staffellauf immer weiter: von den Kriegskindern zu den Kriegsenkeln zu den Kriegsurenkelinnen.

Dieser Verlauf des Erinnerungsprozesses ist auch für den Bereich sexualisierte Kriegsgewalt erkennbar. Die Kinder der Frauen, die auf der Flucht oder in Deutschland vergewaltigt wurden, stehen heute am Ende ihres Berufslebens, sie haben längst selbst Kinder großgezogen. Für sie war die lange Dauer der Kriegsfolgen besonders spürbar. Denn ihre Mütter, die Vergewaltigungsopfer, hatten damals kaum eine Möglichkeit, ihre Erfahrung aus den Köpfen und Körpern herauszuarbeiten und mit anderen zu teilen, weil es dafür keine gesellschaftliche Akzeptanz gab. Umso schwerer fiel es den Kindern der Gewalt, das schambesetzte Thema der sexuellen Gewalt in ihren Familiengeschichten und ihren eigenen Lebensgeschichten zu dechiffrieren und zu integrieren.

Nachdem ich in meinem Buch »Als die Soldaten kamen« die wichtigsten Erkenntnisse über die größte Massenvergewaltigung in der Geschichte, die sich bei der Flucht und Vertreibung, beim Einmarsch der Siegertruppen und der Besetzung Deutschlands ereignete, zusammentragen konnte, drängen nun die längerfristigen Folgen für die Nachkommen der Betroffenen in den Vordergrund. Wenn wir davon ausgehen, dass die meisten Opfer der sexuellen Gewalt bei Kriegsende noch im reproduktionsfähigen Alter waren und sie entweder durch den Gewaltakt schwanger wurden oder davor oder danach Kinder bekamen, wird erkennbar, wie viele Menschen von diesen belastenden Ereignissen direkt betroffen sind. Dazu kommen etliche Männer, die der kriegsbedingten sexuellen Gewalt ebenfalls ausgesetzt waren, von denen wir jedoch nur in Einzelfällen wissen. Aber auch die gesamte restliche Nachkriegsbevölkerung stand unter dem Eindruck der sexuellen Übergriffe, zog ihre Schlüsse daraus, entwickelte Ängste, reagierte die uneingestandene Beschämung an den falschen Stellen ab.

So waren die Folgen vielschichtig: Die Kinder der Frauen, um die es in diesem Buch in erster Linie ging, verdankten ihr Leben entweder direkt einem Gewaltakt durch einen Angehörigen der siegreichen Kriegsgegner Deutschlands, oder sie hatten zumindest Mütter (und auch Väter), die einen solchen Gewaltakt oder andere kriegsbedingte, schwere Belastungen hatten ertragen müssen. Ihre Reaktionen schwanken heute zwischen Entsetzen und Erleichterung, weil sie erkennen, dass ihr persönliches Familienschicksal kein Einzelfall war. Dabei war es für sie bei der Aufarbeitung gemeinsam mit der Historikerin besonders wichtig, das Augenmerk darauf zu richten, dass es eben nicht nur »die Russen« waren, die deutsche Zivilistinnen auf der Flucht und in Berlin vergewaltigt haben, sondern dass Frauen und manches Mal auch Männer ebenso gut einem Amerikaner in Franken, einem Franzosen in Baden oder einem Briten in Hamburg zum Opfer fallen konnten. Auch bei diesem Thema zeigt sich: Erst wenn das ganze Bild sichtbar wird, kann realistisch über die Folgen gesprochen werden, Folgen, die in die nächsten Generationen reichen.

Eine besondere Tragik der Ereignisse, die sich bei Kriegsende in Deutschland ereigneten, ist, dass in vielen Fällen die Opfer selbst verantwortlich gemacht wurden für ihr Unglück; aus Vergewaltigten wurden Verführerinnen, »Ami-Liebchen«

und »sexuell Verwahrloste«, die im schlimmsten Fall zur Strafe für das erfahrene Leid auch noch ins Heim oder ins Gefängnis gesteckt wurden. Dieses moralische Stigma von den vielfältigen anderen Belastungen der Vergewaltigungsopfer scharf zu trennen und die Folgen abzuwägen, ist kaum möglich. Eine Leserzuschrift mag dies illustrieren:

> *»Meine Großmutter – Jahrgang 1906 – erzählte stets, dass sie beim Einmarsch der amerikanischen Armee Ostern 1945 im Heilbronner Unterland von zwei amerikanischen farbigen Soldaten vor den Augen ihrer Kinder vergewaltigt wurde. In meiner Erinnerung sprach meine Großmutter immer wieder von diesem Trauma. Doch sie fand nirgends Gehör. Zuhörende zogen es sogar ins Lächerliche. Im Schwäbischen klang dies dann eher hart: ›Da hätten aber alle guckt, wenn die äh Bimbole als Kind bekomme hätt.‹ Angeblich besuchte meine Oma nach der Vergewaltigung einen Arzt. Dieser empfahl eine Essigwasserspülung zur Vermeidung einer Schwangerschaft. […] Eine Aufarbeitung oder gar Verarbeitung fand nie statt.«*[139]

Die späte, oftmals reuige Erkenntnis der Nachkommen ist keine Seltenheit. Die Tochter eines Vergewaltigungsopfers schrieb mir, wie sehr es sie heute schmerze, dass sie ihrer Mutter nie geglaubt habe. Ein Sohn einer weiteren, von Amerikanern vergewaltigten Frau erklärte mir schriftlich, warum seine Mutter in der Familie mit ihrer Geschichte immer auf taube Ohren gestoßen sei: Weil sie damals in der Nähe von Frankfurt gewohnt habe, sei allen klar gewesen, dass die Gewalttat nicht stattgefunden habe könne – denn dort habe es schließlich gar keine Russen respektive Rotarmisten gegeben.

Vielfältige Faktoren wurden bereits identifiziert, die miteinander in Verbindung stehen und das Erbe der Gewalt zusätzlich belastet haben: Zusätzliche Erfahrungen von Gewalt und Verlust im Krieg und bei der Flucht und Vertreibung haben das Trauma im Zusammenspiel vergrößert; die Ereignisse trafen auf Menschen, die sexuell noch nicht so abgeklärt waren, wie wir es heute sind; eine Anerkennung der Verbrechen durch das eigene Umfeld oder Behörden blieb aus; die Taten konnten rechtlich nicht verfolgt werden, da die Besatzungstruppen nahezu unberührbar waren; die Nachkriegsgesellschaft grenzte im Interesse der Wiederaufrichtung der bürgerlichen Familienordnung alles Randständige aus; die Deutschen erwarteten Rache und Bestrafung für ihre Verbrechen im Nationalsozialismus; die Loyalitäts- und Dankesschuld gegenüber den Alliierten behinderte eine nachträgliche Aufklärung oder Verfolgung der Übergriffe; fortbestehende rassistische Vorstellungen vom »Feind« behinderten die offene Auseinandersetzung und Bewältigung des Geschehenen zusätzlich, denn es kam zu einer Hierarchisierung der Verbrechen. Während die Vergewaltigungsopfer der Roten Armee zumindest in den westlichen Besatzungszonen und die der schwarzen Kolonialsoldaten in Südwestdeutschland noch eher auf – freilich dosiertes – Mitgefühl stießen, wurden die Untaten der weißen britischen, französischen und amerikanischen Soldaten sehr oft geleugnet und verschwiegen.

So vielfältig die Einzelfälle waren, so vielfältig waren die Symptome und die Auswirkungen für die Kinder der Gewalt. Sie reichten von einem gestörten Verhältnis zur Mutter über Ablehnung in der erweiterten Familie und Nachbarschaft, über schwierige materielle Lebensbedingungen bis hin zu Problemen mit Bindung, Sexualität und Gewalt im späteren Leben. Da erst seit 1980 ein allgemeines medizinisches Bewusstsein über Traumafolgestörungen existiert, konnten sich weder die Betroffenen selbst noch ihre Nachkommen die Zusammenhänge zwischen der Gewalt zum Kriegsende und gesundheitlichen und psychischen Problemen in der Familie erklären.

Ein Interviewpartner erzählte mir, wie er und seine Schwester jahrelang unter dem Alkoholismus der Mutter gelitten hätten, wie sich die Umwelt lustig gemacht habe, wenn die sonst so beliebte und sozial engagierte Frau wieder einmal betrunken aus der Rolle fiel – den Hintergrund ihres Alkoholmissbrauchs erfuhr er erst in der Pubertät. Eine andere Gesprächspartnerin empfand ihre gesamte Kindheit und Jugend und auch noch ihr Leben als junge Mutter als überschattet von der Größenordnung, die die Probleme ihrer Mutter einnahmen. Sie wurde behandelt wie ein seltenes Kleinod, dessen einziger Daseinszweck war, die Mutter aufzuheitern. Warum das so war, erfuhr sie erst, als ihre Mutter starb. Die Kinder der Gewalt tappten fast immer im Dunkeln, wenn sie Fragen nach ihrer Herkunft, nach ihren Ahnen stellten. Nur eines war oft von klein auf klar – erwünscht waren sie meist nicht. Doch woher die Eiseskälte in der Familie und in der Nachbarschaft kam, konnten sie nicht verstehen. Das einzig Greifbare war, dass ihre Mütter mit einer besonderen Härte ausgestattet zu sein schienen.

Schlussendlich hatten die Ereignisse auch gesamtgesellschaftliche Folgen. Die Vermutung steht im Raum, dass ein Teil der sprichwörtlichen »German Angst« auf die unaufgearbeitete Geschichte der sexuellen Gewalt nach dem Zweiten Weltkrieg zurückgeht. Dieses kollektive Trauma konnte sich vielfältig aufladen mit älteren Ängsten der Deutschen vor der Vergewaltigung durch Soldaten nach dem Ersten Weltkrieg, mit Ängsten vor der »Rassenschande«, wie sie dann besonders das nationalsozialistische System gefüttert hat, und mit den

Ängsten nach dem Krieg um die deutsche »Sittlichkeit«, die wiederum vor allem den Lebenswandel der Frauen im Blick hatte.

So zieht sich ein roter Faden durch die Geschichte, an dem sich reale und imaginierte, persönlich erlittene und kollektiv empfundene Ängste vor sexualisierter Gewalt festmachen konnten. Ein Fadenende lässt sich in den Ereignissen und deren Deutung in der Silvesternacht 2015/2016 aufnehmen, als in Köln und an anderen Orten in Deutschland fremdländische Männer, Migranten oftmals dunkler Hautfarbe, Frauen sexuell belästigten und angriffen. Diese Vorfälle waren vermutlich die Hauptursache dafür, dass sich die Diskussion der Flüchtlingsfrage seither massiv verändert hat. Offenbar passten historische Erfahrungen wieder allzu gut zusammen mit angstbesetzten Diskursen über »verdächtige Fremde«.[140] Psychologen vergleichen die Wirkungen der Kriegstraumata auch noch auf die nächsten Generationen oft mit verkapselten Entzündungen im Gewebe. An dieser Stelle brach die Wunde wieder auf.

Historische Aufklärung kann heilen helfen. Am Ende könnte eine erhöhte Sensibilität für kriegsbedingte sexuelle Gewalt bei internationalen Konflikten stehen, eine gemeinsame Anstrengung, die Folgen zu mindern, die auch durch die Flüchtlingsbewegungen nach Deutschland getragen werden, und nicht zuletzt ein Gefühl für die eigenen familiengeschichtlichen Hinterlassenschaften durch die Massenvergewaltigungen nach Ende des Zweiten Weltkriegs. Eigentlich müssten, wie das Nachrichtenmagazin *Der Spiegel* es ausdrückte, in unseren Bücherschränken Familienfotoalben neben Geschichtsbüchern einsortiert werden.[141] Nur wenn wir beides nebeneinanderlegen, erhalten wir das ganze Bild von unserem emotionalen Erbe des Zweiten Weltkriegs.

HINWEIS FÜR BETROFFENE

Nach der Lektüre dieses Buches werden sich vielleicht Leserinnen und Leser ihrer eigenen Geschichte neu annähern wollen. Für Recherche und Begleitung stehen dabei verschiedene Institutionen und Zusammenschlüsse von Betroffenen zur Verfügung:

Kriegskinder e. V. (https://www.kriegskinder-verein.de/)
Russenkinder e. V. (https://www.russenkinder.de/)
Herzen ohne Grenzen / Cœurs sans Frontières (deutsch-französischer Verein der Kinder des Zweiten Weltkriegs, http://www.coeurssansfrontieres.com/)
GI Trace (englischsprachige Webseite für die Suche nach US-Soldaten, http://www.gitrace.org/)
National Personnel Records Center (NPRC) (Militärarchiv in St. Louis/USA, https://www.archives.gov/personnel-records-center)
Children Born of War / International Network for Interdisciplinary Research on Children Born of War (INIRC) (englischsprachiges internationales Forschungsnetzwerk zu Kriegskindern, https://www.childrenbornofwar.com/)
BOW i.n., Born of War, international network (Netzwerk von Kriegskinderorganisationen, http://www.bowin.eu/)

DANK

Dieses Buch haben vier Frauen und ein Mann ermöglicht, die mir in stundenlangen Interviews und während der sich bisweilen über Monate hinstreckenden Nachbearbeitung die Geschichten ihrer vergewaltigten Mütter und ihre eigenen Lebensgeschichten erzählt haben. Für ihre Offenheit, ihren Mut und ihre Geduld möchte ich mich an dieser Stelle ganz besonders herzlich bedanken.

Darüber hinaus sind die Erzählungen von Dutzenden von Menschen in diesen Text eingeflossen, die sich in den vergangenen Jahren bei mir gemeldet hatten, weil sie in der einen oder anderen Art von der Massenvergewaltigung in Deutschland nach dem Kriegsende betroffen waren und sind. Auch sie haben mich immer wieder von der Dringlichkeit und Aktualität dieses Themas überzeugt und verdienen großen Respekt für ihre Bereitschaft, sich mitzuteilen.

Nicht zuletzt bedanke ich mich bei meinem Mann Anthony Kauders und bei der Lektorin Karen Guddas für die begleitende Lektüre beziehungsweise die Bearbeitung dieses Textes.

ANMERKUNGEN

1 Luise Reddemann, *Kriegskinder und Kriegsenkel in der Psychotherapie. Folgen der NS-Zeit und des Zweiten Weltkrieges erkennen und bearbeiten – Eine Annäherung*, 3. Auflage Stuttgart 2016, S. 14.

2 Zum Forschungsverbund »Children Born of War« vgl. Kimberley Anderson, Sophie Roupetz, »Children Born of War, A European Research Network Exploring the Life Histories of a Hidden Population«, in: *aspasia*, Bd. 12, 2018, S. 112–120.

3 Barbara Stelzl-Marx, Silke Satjukow (Hg.), *Besatzungskinder. Die Nachkommen alliierter Soldaten in Österreich und Deutschland*, Wien u. a. 2015.

4 Marie Kaiser, Philipp Kuwert et. al., »Depression, Somatization, and Posttraumatic Stress Disorder in Children Born of Occupation After World War II in Comparison With a General Population«, in: *The Journal of Nervous and Mental Disease*, Bd. 203, Nr. 10, Oktober 2015, S. 742–748.

5 Vgl. Sabine Lee, *Children born of War in the Twentieth Century*, Manchester 2017, sowie Mary Louise Roberts, *What Soldiers Do. Sex and the American GI in World War II France*, Chicago 2013.

6 Insa Eschebach, Regina Mühlhäuser (Hg.), *Krieg und Geschlecht. Sexuelle Gewalt im Krieg und Sex-Zwangsarbeit in NS-Konzentrationslagern*, Berlin 2008.

7 BayHStA Stadtpolizei Bad Kissingen am 7.12.1951 an Regierung von Unterfranken. MInn80208.

8 Diese Studie lehnt sich methodisch an die narrative Interviewtechnik nach Fritz Schütze an. Dabei wird eingangs eine offene Frage gestellt, um eine möglichst ausgreifende, eigene Sinnkonstruktion der Befragten anzustoßen. Im zweiten Schritt kommen Nachfragen. Zusätzlich habe ich im dritten Schritt die eigene schriftliche Bearbeitung des Gesagten angeregt. Als deutschsprachige Klassiker zur Methode des narrativen Interviews gelten Gabriele Rosenthal, *Interpretative Sozialforschung. Eine Einführung*, 2. Auflage, Weinheim 2008 sowie

Fritz Schütze, »Biographieforschung und narratives Interview«, in: *Neue Praxis*, Bd. 13(3), 1983, S. 283–293.

9 Die Oral History genannte Methode, historische Quellen in Zeitzeugeninterviews zu erheben, ist in Deutschland seit den achtziger Jahren im Aufschwung. Zahlreiche Studien zur NS-Zeit, aber auch zur Geschichte der Arbeiter- oder der Frauenbewegung standen an ihrer Wiege. Ein Klassiker dazu ist Lutz Niethammer, *Lebenserfahrung und kollektives Gedächtnis. Die Praxis der »Oral History«*, Frankfurt a. M. 1980.

10 Zum Schutz der Interviewpartner wurden Namen verändert und identifizierbare Personendaten anonymisiert.

11 Aus Muttis Kriegstagebuch (16.3.–21.5.45), Deutsches Tagebucharchiv, Reg. 821.

12 Weiterführende Literatur über die Pfalz bei Kriegsende: Falko Heinz, *Landau in der Pfalz unter französischer Besatzung 1945–1949*, Frankfurt a. M. u. a. 2008.

13 Ein Jahr nach der Befreiung Deutschlands hat Liesel G. ihren Walter geheiratet, ist mit ihm nach Caracas ausgewandert und hat dort fünf Kinder bekommen. Sie verließ ihre Familie wegen einer Liebesaffäre mit einem Klavierlehrer. Aus Muttis Kriegstagebuch (16.3.–21.5.45), Deutsches Tagebucharchiv, Reg. 821.

14 Karen Hagemann, »Heimat-Front, Militär, Gewalt und Geschlechterverhältnisse im Zeitalter der Weltkriege«, in: Karen Hagemann, Stefanie Schüler-Springorum (Hg.), *Heimat-Front, Militär und Geschlechterverhältnisse im Zeitalter der Weltkriege*, Frankfurt a. M. 2002, S. 13–52, hier S. 40.

15 Rainer Gries, »Les Enfants d'Etat – Kinder des Staates: Retour en France? Das ›Repatriierungsprogramm‹ für die Nachkommen französischer Besatzungssoldaten in Deutschland nach 1945«, in: Elke Kleinau, Ingvill C. Mochmann (Hg.), *Kinder des Zweiten Weltkrieges. Stigmatisierung, Ausgrenzung, Bewältigungsstrategien*, Frankfurt a. M. 2016, S. 49–72, hier S. 51. Siehe auch Rainer Gries, »Les Enfants d'Etat. Französische Besatzungskinder in Deutschland«, in: Stelzl-Marx/Satjukow (Hg.), *Besatzungskinder*, S. 380–407.

16 Gries, »Les Enfants d'Etat – Kinder des Staates«, S. 56 f.

17 Ebd., S. 62 f. und S. 67.

18 Vgl. Elizabeth D. Heineman, *What Difference does a Husband Make? Women and Marital Status in Nazi and Postwar Germany*, Berkeley und Los Angeles 1999.

19 Vgl. auch Lu Seegers, *»Vati blieb im Krieg«. Vaterlosigkeit als gene-*

rationelle Erfahrung im 20. Jahrhundert – Deutschland und Polen, Göttingen 2013, S. 300–318.

20 Uta G. Poiger, »Krise der Männlichkeit. Remaskulinisierung in beiden deutschen Nachkriegsgesellschaften«, in: Klaus Naumann (Hg.), *Nachkrieg in Deutschland*, Hamburg 2001, S. 227–263, hier S. 228 sowie Till van Rahden, »Wie Vati die Demokratie lernte: Religion, Familie und die Frage der Autorität in der frühen Bundesrepublik«, in: Daniel Fulda et. al. (Hg.), *Demokratie im Schatten der Gewalt. Geschichten des Privaten im deutschen Nachkrieg*, Göttingen 2010, S. 122–151.

21 Zit. nach Christin Sager, *Das aufgeklärte Kind. Zur Geschichte der bundesrepublikanischen Sexualaufklärung (1950–2010)*, Bielefeld 2015, S. 85.

22 Ebd. S. 99.

23 Hans-Ulrich Sons, *Gesundheitspolitik während der Besatzungszeit. Das öffentliche Gesundheitswesen in Nordrhein-Westfalen 1945–1949*, Wuppertal 1983, S. 78–80.

24 Dazu ein grafischer Überblick ebd., S. 84.

25 Ebd., S. 81.

26 Staatsarchiv München, Zur Sicherheitslage, Wochenbericht Bürgermeister von Bad Wiessee an den Landrat Miesbach, Wochenbericht 23.–29.7.1945, LRA 148574.

27 Karl Kurz, *Lebensverhältnisse der Nachkriegsjugend. Eine soziologische Studie*, Bremen 1949, S. 32–33.

28 Landesarchiv Berlin, C Rep. 118. C 1294, Magistrat von Groß-Berlin, Abteilung für Sozialwesen, nach einem Rundschreiben im Jahr 1947, und ebd., Anlage 2 Berlin, den 8.5.1946.

29 Vgl. Eva Gehltomholt, Sabine Hering, *Das verwahrloste Mädchen. Diagnostik und Fürsorge in der Jugendhilfe zwischen Kriegsende und Reform (1945–1965)*, Opladen 2005, S. 41.

30 Zit. nach Gehltomholt, Das verwahrloste Mädchen, S. 174 f.

31 Waisen, Suchdienste, Adoptionsgesuche, C Rep 118 Nr. 795, Landesarchiv Berlin.

32 Ebd.

33 Landesarchiv Berlin, C Rep. 118. C 1294, Magistrat von Groß-Berlin, Abteilung für Sozialwesen nach einem Rundschreiben im Jahr 1947, 2993 Anhanglose beziehungsweise Flüchtlingskinder, davon 2608 in Berliner Pflegestellen und 385 in Landpflege in der SBZ.

34 Ruth Andreas-Friedrich, *Schauplatz Berlin. Ein Tagebuch, aufge-*

zeichnet 1938–1945, von der Autorin neu durchgesehene Fassung, Reinbek 1964, S. 215 f.

35 Landesarchiv Berlin Rep. 214 Nr. 94. Vgl. dazu ausführlich: Miriam Gebhardt, »Eine Frage des Schweigens? Forschungsthesen zur Vergewaltigung deutscher Frauen nach Kriegsende« in: Barbara Stelzl-Marx/Silke Satjukow (Hg.), *»Besatzungskinder«. Die Nachkommen alliierter Soldaten in Österreich und Deutschland*, Wien/Köln/Weimar 2015, S. 62–90.

36 Ein besonders markantes Beispiel der Ignoranz ist die Behauptung, die sexuelle Gewalt der größten westlichen Siegerarmee, der US-Armee, habe sich im Vergleich zur Sowjetarmee auf wenige »Einzelfälle« begrenzt, da die deutschen Frauen den GIs schließlich freiwillig zur Verfügung gestanden hätten – kurz: Es gab Gewalt im Osten, aber Fraternisierung im Westen. Siehe Klaus-Dietmar Henke, *Die amerikanische Besetzung Deutschlands*, München 1996, S. 190–196.

37 Vgl. Miriam Gebhardt, »Beschämendes Erbe – die Vergewaltigungen der westlichen Alliierten nach Kriegsende in Deutschland«, in: *Hypnose ZHH*, Bd. 13 (2), Oktober 2018, S. 141–156.

38 Marie Kaiser, Philipp Kuwert et. al., »Long-term effects on adult attachment in German occupation children born after World War II in comparison with a birth-cohort-matched representative sample of the German general population«, in: *Aging and Mental Health*, 2016, S. 1–12.

39 Werner Bohleber, »Traumatische Kriegserfahrungen und deren transgenerationelle Folgen«, in: Insa Fooken, Gereon Heuft (Hg.), *Das späte Echo. Die Folgen des Zweiten Weltkriegs in Lebensverläufen und Zeitgeschichte*, Göttingen 2014, S. 180–190, hier S. 180.

40 Werner Bohleber, »Wege und Inhalte transgenerationaler Weitergabe. Psychoanalytische Perspektiven«, in: Hartmut Radebold, Werner Bohleber, Jürgen Zinnecker (Hg.), *Transgenerationale Weitergabe kriegsbelasteter Kindheiten. Interdisziplinäre Studien zur Nachhaltigkeit historischer Erfahrungen über vier Generationen*, Weinheim 2008, S. 107–118, hier S. 107.

41 Interzonale Sozialpädagogische Tagung und Ausstellung. 21.–30. Mai 1948 im Messegelände. Landesarchiv Berlin, C Rep 118, Nr. 137.

42 Hartmut Radebold, »Kriegskindheiten in Deutschland – damals und heute«, in: Ders., Gereon Heuft, Insa Fooken (Hg.), *Kindheiten im Zweiten Weltkrieg. Kriegserfahrungen und deren Folgen aus psychohistorischer Perspektive*, Weinheim 2006, S. 15–25.

43 Michael Geyer, »Kinderpsychotherapie in den 1950er Jahren«, in:

Ders. (Hg.), *Psychotherapie in Ostdeutschland. Geschichte und Geschichten 1945–1995*, Göttingen 2011, S. 117–126, hier S. 120.

44 Ebd., S. 118.

45 Pavel M. Poljan, »Westarbeiter: Reparationen durch Arbeitskraft. Deutsche Häftlinge in der UdSSR«, in: Dittmar Dahlmann, Gerhard Hirschfeld (Hg.), *Lager, Zwangsarbeit, Vertreibung und Deportation. Dimensionen der Massenverbrechen in der Sowjetunion und in Deutschland 1933 bis 1945*, Essen 1999, S. 337–367, hier S. 340.

46 Berichte von Deportierten finden sich zum Beispiel bei Freya Klier, *Verschleppt ans Ende der Welt. Schicksale deutscher Frauen in sowjetischen Arbeitslagern*, Frankfurt a. M. 1996. Dokumente zur Deportation in: Alfred Eisfeld, Victor Herdt (Hg.), *Deportation, Sondersiedlung, Arbeitsarmee. Deutsche in der Sowjetunion 1941 bis 1956*, Köln 1996. Vergleichende Studien zu Zwangsarbeit und Lagerwesen in: Dittmar Dahlmann, Gerhard Hirschfeld, *Lager, Zwangsarbeit, Vertreibung und Deportation.*

47 Cornelia Brink, *Grenzen der Anstalt. Psychiatrie und Gesellschaft in Deutschland 1860–1980*, Göttingen 2010, S. 360–371.

48 Wie eine Analyse der Kindheiten nach dem Krieg nach dem Entwicklungsmodell von Erik H. Erikson aussehen kann, vgl. Charlotte Schönfeldt, »Kriegskinder und transgenerationale Verflechtungen«, in: Ludwig Janus (Hg.), *Geboren im Krieg. Kindheitserfahrungen im 2. Weltkrieg und ihre Auswirkungen*, Gießen 2006, S. 232–260. Hier könnten viele Texte aufgeführt werden. Zu den bekanntesten Vertretern der psychologischen Diagnose der Kriegskindheit gehören Peter Heinl, *Maikäfer flieg. Seelische Wunden aus der Kriegskindheit*, München 1994; Charlotte Schönfeldt, Ludwig Janus, Christa Müller (Hg.), *Vaterlosigkeit*; auf fachfremdem Terrain ist die bekannteste Vertreterin Sabine Bode.

49 Johanna Haarer, *Die deutsche Mutter und ihr erstes Kind*, München 1934, S. 238.

50 Hildegard Hetzer, *Erziehungsfehler*, Wien und Leipzig 1941, S. 39.

51 Gisela Trommsdorff, »Sozialisation und Werthaltungen im Kulturvergleich«, in: Dies. (Hg.), *Sozialisation im Kulturvergleich*, Stuttgart 1989, S. 102 f.

52 Vgl. Miriam Gebhardt, *Die Angst vor dem kindlichen Tyrannen. Eine Geschichte der Erziehung im 20. Jahrhundert*, München 2009.

53 Annemarie Meister, »Musterkinder, Heldenjungen und Muttermädchen. Von der Kontinuität der Kindheitsbilder vor und nach 1945«,

in: Doris Foitzik (Hg.), *Vom Trümmerkind zum Teenager. Kindheit und Jugend in der Nachkriegszeit*, Bremen 1992, S. 58–72, hier S. 59.

54 Angelika 1952, Heidelberg, Düsseldorf, Vater Autor und Journalist, Mutter kaufmännische Lehre, Bibliotheksleiterin, Privatbesitz, Eintrag im November 1955, in: Gebhardt, *Die Angst vor dem kindlichen Tyrannen*, S. 132.

55 Svenja Goltermann, *Opfer. Die Wahrnehmung von Krieg und Gewalt in der Moderne*, Frankfurt a. M. 2017 sowie dies., *Die Gesellschaft der Überlebenden. Kriegsheimkehrer und ihre Gewalterfahrungen im Zweiten Weltkrieg*, München 2009.

56 Martina Böhmer, *Erfahrungen sexualisierter Gewalt in der Lebensgeschichte alter Frauen. Ansätze für eine frauenorientierte Altenarbeit*, Frankfurt a. M. 2011.

57 Sibylle Steinbacher, *Wie der Sex nach Deutschland kam. Der Kampf um Sittlichkeit und Anstand in der frühen Bundesrepublik*, München 2011.

58 Merith Niehuss, »Kontinuität und Wandel der Familien in den 50er Jahren«, in: Axel Schildt, Arnold Sywottek (Hg.), *Modernisierung im Wiederaufbau. Die westdeutsche Gesellschaft der 50er Jahre*, Bonn 1998, S. 316–334.

59 Ebd., S. 325.

60 Ebd., S. 334.

61 Karl Saller, *Sexualität heute*, München 1967, S. 31.

62 Karl Saller, *Zivilisation und Sexualität* (= Beiträge zur Sexualpädagogik, Heft 5), Stuttgart 1956, S. 60.

63 Christina von Hodenberg, *Das andere Achtundsechzig. Gesellschaftsgeschichte einer Revolte*, München 2018, S. 165.

64 Alice Schwarzer in: *Emma*, Heft 5, 1977, S. 6, zitiert nach: Ilse Lenz (Hg.), *Die Neue Frauenbewegung in Deutschland. Abschied vom kleinen Unterschied: eine Quellensammlung*, Wiesbaden 2008, S. 99.

65 Deutsches Tagebucharchiv, Reg. 83, Tagebuch Evamarie S.

66 Ebd., 8.7.45.

67 Ebd., 15.7.45.

68 Ebd., 20.7.45.

69 Ebd., 23.7.45.

70 W. Hallermann, »Die gemütliche Entwicklung und ihre Verzögerung bei Jugendlichen«, in: *Deutsche Zeitschrift für die gesamte gerichtliche Medizin*, Bd. 45, 1956, S. 210–220, hier S. 215.

71 Werner Villinger, »Die Bedeutung der Kriegs- und Nachkriegszeit für die Entwicklung des Kindes«, in: *Monatsschrift für Kinderheilkunde*,

Bd. 103, Heft 2, 1955, Verhandlung der 54. Ordentlichen Versammlung der Deutschen Gesellschaft für Kinderheilkunde Essen 1954, S. 65–72, hier S. 70.

72 Gehltomholt, Hering, *Das verwahrloste Mädchen*, S. 44.

73 Ebd., S. 125.

74 Ebd., S. 119.

75 Wilfried Rudloff, »Eindämmung und Persistenz. Gewalt in der westdeutschen Heimerziehung und familiäre Gewalt gegen Kinder«, in: *Zeithistorische Forschungen*, Heft 2, 2018, Online-Ausgabe.

76 Peter Wensierski, *Schläge im Namen des Herrn. Die verdrängte Geschichte der Heimkinder in der Bundesrepublik*, München 2006, S. 14–36.

77 Gehltomholt, Hering, *Das verwahrloste Mädchen*, S. 126.

78 Kurt Seelmann, *Kind, Sexualität und Erziehung. Zum Verständnis der sexuellen Entwicklung und des sexuellen Verhaltens von Kind und Jugendlichen*, München und Basel 1952, S. 192. Bei den Zahlen sind wohl Zweifel angebracht, da Polizei, Gerichte und Gesellschaft in diesem Zeitraum erheblich hellhöriger geworden waren. Außerdem wurde damals noch die »Unzucht unter Männern« geahndet, die einen erheblichen Anteil an den Zahlen hatte.

79 Ebd., S. 189.

80 Ebd., S. 192, Hervorhebung des Autors.

81 *Constanze*, 4. Jahrgang, Heft 18, 1952.

82 Freiburger Staatsarchiv, Walter T., Schuhmacher, Haslach, 11.6.30/5537.

83 Wolfgang Meyer, *Die Kriminalität der Schwerkriegsbeschädigten im Landgerichtsbezirk Bonn* (= Kriminologische Untersuchungen, Heft 1) 1950, S. 36 f.

84 Hans Bürger-Prinz, Hans Giese (Hg.), *Beiträge zur Sexualforschung*, Bd. 11, Stuttgart 1957, S. 811.

85 *Deutsche Zeitschrift für die gesamte gerichtliche Medizin*, Bd. 42, 1953, S. 452–457, hier S. 455 f.

86 Joachim Gerchow, »Soziologische und psychopathologische Bemerkungen zum Inzestproblem der Nachkriegsjahre. Bericht über den Kongress der Deutschen Gesellschaft für gerichtliche und soziale Medizin in Bonn vom 2.–4. Oktober 1953«, in: *Deutsche Zeitschrift für die gesamte gerichtliche Medizin*, Bd. 43, 1954, S. 87 f.

87 H. Nürnberger, »Inzestprobleme der Nachkriegszeit«, in: *Deutsche Zeitschrift für die gesamte gerichtliche Medizin,* Bd. 44, 1955, S. 259–262.

88 Erika Geisler, *Das sexuell missbrauchte Kind. Beitrag zur sexuellen Entwicklung, ihrer Gefährdung und zu forensischen Fragen* (= Beiheft zur Praxis der Kinderpsychologie und Kinderpsychiatrie 3), Göttingen 1959, S. 94.

89 Ebd., S. 94 f

90 Seelmann, *Kind, Sexualität und Erziehung*, S. 159–174.

91 Bei einer Studie mit 115 psychisch kranken Sexualstraftätern ergab sich, dass 26,3 Prozent angaben, als Kind sexuell missbraucht worden zu sein. Das Erleben eines sexuellen Traumas war in der Gruppe der Sexualstraftäter mit einem elffach erhöhten Risiko assoziiert. Vgl. Manuela Dudeck, Sven Barnow et. al., »Die Bedeutung von Persönlichkeit und sexueller Traumatisierung für forensische Patienten mit einem Sexualdelikt«, in: *Psychotherapie, Psychosomatik, Medizinische Psychologie*, Band 56, 2006, S. 147–153.

92 Dan Bar-On, *Die Last des Schweigens. Gespräche mit Kindern von NS-Tätern*, Hamburg 2003.

93 Vgl. Peter A. Levine, *Trauma und Gedächtnis. Die Spuren unserer Erinnerung in Körper und Gehirn*, München 2016, 211 f.

94 Ein Interview mit Rachel Yehuda zum Thema »How Trauma and Resilience Cross Generations« ist abrufbar unter: https://onbeing.org/programs/rachel-yehuda-how-trauma-and-resilience-cross-generations-nov2017/.

95 Levine, *Trauma und Gedächtnis*, S. 217.

96 Werner Bohleber, Wege und Inhalte, hier S. 107.

97 Ebd. S. 112.

98 Geraldine Spark, Ivan Boszormenyi-Nagy, *Unsichtbare Bindungen. Die Dynamik familiärer Systeme*, Stuttgart 1981, S. 85.

99 Andreas L. Küffer, Myriam V. Thoma, Andreas Maercker, »Transgenerational aspects of former Swiss child laborers: Do second generations suffer from their parents' adverse early-life experiences?«, in: *European Journal of Psychotraumatology*, Heft 7, 2016, Online-Ausgabe.

100 Neuerdings wird auf der Grundlage der Bindungstheorie über die Kinder von Vergewaltigungsopfern nach dem Zweiten Weltkrieg an der Universität Leipzig geforscht. Vgl. Sophie Roupetz, Jacob Y. Stein, Marie Kaiser, Heide Glaesmer, »Mother-child relationship representations of children born of rape in Post-WWII Germany: A qualitative studie with elderly people« (in Vorbereitung).

101 Natan P. F. Kellermann, »›Geerbtes Trauma‹. Die Konzeptualisierung

der transgenerationellen Weitergabe von Traumata«, in: *Tel Aviver Jahrbuch für deutsche Geschichte*, Bd. 39, 2011, S. 137–160.

102 Vgl. Heike Glaesmer, »Transgenerationale Übertragung traumatischer Erfahrungen. Wissensstand und theoretischer Rahmen und deren Bedeutung für die Erforschung transgenerationaler Folgen politischer Inhaftierung und Verfolgung«, in: Anne Drescher, Uta Rüschel, Jens Schöne (Hg.), *Bis ins vierte Glied. Transgenerationale Traumaweitergabe*, Publikation zur Fachtagung der Landesbeauftragten für die Stasi-Unterlagen in Mecklenburg-Vorpommern und Berlin, Schwerin, 16. Oktober 2014, Schwerin 2015, S. 15–35.

103 Vgl. Miriam Gebhardt, »Vergewaltigungen in Deutschland 1945«, in: *Militärgeschichte, Zeitschrift für Historische Bildung*, Heft 1 (2016), S. 4–7.

104 BayHStaA Minn 81 088 6726, Verfolgung von Unterhaltsansprüchen gegen Angehörige von ausländischen Streitkräften 1958–1960.

105 Anonymisiertes Interview am 6. Juli 2017.

106 Anonymisiertes Interview im August und September 2018.

107 Vgl. Lu Seegers, *»Vati blieb im Krieg«*, S. 353.

108 Staatsarchiv Freiburg, Entschädigungsgericht, Einzelfälle, Schreiben der Fürsorgerin vom 12.12.1948, 17.4.1951, 12.9.1959, D 5/1/5387.

109 Ebd. D 5/1 5387.

110 BA Koblenz, B/126/28 038.

111 Gebhardt, *Angst vor dem kindlichen Tyrannen*.

112 Auch bei diesen Beobachtungen von Hartmut Radebold fällt allerdings die stärkere Gewichtung männlicher Erfahrungswerte auf, siehe etwa Hartmut Radebold, »Kriegsbedingte Kindheiten und Jugendzeit«, in: Ders., Bohleber, Zinnecker, *Transgenerationale Weitergabe*, S. 45–55.

113 Selbstverständlich hätten solche persönlichen Defizite der Kriegskindergeneration auch bei deren Kindern Spuren hinterlassen. Als typisch gilt, dass die »Kriegsenkel« besonders verwöhnend und geborgen aufwachsen sollten, wenig Verständnis für ihre eigenen, vermeintlich kleinen Probleme erhielten und ebenso allein damit fertigwerden sollten, wie die Eltern es gezwungen gewesen waren, und mit unerklärlichen, teilweise skurrilen Gewohnheiten und Erziehungsregeln konfrontiert gewesen seien. Ein Gespräch über die Erblasten der Vergangenheit sei ihnen zumeist verweigert worden. Ebd., S. 53.

114 Jürgen Zinnecker, »Die ›transgenerationale Weitergabe‹ der Erfahrungen des Weltkrieges in der Familie. Der Blickwinkel der Familien-, Sozialisations- und Generationenforschung«, in: Radebold,

Bohleber, Zinnecker, *Transgenerationale Weitergabe*, S. 141–154, hier S. 145.

115 Insa Fooken, »›Späte Scheidungen‹ als Kriegsfolgen?«, in: Ludwig Janus (Hg.), *Geboren im Krieg. Kindheitserfahrungen im Zweiten Weltkrieg und ihre Auswirkungen*, Gießen 2006, S. 85–103.

116 Ebd., S. 102.

117 Herta Betzendahl, »Psychophysische Auswirkungen des Krieges auf deutsche Kinder«, in: Janus, *Geboren im Krieg*, S. 125–134, hier S. 132 f.

118 Marie Kaiser, Philipp Kuwert et. al., »Long-term effects«.

119 Marianne Leuzinger-Bohleber, »Transgenerative Weitergabe von Trauma und Bindung«, in: Sabine Andresen et. al., *Vulnerable Kinder – Interdisziplinäre Annäherungen*, Wiesbaden 2015, S. 115–134.

120 Svenja Eichhorn, Thomas Klauer et. al., »Bewältigungsstrategien und wahrgenommene soziale Unterstützung bei deutschen Langzeitüberlebenden der Vergewaltigungen am Ende des II. Weltkriegs«, in: *Psychiatrische Praxis*, Heft 39, 2012, S. 169–173.

121 Vgl. Dagmar Herzog, *Die Politisierung der Lust. Sexualität in der deutschen Geschichte des 20. Jahrhunderts*, München 2005. Eine Perspektive auf die politischen Moraldiskurse nimmt Sybille Steinbacher, *Wie der Sex nach Deutschland kam,* ein.

122 Dokument aus dem HStA Nordrhein-Westfalen NW 53, Nr. 386, nachgedruckt in: Hans-Ulrich Sons, *Gesundheitspolitik*, S. 123.

123 Die Strategie, über den Kampf gegen Geschlechtskrankheiten die Moral der Frauen beziehungsweise die bürgerliche Familienmoral zu addressieren, war freilich keine neue Erfindung und auch nicht auf Deutschland begrenzt. Ein ähnliches Vorgehen finden wir nach 1945 zum Beispiel in den USA, vgl. Scott W. Stern, *The Trials of Nina McCall. Sex, Surveillance, and the Decades-Long Government Plan to Imprison »Promiscuous« Women*, Boston 2018.

124 Staatsarchiv München, LRA Traunstein, Kriminalpolizei, Sicherheitszustand im Land Bayern, Lagebericht für November 1946.

125 Vgl. dazu u. a. Bertram von der Stein, »Dann lass ich uns eine Polin kommen« – transgenerationelle Traumatisierungen, Ressentiments und Missverständnisse samt Reaktualisierung in Pflegesituationen«, in: Insa Fooken, Gereon Heuft, *Das späte Echo von Kriegskindheiten. Die Folgen des Zweiten Weltkriegs in Lebensläufen und Zeitgeschichte*, Göttingen 2014, S. 125–134, hier S. 131.

126 Vgl. Frank Biess, »German Angst?«, in: *Psychologie Heute*, Heft 2, 2009, S. 28–34.

127 Frank Biess, »Die Zivilschutzkampagnen der 1960er Jahre und die Angstgeschichte der Bundesrepublik«, in: Bernd Greiner, Christian Th. Müller, Dierk Walter (Hg.), *Angst im Kalten Krieg*, Hamburg 2009, S. 61–93.

128 Frank Biess, »Moral Panic in Postwar Germany. The Abduction of Young Germans into the Foreign Legion and French Colonialism in the 1950s«, in: *The Journal of Modern History*, Bd. 84, 4, 2012, S. 789–832.

129 Frank Biess, »German Angst?«.

130 Julia Ubbelohde, »Der Umgang mit jugendlichen Normverstößen«, in: Ulrich Herbert, *Wandlungsprozesse in Westdeutschland. Belastung, Integration, Liberalisierung 1945–1980*, Göttingen, 2003, S. 402–435, hier S. 403.

131 Vgl. Biess, »Moral Panic«, S. 792.

132 Erich Elsner, Wiebke Steffen, *Vergewaltigung und sexuelle Nötigung in Bayern*, München 2005. In der im Auftrag des Bayerischen Innenministeriums verfassten Fallauswertung heißt es: »Der durch die mediale Berichterstattung immer wieder vermittelte Eindruck, Vergewaltigungen geschähen meist im öffentlichen Raum, überfallartig und durch einen unbekannten Täter – das Stereotyp vom sexualpathologischen Überfall – ist falsch«, s. ebd., S. 49.

133 Die Männlichkeitsvorstellungen stehen immer noch quer zum Eingeständnis der eigenen Schwäche und Unterlegenheit. Männliche Missbrauchsopfer deuten die Erfahrung daher für sich häufig um. Bei weiblichen Täterinnen etikettieren sie den Übergriff als normale heterosexuelle Begegnung, bei männlichen Tätern suchen sie bei sich selbst nach einer ihnen womöglich verborgen gebliebenen homosexuellen Neigung. Laut Interview mit einem Mitarbeiter einer Anlaufstelle für männliche Missbrauchsopfer, vgl. www.sueddeutsche.de/leben/sexueller-missbrauch-viele-maenner-verdraengen-jahrelang-dass-sie-missbraucht-wurden-1 3 738 041.

134 Vgl. Miriam Gebhardt, *Alice im Niemandsland. Wie die deutsche Frauenbewegung die Frauen verlor*, München 2013. Zum internationalen Vergleich der Frauenbewegungen vgl. Myra Marx Ferree, *Feminismen. Die deutsche Frauenbewegung in internationaler Perspektive*, Frankfurt a. M. 2018.

135 Svenja Flaßpöhler, *Die potente Frau. Für eine neue Weiblichkeit*, Berlin 2018.

136 Alice Schwarzer, *Lebenslauf*, Köln 2011, S. 31.

137 Ebd., S. 33.

138 Michael Geyer, »Im Schatten der Niederlage«, in: Daniel Fulda et. al. (Hg.), *Demokratie im Schatten der Gewalt. Geschichten des Privaten im deutschen Nachkrieg*, Göttingen 2010, S. 72–98, hier S. 90.

139 Zuschrift von privat.

140 Vgl. Kerstin Brückweh, *Mordlust. Serienmorde, Gewalt und Emotionen im 20. Jahrhundert*, Frankfurt a. M. 2006, S. 110.

141 Maren Keller, »Emotionales Erbe«, in: *Der Spiegel,* Nr. 51, 16.12.2018, S. 106–112.

QUELLEN UND LITERATUR

Ausgewählte Archive

Deutsches Tagebucharchiv Emmendingen
Bundesarchiv Lichterfelde
Landesarchiv Berlin
Staatsarchiv Freiburg
Staatsarchiv München
Bayerisches Hauptstaatsarchiv München
Institut für Zeitgeschichte
Landesarchiv Nordrhein-Westfalen
Bundesarchiv Koblenz
National Archives, Washington

Quellen und weiterführende Literatur zur Massenvergewaltigung in Deutschland und ihren Folgen

Ruth Andreas-Friedrich, *Schauplatz Berlin. Ein Tagebuch, aufgezeichnet 1938–1945*, von der Autorin neu durchgesehene Fassung, Reinbek 1964.

Anonyma, *Eine Frau in Berlin. Tagebuch-Aufzeichnungen vom 20. April bis 22. Juni 1945*, Köln 2003.

Imanuel Baumann, *Dem Verbrechen auf der Spur. Eine Geschichte der Kriminologie und Kriminalpolitik in Deutschland 1880 bis 1980*, Göttingen 2006.

Ute Baur-Timmerbrink, *Wir Besatzungskinder. Töchter und Söhne alliierter Soldaten erzählen*, Berlin 2015.

Ute Bechdolf, »Grenzerfahrungen von Frauen: Vergewaltigungen beim Einmarsch der französischen Besatzungstruppen in Südwestdeutschland«, in: Utz Jeggle (Hg.), *D'une rive à l'autre: Rencontres ethnologiques franco-allemandes*, Paris 1997, S. 189–207.

Winfried Behlau, *Distelblüten. Russenkinder in Deutschland*, o. O. 2015.

Richard Bessel, *Germany 1945. From War to Peace*, New York 2009.

Leonie Biallas, *Komm, Frau, raboti. Ich war Kriegsbeute*, Leverkusen 2010.

Frank Biess, Robert G. Moeller (Hg.), *Histories of the Aftermath. The Legacies of the Second World War in Europe*, New York 2012.

Frank Biess, »Moral Panic in Postwar Germany«, in: *The Journal of Modern History. Europe in the 1950s: The Anxieties of Beginning Again*, Bd. 84, Nr. 4, Dezember 2012, S. 789–832.

Sabine Bode, *Kriegsenkel. Die Erben der vergessenen Generation*, Stuttgart 2009.

Dies., *Die vergessene Generation. Die Kriegskinder brechen ihr Schweigen*, Stuttgart 2015.

Martina Böhmer, *Erfahrungen sexualisierter Gewalt in der Lebensgeschichte alter Frauen*, Frankfurt a. M. 2011.

Margret Boveri, *Tage des Überlebens. Berlin 1945*, Frankfurt a. M. 1996.

Georgia Böwing et al., »Vergewaltigungen am Ende des II. Weltkriegs. Eine Kasuistik zur PTSD mit verzögertem Beginn und depressiver Komorbidität bei Trauma-Reaktivierung nach diagnostischer Koloskopie«, in: *Trauma & Gewalt*, Bd. 6, 2012, S. 150–155.

Susan Brownmiller, *Gegen unseren Willen, Vergewaltigung und Männerherrschaft*, Frankfurt a.M. 1975.

Bundesministerium für Vertriebene (Hg.), *Dokumentation der Vertreibung der Deutschen aus Ost-Mitteleuropa*, Bd. I/1, Bonn 1954 ff.

Svenja Eichhorn, Philipp Kuwert, *Das Geheimnis unserer Großmütter. Eine empirische Studie über sexualisierte Kriegsgewalt um 1945*, Gießen 2011.

Dies. et al., »Bewältigungsstrategien und wahrgenommene soziale Unterstützung bei deutschen Langzeitüberlebenden der Vergewaltigungen am Ende des II. Weltkriegs«, in: *Psychiatrische Praxis*, Bd. 39, 2012, S.169–173.

Dies. et al., »Readiness to reconcile and post-traumatic distress in German survivors of wartime rapes in 1945«, *International Psychogeriatrics*, Bd. 27, 2015, S.1–8.

Pascal Eitler, »Das ›Reich der Sinne‹? Pornographie, Philosophie und die Brutalisierung der Sexualität (Westdeutschland 1968–1988)«, in: *Body Politics*, Bd. 1, 2013, S.259–296.

Clive Emsley, *Soldier, Sailor, Beggarman, Thief. Crime and the British Armed Services since 1914*, Oxford 2013.

Inse Eschebach, Regina Mühlhäuser (Hg.), *Krieg und Geschlecht. Sexuelle Gewalt im Krieg und Sex-Zwangsarbeit in NS-Konzentrationslagern*, Berlin 2008.

Heide Fehrenbach, »Ami-Liebchen und Mischlingskinder, Rasse, Geschlecht und Kultur in der deutsch-amerikanischen Begegnung«, in: Klaus Naumann (Hg.), *Nachkrieg in Deutschland*, Hamburg 2001, S.178–205.

Dies., *Race after Hitler. Black occupation children in postwar Germany and America,* Princeton 2005.

Elke Gaugele, »›Nun sollten wir zu spüren bekommen, was Erobertwerden heißt‹. Erfahrungen von Frauen im Landkreis Tübingen beim Einmarsch der französischen

Besatzungstruppen«, in: *Tübinger Blätter*, Bd. 82, 1996, S. 28–32.

Petra Goedde, »From Villains to Victims: Fraternization and the Feminization of Germany, 1945–1947«, in: *Diplomatic History*, Bd. 23, Nr. 1, 1999, S. 1–20.

Miriam Gebhardt, *Die Angst vor dem kindlichen Tyrannen. Eine Geschichte der Erziehung im 20. Jahrhundert*, München 2009.

Dies., *Alice im Niemandsland. Wie die deutsche Frauenbewegung die Frauen verlor*, München 2012.

Dies., »Eine Frage des Schweigens? Forschungsthesen zur Vergewaltigung deutscher Frauen nach Kriegsende«, in: Barbara Stelzl-Marx, Silke Satjukow (Hg.), *Besatzungskinder. Die Nachkommen alliierter Soldaten in Österreich und Deutschland*, Wien 2015, S. 62–90.

Dies., *Als die Soldaten kamen. Die Vergewaltigung deutscher Frauen am Ende des Zweiten Weltkriegs*, München 2015.

Petra Goedde, »From Villains to Victims: Fraternization and the Feminization of Germany, 1945–1947«, in: *Diplomatic History*, Bd. 23, Nr. 1, 1999, S. 1–20.

Svenja Goltermann, *Die Gesellschaft der Überlebenden. Kriegsheimkehrer und ihre Gewalterfahrungen im Zweiten Weltkrieg*, München 2009.

Atina Grossmann, »A Question of Silence: The Rape of German Women by Occupation Soldiers«, in: *October*, Bd. 72, 1995, S. 43–64.

Karen Hagemann, Ralf Pröve, *Landsknechte, Soldatenfrauen und Nationalkrieger. Militär, Krieg und Geschlechterordnung im historischen Wandel*, Frankfurt a. M. 1998.

Dies., Stefanie Schüler-Springorum (Hg.), *Heimat-Front. Militär und Geschlechterverhältnisse im Zeitalter der Weltkriege*, Frankfurt a. M. 2002.

Klaus-Dietmar Henke, *Die amerikanische Besetzung Deutschlands*, München 1996.

Dagmar Herzog, *Die Politisierung der Lust. Sexualität in der deutschen Geschichte des 20. Jahrhunderts*, München 2005.

Christina von Hodenberg, *Das andere Achtundsechzig. Gesellschaftsgeschichte einer Revolte,* München 2018.

Maria Höhn, *GIs and Fräuleins. The German-American Encounter in 1950s West Germany*, Chapel Hill und London 2002.

Florian Huber, *Hinter den Türen warten die Gespenster: Das deutsche Familiendrama der Nachkriegszeit*, Berlin 2017.

Ingeborg Jacobs, *Freiwild. Das Schicksal deutscher Frauen 1945*, Berlin 2008.

Marie Kaiser, Philipp Kuwert et. al., »Long-term effects on adult attachment in German occupation children born after World War II in comparison with a birth-cohort-matched representative sample of the German general population«, in: *Aging & Mental Health*, 2016, S. 1–12.

Anthony Kauders, *Der Freud-Komplex. Eine Geschichte der Psychoanalyse in Deutschland*, Berlin 2014.

Ian Kershaw, *Das Ende. Kampf bis in den Untergang. NS-Deutschland 1944/45*, München 2011.

Elke Kleinau, Ingvill C. Mochmann (Hg.), *Kinder des Zweiten Weltkrieges. Stigmatisierung, Ausgrenzung, Bewältigungsstrategien,* Frankfurt a. M. 2016.

Volker Koop, *Besetzt. Französische Besatzungspolitik in Deutschland*, Berlin 2005.

Gabi Köpp, *Warum war ich bloß ein Mädchen? Das Trauma einer Flucht 1945*, München 2010.

Andreas Kossert, *Kalte Heimat. Die Geschichte der deutschen Vertriebenen nach 1945*, München 2008.

Erich Kuby, *Die Russen in Berlin*, Bern und Wien 1965.
Sabine Lee, »A Forgotten Legacy of the Second World War: GI Children in Postwar Britain and Germany«, in: *Contemporary European History*, Bd. 20, Nr. 2, 2011, S. 157–181.
Peter A. Levine, *Trauma und Gedächtnis. Die Spuren unserer Erinnerung in Körper und Gehirn. Wie wir traumatische Erfahrungen verstehen und verarbeiten*, München 2015.
J. Robert Lilly, *Taken by Force. Rape and American GIs in Europe during World War II*, Chippenham 2007.
Hilke Lorenz, *Kriegskinder. Das Schicksal einer Generation,* Berlin 2011.
Andreas Maercker et. al., »Posttraumatische Belastungsstörungen in Deutschland: Ergebnisse einer gesamtdeutschen epidemiologischen Untersuchung«, in: *Nervenarzt*, 2008, S. 577–586.
Thomas Maulucci, Detlef Junker (Hg.), *GIs in Germany. The Social, Economic, Cultural, and Political History of the American Military Presence*, New York 2013.
medica mondiale e. V., Karin Griese (Hg.), *Sexualisierte Kriegsgewalt und ihre Folgen*, Berlin 2006.
Patricia Meehan, *A Strange Enemy People. Germans under the British, 1945–1990*, London 2001.
Catherine Merridale, *Iwans Krieg. Die Rote Armee 1939–1945*,. Frankfurt a. M. 2006.
Robert G. Moeller (Hg.), *West Germany under Construction. Politics, Society, and Culture in the Adenauer Era*, Michigan 1997.
Ders., *War Stories: The Search for a Usable Past in the Federal Republic of Germany*, Berkeley 2001.
Regina Mühlhäuser, *Eroberungen. Sexuelle Gewalttaten und*

intime Beziehungen deutscher Soldaten in der Sowjetunion 1941–1945, Hamburg 2010.

Dies., »Vergewaltigung«, in: Christian Gudehus, Michaela Christ (Hg.), *Gewalt. Ein interdisziplinäres Handbuch*, Stuttgart 2013, S. 164–170.

Dies., Insa Eschebach, »Sexuelle Gewalt im Krieg und Sex-Zwangsarbeit in NS-Konzentrationslagern. Deutungen, Darstellungen, Begriffe«, in: Diess. (Hg.): *Krieg und Geschlecht. Sexuelle Gewalt im Krieg und Sex-Zwangsarbeit in NS-Konzentrationslagern*, Berlin 2008; S. 11–32.

Dies., »Vergewaltigungen in Deutschland 1945. Nationaler Opferdiskurs und individuelles Erinnern betroffener Frauen«, in: Klaus Naumann (Hg.), *Nachkrieg in Deutschland*, Hamburg 2001, S. 384–408.

Dies., »Massenvergewaltigungen in Berlin 1945 im Gedächtnis betroffener Frauen. Zur Verwobenheit von nationalistischen, rassistischen und geschlechtsspezifischen Diskursen«, in: Veronika Aegerter u. a. (Hg.): *Geschlecht hat Methode. Ansätze und Perspektiven in der Frauen- und Geschlechtergeschichte*, Beiträge der 9. Schweizerischen Historikerinnentagung 1998, Zürich 1999, S. 235–246.

Christa Müller, *Schatten des Schweigens, Notwendigkeit des Erinnerns. Kindheiten im Nationalsozialismus, im Zweiten Weltkrieg und in der Nachkriegszeit*, Gießen 2014.

Christian Th. Müller, *US-Truppen und Sowjetarmee in Deutschland. Erfahrungen, Beziehungen, Konflikte im Vergleich*, Paderborn 2011.

Norman Naimark, *Die Russen in Deutschland. Die Sowjetische Besatzungszone 1945 bis 1949*, Berlin 1997.

Ders., »The Russians and Germans: Rape during the War and Post-Soviet Memories«, in: Raphaelle Branche,

Fabrice Virgili (Hg.), *Rape in Wartime*, London 2012, S. 201–219.

Klaus Naumann (Hg.), *Nachkrieg in Deutschland*, Hamburg 2001.

Oskar Negt, *Überlebensglück. Eine autobiographische Spurensuche*, Göttingen 2016.

Vera Neumann, *Nicht der Rede wert. Die Privatisierung der Kriegsfolgen in der frühen Bundesrepublik. Lebensgeschichtliche Erinnerungen*, Münster 1999.

Peter Pfister (Hg.), *Das Ende des Zweiten Weltkriegs im Erzbistum München und Freising*, Regensburg 2005.

Alexander von Plato, *Alte Heimat – Neue Zeit. Flüchtlinge, Umgesiedelte, Vertriebene in der Sowjetischen Besatzungszone und in der DDR*, Berlin 1991.

Hartmut Radebold, *Die dunklen Schatten der Vergangenheit. Ältere Menschen in Beratung, Psychotherapie, Seelsorge und Pflege*, Stuttgart 2005.

Ders., Werner Bohleber, Jürgen Zinnecker (Hg.), *Transgenerationale Weitergabe kriegsbelasteter Kindheiten*, Weinheim 2008.

Marianne Rauwald, *Vererbte Wunden. Transgenerationale Weitergabe traumatischer Erfahrungen*, Weinheim 2013.

Andreas Reckwitz, »Umkämpfte Maskulinität. Zur Historischen Kultursoziologie männlicher Subjektformen und ihrer Affektivitäten vom Zeitalter der Empfindsamkeit bis zur Postmoderne«, in: Manuel Borutta, Nina Verheyen (Hg.), *Die Präsenz der Gefühle. Männlichkeit und Emotion in der Moderne*, Bielefeld 2010.

Luise Reddemann, *Kriegskinder und Kriegsenkel in der Psychotherapie. Folgen der NS-Zeit und des Zweiten Weltkriegs erkennen und bearbeiten – Eine Annäherung*, Stuttgart 2016.

Mary Louise Roberts, *What Soldiers Do. Sex and the American GI in World War II France*, Chicago 2014.
Cornelius Ryan, *Der letzte Kampf*, München 1966.
Helke Sander, Barbara Johr (Hg.), *BeFreier und Befreite. Krieg, Vergewaltigungen, Kinder*, München 1992.
Silke Satjukow, *Besatzer. »Die Russen« in Deutschland 1945–1994*, Göttingen 2008.
Dies., *Befreiung? Die Ostdeutschen und 1945*, Leipzig 2009.
Dies., »›Besatzungskinder‹. Nachkommen deutscher Frauen und alliierter Soldaten seit 1945«, in: *Geschichte und Gesellschaft*, Bd. 37, 2011, S. 1–33.
Ingrid Schmidt-Harzbach, »Doppelt besiegt. Vergewaltigung als Massenschicksal«, in: *Frankfurter Frauenblatt*, 1985, S. 18–23.
Alice Schwarzer, *Lebenslauf*, Köln 2011.
Lu Seegers, *»Vati blieb im Krieg«. Vaterlosigkeit als generationelle Erfahrung im 20. Jahrhundert. Deutschland und Polen*, Göttingen 2013.
Dies., Jürgen Reulecke (Hg.), *Die »Generation der Kriegskinder«. Historische Hintergründe und Deutungen*, Gießen 2009.
Kurt Seelmann, *Kind, Sexualität und Erziehung*, München und Basel 1952.
Ruth Seifert, »Krieg und Vergewaltigung. Ansätze zu einer Analyse«, in: Alexandra Stiglmayer (Hg.), *Massenvergewaltigung. Krieg gegen die Frauen*, Freiburg 1993, S. 85–108.
Dies., »Militär und Geschlechterverhältnisse. Entwicklungslinien einer ambivalenten Debatte«, in: Christine Eifler, Ruth Seifert (Hg.), *Soziale Konstruktionen – Militär und Geschlechterverhältnis*, Münster 1999, S. 44–70.
Eva-Maria Silies, *Liebe, Lust und Last. Die Pille als weibli-*

che Generationserfahrung in der Bundesrepublik, 1960–1980, Göttingen 2010.

Filip Slaveski, »Violence and Xenophobia as Means of Social Control in Times of Collapse: The Soviet Occupation of Post-War Germany, 1945–1947«, in: *Australian Journal of Politics and History*, Bd. 54, Nr. 3, 2008, S. 389–402.

Bertram von der Stein, »›Flüchtlingskinder‹. Transgenerationale Perspektive von Spätfolgen des Zweiten Weltkrieges bei Nachkommen von Flüchtlingen aus den ehemaligen deutschen Ostgebieten«, in: Hartmut Radebold, Werner Bohleber, Jürgen Zinnecker, *Transgenerationale Weitergabe kriegsbelasteter Kindheiten*, Weinheim 2008, S. 183–191.

Ders., »Dann lass ich uns eine Polin kommen« – transgenerationelle Traumatisierungen, Ressentiments und Missverständnisse samt Reaktualisierung in Pflegesituationen«, in: Insa Fooken, Gereon Heuft, *Das späte Echo von Kriegskindheiten. Die Folgen des Zweiten Weltkriegs in Lebensläufen und Zeitgeschichte*, Göttingen 2014, S. 125–134.

Sybille Steinbacher, *Wie der Sex nach Deutschland kam. Der Kampf um Sittlichkeit und Anstand in der frühen Bundesrepublik*, München 2011.

Barbara Stelzl-Marx, Silke Satjukow (Hg.), *Besatzungskinder. Die Nachkommen alliierter Soldaten in Österreich und Deutschland*, Wien u. a. 2015.

Dies., *Stalins Soldaten in Österreich. Die Innensicht der sowjetischen Besatzung 1945–1955*, Wien u. a. 2012.

Alexandra Stiglmayer (Hg.), *Massenvergewaltigung. Krieg gegen die Frauen*, Freiburg 1993.

Hans-Günter Sulimma, *Sittlichkeitsdelikte Jugendlicher in der Gegenwart. Eine kriminologische Untersuchung*

Jugendlicher im Landgerichtsbezirk Freiburg i. Br. von 1945 bis 1956, Hirschwalde 1961.

Peter Wensierski, *Schläge im Namen des Herrn. Die verdrängte Geschichte der Heimkinder in der Bundesrepublik*, München 2006.

Mark Wolynn, *Dieser Schmerz ist nicht meiner. Wie wir uns mit dem seelischen Erbe unserer Familie aussöhnen*, München 2011.

Jürgen Zinnecker, »Die ›transgenerationale Weitergabe‹ der Erfahrung des Weltkrieges in der Familie«, in: Hartmut Radebold, Werner Bohleber, Jürgen Zinnecker, *Transgenerationale Weitergabe kriegsbelasteter Kindheiten*, Weinheim 2008, S. 141–154.

»Eine bemerkenswerte Studie.
Ein bewegendes Buch.« *Deutschlandfunk*

ISBN 978-3-421-04633-8
352 Seiten
Dieses Buch ist auch als E-Book erhältlich

Die Soldaten, die am Ende des Zweiten Weltkriegs Deutschland von der nationalsozialistischen Herrschaft befreiten, brachten für viele Frauen neues Leid. Entgegen der weit verbreiteten Vorstellung wurden dabei nicht nur »die Russen« zu Tätern, sondern auch Amerikaner, Franzosen und Briten. Auf Basis neuer Quellen und anhand vieler Lebensgeschichten beschreibt Miriam Gebhardt erstmals historisch fundiert das Ausmaß der sexuellen Gewalt bei Kriegsende und in der Besatzungszeit.

DVA